성경에서 다시 살아난

삼강오륜

성경에서 다시 살아난 삼강오륜

초판 1쇄 발행 2024년 4월 5일

지은이 김안성
펴낸이 장길수
펴낸곳 지식과감성#
출판등록 제2012-000081호

편집 허애정
표지 디자인 김아인
편집 디자인 이현
마케팅 김윤길, 정은혜

주소 서울시 금천구 벚꽃로298 대륭포스트타워6차 1212호
전화 070-4651-3730~4
팩스 070-4325-7006
이메일 ksbookup@naver.com
홈페이지 www.knsbookup.com

ISBN 979-11-392-1766-7(03230)
값 28,000원

지식과감성#
홈페이지 바로가기

성경에서 다시 살아난

삼강오륜

김안성 지음

글을 시작하며

필자는 예수님을 믿고 다시 태어났다.
믿은 후에 홀로 덩그러니 버려져 있었다. 길을 잃은 아이처럼 혼자 울고 있었다. 믿음으로 나아갈 수도 없고 불신으로 물러설 수도 없었다. 앞으로 나가자니 두려웠고 뒤로 물러서려니 죄책감에 시달렸다. 그런 중에도 가장 괴로운 것은 내가 무엇이고 누구인지 모르는 것이었다. 정체성 혼란은 끝없는 미로를 헤매는 고통이었다.
'나는 왜 이렇게 힘든 삶을 살까?'
'예수님! 나는 왜 이렇게 행복하지 않습니까?'
기도하고 또 기도하며, 성경을 읽고 또 읽고 열심히 읽었다.

드디어 나를 찾았다. 영적 자아정체성靈的 自我正體性의 나를 알았다. 본래의 나, 변한 나, 현재의 나, 회복된 나, 성령의 적용을 받은 나, 영원히 사는 나를 깨닫게 되었다.
나를 찾으니 주변이 보였다. 고생하는 아내가 보였고 자녀들이 보였고 이웃이 보였고 한국 교회와 정치 현실이 보였고 세계가 보였다. 육안에 보이는 현상 세계가 보였고 정신적인 영적 세계가 보였다. 학교와 산업 현장은 공산주의 이념에 물들고 경제 성장이 방해 받고 있다. 교회는 인본주의에 빠져 있고, 지자체는 이념에 잡힌 자들에 의해 지방민의 권리를 도적질하고 있다.

변형된 공산주의 이념을 가진 정권이 더불어 남녀 성을 왜곡하는 법을 만들고 나라를 소멸되게 하려 한다. 그들이 추진하는 포괄적 차별금지법 등에 있는 성 정체성의 혼란과 성적 지향성의 폐해로 대한민국의 인륜이 송두리째 파괴되고 있다. 이념적 인권을 앞세워서 한국의 혼이요 얼인 삼강오륜의 인륜과 기독교 예배 정신을 괴멸시키려 했다.
지금 대한민국은, 겉으로는 경제가 성장하고 국방력이 향상되며 문화가 세계를 선도하고 있다. 그러나 사람다움을 이루는 인륜이 급속히 망하고 있다.

이에 망해 가는 나라를 그냥 보고만 있을 수 없어서, 잃어버린 조상들의 얼인 삼강오륜을 성경 말씀으로 조명照明하여 다시 살리고자 한다.

삼강오륜은 하나님의 자기실현을 이루려고 노력한 정신적 유산이다. 조상들이 성삼위 하나님을 알지 못해 실행에 많은 오류가 있었지만 일반은총의 관점에서 보면 좋은 그릇이다.
성경 말씀으로 삼강오륜을 조명하면 한국의 정신이 다시 살아나고 생물학적 성기능과 사회학적 존재로서의 성이 무엇인지 알게 되어 이상과 현상의 삶에서 행복해지고 하나님께 영광을 돌리게 될 것을 확신한다.

김 안 성 목사

목차

오륜五倫

성경에서 다시 살아난 삼강오륜三綱五倫

사람은 자신이 누구인지 잘 알고 있다고 생각한다. 자신의 겉모습을 보며 '나는 나다'라고 임의대로 생각하고 상대를 보며 '너는 너다'라고 생각한다.

사람은 하나님이 자신의 형상과 모양으로 창조하셨다. 흙으로 지으시고 그 코에 생기를 불어넣어 생령의 정신을 갖게 하였다. 이것을 사람의 3요소라 한다. 정신적 요소와 생물학적 생식기능과 사회학적 존재로서의 성이다. 이 사람을 세상에 나타나게 하셨다. 필자는 이것을 하나님의 자기실현이라고 한다. 그러나 뱀이 여자를 거짓말로 속여서 선악을 알게 하는 나무의 실과를 임의대로 먹고 남편에게도 먹임으로 사람은 타락하였다. 그 결과 자신의 인식에서 철저하게 하나님을 잃어버렸다. 하나님을 모르니 자신과 상대가 누구인지 모른다. 정신적인 요소가 변질되었기 때문이다. 뱀의 거짓 정신에서 정녕 죽을 짓을 하면서 결코 죽지 않는다고 생각한다. 정신의 변화는 현상의 생물학적 성기능과 사회학적 존재로서의 성의 변화로 이어지는 총체적인 변화가 되었다. 필자는 사람의 정신의 변화를 오랫동안 추적하여 영적 정체성에 대해 연구하고 책으로 발표하였다.

뱀이 여자를 속여서 먹인 정녕 죽음은 지금 이 시간에도 남편과 자녀에게 정신적으로 계속해서 먹여지고 있다. 남녀 성을 왜곡하고 사람다움을 파괴하는 변형된 공산주의 이념에 의한 인권을 앞세워 나라의 모든 영역을 무너뜨리고 있다.

이제 남자가 여자에게 생명을 먹여야 할 때이다. 대장부로서의 남자가 아내와 아이들을 지키고 보호해야 한다. 가정과 나라를 지키려면 예수를 믿고 성령의 인식을 가져야 한다. 성령의 정신은 삼강오륜의 인륜을 다시 살림으로 사람다움을 이루는 유일한 능력이다.

“미래 사회에 인류가 갖춰야 할 윤리는 유학의 삼강오륜(三綱五倫)입니다.”

지난 5일 경북 안동에서 만난 ‘미래학의 거장’ 짐 데이토(Dator·81) 미국 하와이대 교수는 케케묵은 삼강오륜을 미래 시대의 나침반이라고 했다.

출처: 안동=김경은 기자, 조선일보, 입력 2014.07.07. 03:01

삼강에서 군위신강, 부위자강, 부위부강을 함께 설명하는 경우도 있고 오륜의 부자유친, 군신유의, 부부유별, 장유유서, 붕우유신이 같이 설명되는 경우도 있다. 서로 연결되어 있기 때문이다.

삼강의 중요한 요소는 벼리 강綱에 대한 해석이다. ‘벼리’라는 말의 사전적 의미는 ‘그물의 위쪽 코를 꿰어 잡아당기게 된 줄’을 말한다.

그럼 어떻게 당겨야 하는가?

당김의 방법을 생각해 볼 수 있다. 필자는 ‘본보기’라고 해석하였다. 본보기를 보여서 임금과 아버지와 남편이 당겨야 한다는 것이다. 본보기의 출처를 추적해 보면 결국 하나님 말씀의 본보기로 당겨야 한다는 말이 된다. 삼강을 하나님의 말씀으로 당기면 뱀, 마귀가 틈타지 못해서 나라와 가정과 개인이 잘될 수밖에 없다.

오륜이란 유학에서 사람이 지켜야 할 다섯 가지의 도리를 말한다. 도리道理의 도道란 사람이 살아가는 길을 말한다.
그러면 그냥 가기만 한다고 다 길이고 삶인가?
자신의 자유의지대로 산다고 다 길이고 도가 아니다. 그래서 좋은 길을 찾아야 했다. 길을 찾으려니 사람이 타락하여 갖게 된 마음속에 임의대로 일어나는 길이 너무 많아서 찾을 수 없다. 타락의 인식에서는 어떤 길을 가든 정녕 죽음의 길을 걷게 된다. 그래서 조상들이 찾아 낸 길이 유학의 오륜이다. 오륜의 길을 걸어가려면 사람마다 가지고 있는 다른 길, 곧 도를 다스려야 한다. 길을 다스리기 위해서 힘 있는 왕이 나타나니 그것이 리理이다. 마을 리理는 왕王이 마을을 다스리는 모습이다. 마을의 왕은 현상의 왕이라기보다는 세상을 창조하신 하나님을 의미한다. 하나님이 다스리는 마을, 곧 하나님이 인도하는 길을 의미한다고 하겠다. 강제적이지 않고 처음부터 자유의지대로 살되 하나님이 정하신 말씀의 테두리 안에서 자유의지를 실현하도록 창조하셨다. 그러나 하나님이 정하신 한계를 벗어났고 결국 타락하였다. 유학의 오륜은 타락한 육체의 인식에서 길을 찾는 도리이다.

이제 삼강오륜의 길을 성경 말씀에서 다시 조명함으로 생명의 진리의 길을 열고자 한다.
하나님의 말씀에 순종하는 백성과 나라는 무엇을 하든지 잘되며 머리가 되고 꼬리가 되지 않는다(신 28:1-14).

삼강

三綱

군위신강
君爲臣綱

- 전통적 견해

군위신강의 전통적인 해석은 임금이 벗줄을 당기면 그물에 해당하는 신하가 따르는 것을 말한다. 본보기로 이끈다는 말이다. 그러면 본은 무엇인지 의문이 든다. 임금이 신하에게 보인 본은 선대 임금을 따랐을 것이다. 역사를 거슬러 올라가면 최초의 임금이 '이것이 신하에게 보이는 임금의 본이다'라며 '나를 따르라'고 했을 것이다. 맨 처음 임금은 최초의 사람에게서 본떴을 것이다. '사람은 이렇게 하는 것이다'라고 말했을 것이고 그것이 본이 되었을 것이다. 그러면 최초의 사람은 무엇을 근거로 본보기를 보였는지 의문이 든다. 본에 대해서는 성경적 견해에서 자세히 설명하겠다. 벼리는 본보기로써 신하를 이끄는 것이며 이렇게 이끌려면 법이 있어야 하고 법을 총괄하는 사람이 임금이 되는 것이다.

전통적인 견해의 군위신강은 앞에서 확인해 보았듯이 본에 대한 정체가 분명하지 않다. 시대에 따라 변하고 임금마다 다르므로 어느 장단에 맞추어야 할지 알 수 없는 것이다. 권력을 잡은 임금이 임의대로 정한 본의 정의는 진정한 본보기가 될 수 없다. 그럼에도 불구하고 본보기가 되고자 노력하는 것은 임금 된 자의 바른 자세로서 신하가 마땅히 본받아야 할 모습일 것이다.

본을 보이는 목적은 임금의 본보기가 바른길이니 임금이 원하는 대로 섬기라는 것이다. 신하에게 임금 섬기기를 강조하면 임금은 의무가 없어지고 권리만 갖게 된다. 이 부분에서 우리는 주목해야 한다. 전자는 본보기를 보일 의무가 있지만 후자는 신하에게 나를 따르라는 권리만 주장하기 때문이다. 임금이 권리만 주장하면 신하는 임금을 인정하지 않는다. 본보기가 없는 권리 주장은 정당성이 없어서 신하가 따라야 할 의무가 없어지기 때문이다.

본래의 군위신강君爲臣綱: 임금의 신하는 그물을 당기는 밧줄이다.
변화된 군위신강君爲臣綱: 신하는 임금을 섬기는 것이 근본이다.

군위신강에서 벼리 강綱의 의미는 역사의 흐름과 함께 변했다. 사람이 살아감에 있어서 사람다운 바른길의 본보기가 없음으로 그 의미가 사라졌다. 다만 바른길에 대한 형식만 있을 뿐 내용은 없어졌다. 역사의 흐름 속에서 21세기 한국 사회에는 그나마 본을 보이려는 모양마저도 없어졌다. 임금이 본을 보여 신하를 이끄는 것이 군위신강의 근본되는 형식이었으나 거꾸로 신하가 임금을 섬기는 형식으로 바뀐 것이다. 본래적인 본보기가 없이 임금이 임의대로 필요에 따라 '이것이 본보기이니 나를 따르라'고 주장함으로 신하의 섬김만 강요되는 시대가 되었다. 신하의 섬김만 강요하면 필연적으로 임금의 권력을 약화시킨다. 본보기가 없는 임금은 임금답지 않다. 그래서 그 권위를 인정해 주지 않고 밧줄을 잡아당겨도 따르지 않는 현상이 나타난다. 임금의 권위가 무너지니 신하의 권위도 무너지고 신하와 함께 이끄는 국가 경영이 위태하게 된다. 인륜이 무너지는 도미노 현상이 일어나는 것이다. 이것은 신하가 임금에게 본보기를 요구하는 반동의 원인이 된다. 본보기를 요구함으로 임금의 일인 독재 체제 시대에서 민주적 정치 형태를 갖게 된다. 그러나 민주적인 투표로 임금과 같은 권력자를 선출한다고 해도 권력을 잡은 사람이 군위신강 본래의 본보기를 보이지 못하기는 마찬가지이다. 다수결의 원칙에 따라 선출된 대통령이 국가를 이끄는 형태를 취하고 있지만 권력을 잡은 세력이 특정 이념의 정치사상에 빠져서 나타내는 본보기는 본래의 본보기가 아니다. 국민들은 이상을 기대하고 새 대통령과 단체장, 위정자들을 선출하지만 자기들이 임의대로 정한 본보기를 보이는 것이다. 본래의 본보기가 아닌 전혀 다른 것을 보이면서 '이것이 바른길이니 우리를 따르라'고 하니 또 다시 위기에 처하는 상황이 계속 반복되고 있다. 현재 대한민국에는 인륜으로서의 절대적인 본보기가 없이 저마다 '이것이 바른길이다'라고 주장하는 모습만 있다. 본보기의 의무로서 섬기려 하지 않고 섬김을 강요하는 개인의 권리만 가득한 사회인 것이다. 본보기의 지도력 없이 섬김을 강요하는 억압의 시대가 현재 한국의 현주소이다.

- 현재 상황

현재 대한민국은, 임금과 신하에 해당하는 변형된 공산주의 이념에 잡힌 지도자들이 바른 본보기를 보여 주지 못해서 어려움을 당하고 있다. 본래의 군위신강君爲臣綱은 임금이 본래의 본보기로 신하를 이끈다는 이상적인 의미이다. 그러나 본래의 이상적인 본보기가 아니라 특정 이념을 가진 정치 집단이 임의대로 가지고 있는 그들만의 사상에 의한 본보기를 보였다. 그들에 의해 당겨지는 밧줄에 국민은 사람답게 살아야 하는 인륜으로서의 권리를 침해당하고 있다. 인륜으로서의 권리 침해의 증거는 그들이 주장하는 특정 이념적 인권에 있는데 그것은 남녀 성에 대한 오해에서 비롯되었다. 그들이 말하는 성이란 전통적인 인륜으로서의 남녀 양성이 아니다. 양성과 더불어 다양한 성을 주장한다. 한 사람이 어떤 성적 지향을 가지면 그것이 그의 성이라는 것이다. 남자가 여자라고 생각하면 여자이고, 여자가 남자라고 생각하면 남자의 성을 갖게 된다는 것이다. 성욕 발산에 있어서도 남자가 남자와, 또는 여자가 여자와 성행위를 하고 싶으면 존중되어야 한다는 것이다. 성적 지향이 인권이라서 법으로 지켜 주어야 한다는 것이 포괄적 차별금지법을 추진하는 사람들의 주장이다. 한국 사회에 이미 널리 퍼지고 있다.

동성애만이 문제가 아니다. 이성애에도 인륜을 말살하는 성적 지향이 나타나고 있다. 아버지가 딸과, 아들이 어머니와 성관계를 갖고 싶어 하는 일이 벌어지고 있다. 패륜적 성욕까지도 인권이라고 해서 법으로 보호해야 하며 지나가는 사람을 붙잡고 성폭행해도 비판하거나 방해해선 안 된다는 것이다. 그의 성적 지향이기 때문에 포괄적 차별금지법에 따라 보호 받아야 한다는 것이다. 어린아이에 대한 성욕, 짐승과의 성관계, 군대 내에서의 동성 성관계, 다성 간의 성관계, 온갖 더러운 짓들이 다 성이고 인권이기 때문에 차별하지 말아야 한다는 것이 포괄적 차별금지법과 국가인권정책기본 법안에 있는 성적 지향과 연관되어 있는 내용이다.
그들이 주장하는 성적 지향과 성 정체성의 정당성을 갖기 위해서 내세우는 것은 특정 이념적 인권이다. 그들은 임의대로 만든 인권을 정치적 수단 삼아 대한민국의 인륜과 인권을 압제하고 있다. 그것은 군위신강의 본래적 본보기를 보여 주는 것이 아니다. 그들이 강제로 끌어당기는 밧줄에 의해 대한민국의 국민은 헌법이 보장하는 사람답게 살 수 있는 자유와 행복의 권리를 말살당하고 있는 것이다.

헌법 제10조 모든 국민은 인간으로서의 존엄과 가치를 가지며, 행복을 추구할 권리를 가진다. 국가는 개인이 가지는 불가침의 기본적 인권을 확인하고 이를 보장할 의무를 진다.

현재 대한민국 국민은 행복하지 않다. 포괄적 차별금지법을 주장하는 사람들의 필요에 따라 만든 인권이 인륜을 말살하기 때문이다.
사람은, 사람의 생물학적 기능으로서의 성이 감히 범할 수 없는 존엄한 존재이다. 남녀의 성은 정신적인 요소와 생물학적 기능과 사회학적 존재로서의 성으로 되어 있다. 그런데 이것을 오해하여 기능으로서의 성만 있다고 생각하는 것이다. 생물학적 성기능도 잘못 알아서 남녀의 성이 평등하다고 말한다. 그렇게 잘못된 생각은 사회학적 존재로서의 성의 존엄을 없이하였다. 곧 인간의 존엄성을 없이한 것이다. 생물학적 기능으로서의 성은 사회학적 존재로서의 성의 존엄을 설명하는 모양이다. 사실이 이러한데 성적 지향과 성별 정체성을 주장하는 사람들은, 자기들이 임의대로 정한 생물학적 기능으로서의 성이 인간의 존엄이기 때문에 성이 평등하다고 하여 성차별을 하면 안 된다고 주장한다. 잘못된 주장이다.

생물학적 기능으로서의 성기능과 사회학적 존재로서의 성은 평등하지 않다. 다만 하나님이 사람을 창조하실 때 코에 생기를 불어넣으심으로 생령이 되게 하신 정신적 요소로서의 영적 존엄은 평등하다. 이 말은 하나님과 사람의 영적인 관계에 있어서 남자와 여자는 평등한 영이라는 것이다. 남자나 여자나 각각 한 영혼이다. 그러나 현상 세계에서는 하나님과 사람이 평등하지 않음을 나타내는 설명으로서 남녀의 성기가 다른 모양을 하고 있다. 남녀의 생물학적 성기능과 사회학적 존재로서의 성이 다르다는 것을 앎으로 하나님이 사람을 창조하신 사실을 알 수 있게 되는 것이다. 생물학적 기능으로서의 성이 평등하다고 말하는 사람들은 이런 진리를 모르고 사회학적 존재로서의 성의 존엄을 말살하였다. 성에는 남녀로 대표되는 기능으로서의 성, 다시 말해 암수만 있는 것이 아니다. 많은 존재로서의 성이 있다. 예를 들어 딸과 아버지, 아들과 어머니는 생물학적 기능으로서의 성적 관계가 아니다. 사회학적 존재로서의 관계이다.
생물학적 기능으로서의 성만 있다고 강조하면 부모 자녀 관계와 부부 관계로 대표되는 인륜이 무너지는 것이다. 사실이 이러한데도 생물학적 기능으로서의 성만 있다고 주장한 결과 군위신강, 부위자강, 부위부강의 삼강이 가르치는 부모 공경이 없어지고 부자유친, 군신유의, 부부유별, 장유유서, 붕우유신인 오륜의 인륜이 파괴되었다. 그리고 사람의 관계에서 오상五常(인의예지신)과 오덕五德(온화, 양순, 공손, 검소, 겸양)이 사라졌다. 자녀는 부모에 효도하지 않고 부모는 자녀를 사랑으로 양육하지 않는다. 아내는 남편을 존중하지 않고 남편은 아내를 위해 희생의 사랑을 주지 않는다. 어린아이는 어른을 공경하지 않고 어른은 아이를 바른길로 인도하지 못한다. 학생은 선생을 존경하지 않고 선생은 학생을 인륜으로서 가르치지 못한다. 군대에서도 병가兵家의 오덕(지知, 신信, 인仁, 엄嚴, 용勇)의 인륜이 무너지고 있다. 국론은 분열되어 있고 국민은 국가의 권위를 인정하지 않는다. 대한민국이 이렇게 된 이유는 생물학적 성이 평등하다는 전제에서 그 사상이 발전하여 성을 임의대로 조작하는 성적 지향과 성별 정체성이 특정 이념적 인권이라고 주장하는 데까지 발전하였기 때문이다. 그들이 주장하는 인권이, 사람다움의 바른길을 가르치는 한국의 혼인 삼강오륜의 인륜을 멸시하고 사람으로서의 의무를 와해하였다. 이제는 변형된 공산주의 이념에 잡힌 국가권력이 나서서 동성애를 조장하고 인권이라는 달콤한 유혹으로 인륜을 말살하고 있다.

헌법 제11조 ②사회적 특수 계급의 제도는 인정되지 아니하며, 어떠한 형태로도 이를 창설할 수 없다.

남녀 성에 대해 잘못 알고 있는 무지함에 의해 생물학적 기능으로서의 성을 차별하지 않는다고 하여 나타난 것이 성차별금지법이고 포괄적 차별금지법의 내용이다. 구별해야만 정상적으로 사용할 수 있는 생물학적 성기능을 구별하지 못하게 하고 있다. 그 결과 사회학적 존재로서의 성의 존엄을 말살하는 잘못을 범하고 있는 것이다. 생물학적 성기능을 구별하지 않으면 사회학적 존재로서의 성이 없어진다.

이 얼마나 엄청난 죄악인가?

사람다움의 인륜이 말살되는 죄악이다. 사람의 존엄은 하나님이 창조하면서 넣어 주신 하나님의 정신이다. 그러나 하나님이 넣어 주신 정신이 뱀의 거짓말에 속아 거짓 정신이 되었다. 이 부분은 성경적 견해에서 자세히 설명하겠다. 사람의 성이 무엇인지 모르는 잘못된 인식에서 시작된 성차별금지법은 다수의 정상적인 성관계를 하는 사람들을 차별하여 동성애를 가르침으로 동성애자를 육성하는 결과를 낳고 있다. 이러한 정책은 소수의 동성애자들을 특수 계급이라고 인정하는 것으로서 헌법과 맞지 않다.

헌법 제66조 ②대통령은 국가의 독립 · 영토의 보전 · 국가의 계속성과 헌법을 수호할 책무를 진다.

대통령의 책무 중에 국가의 계속성을 유지, 발전시키는 일은 매우 중요하다. 그런데 동성애를 좋아하는 성 소수자들의 성적 지향을 강조하여 전통적인 한국의 혼, 정신인 삼강오륜을 파괴하므로 아이가 태어나지 못하는 사태를 발생시킨다. 남녀는 각각의 사회학적 존재로서의 성을 가지고 결혼하여 부부가 되면 남편은 아내의 머리가 되며 아내는 머리인 남편을 돕는 생물학적 성기능과 사회학적 존재가 된다. 이 관계를 부위부강이 설명하고 있다. 그런데 동성애에서의 남편은 아내의 벼리가 되지 못함으로 아이가 태어나지 못한다. 하나님이 창조해 주신 본래의 생물학적 기능으로서의 성과 사회학적 존재로서의 성의 본보기

(존엄)를 남녀가 보이지 못해 생명이 태어나지 못한다는 말이다. 동성애는 아이를 낳지 못한다. 아이는 남녀 성이 결혼함으로 태어나는 것이 일반적이다. 저출산은 국가 존폐의 문제가 되기 때문에 대통령이 나서서 포괄적 차별금지법을 지지하고 국가인권정책기본법을 추진한다면 헌법이 말하는 국가의 계속성을 심각하게 훼손하는 것으로서 헌법에 반하는 일이다. 법안의 성적 지향, 성 정체성 등은 정상적인 남녀의 성 개념을 크게 무너뜨리는 내용들이다. 그러므로 사람의 성이나 인권을 정치적 특정 이념으로 사용해서는 안 된다. 그들이 강조하는 인권은 특정 이념을 목표로 하고 있다. 이런 일들은 대한민국 자유 민주주의에 대한 배신행위이다.

아래는 인터넷 자료를 인용한 것이다.

포괄적 차별금지법(이하 차금법)을 둘러싼 갈등은 여전하다. 국가인권위원회(이하 인권위)는 14년 전인 지난 2006년 노무현 정부 당시 총리에게 차별금지법 입법 추진을 권고하는 입장을 표명했다. 이듬해 정부 발의 안이 처음으로 국회 문을 두드렸지만 19대 국회까지 7번의 법안 처리 '시도'에도 결국 좌절됐다.

출처: [MonthlyNow] 포괄적 차별금지법, 이번에는 국회 통과될까
| 작성자 월간인물

동성애자의 인권 보호를 위한 근거로 제시되는 욕야카르타원칙의 문제점에 대한 전문가 토론회 열려
욕야카르타원칙은 법적 구속력이 없는 반인권적 거짓 원칙이며 국회의

입법권을 침해
일방적 선언에 불과한 것을 원칙으로… ‘동성애 독재 시대’의 서막에 대한 우려 제기

출처: 동성애자를 위한 마그나카르타? ‘욕야카르타원칙의 위험성과 부당성’ 세미나 개최 | 작성자 애드보켓코리아

‘욕야카르타원칙(Yogyakarta Principle)’은 2006년 11월 인도네시아 자바섬의 욕야카르타에서 국제NGO와 관련자들이 모여 성적 지향과 젠더 정체성 관련 이슈에 대해 정리한 국제인권법 적용의 원칙을 의미하며 2007년 3월 스위스 제네바에서 발표되었다. 10년 뒤인 2017년 이를 개정·보완한 ‘욕야카르타원칙 플러스10’이 제정되었다. 욕야카르타원칙은 차별금지법 제정 및 인권위 결정의 근거로 원용되곤 했다.

출처: 동성애자를 위한 마그나카르타? ‘욕야카르타원칙의 위험성과 부당성’ 세미나 개최 (thewordnews.co.kr)

114195] 인권정책기본법 안 (정부) 21대 국회 법률 입법예고 / 2022. 1. 7. 13:28

“모든 정부 부서와 기관, 지자체 심지어 기업까지 국가인권위원회를 상왕으로 모시도록 강제”
전문가들은 인권정책기본법 안은 사실상 동성애를 합법화하는 ‘차별금지법’ 및 ‘평등법’과 유사한 효력을 지닌다며 ‘성적 지향’과 ‘성별 정체성’에 따른 차별을 금지하며 동성애 및 성전환에 대한 일체의 비판 및 반대를 금지하는 전체주의적 악법이자 동성애독재법이라고 입을 모았다.

조 변호사는 국가인권위원회가 보호하는 '인권' 개념은 소수의 동성애 및 성전환 인권독재 이론가들이 만든 소위 '욕야카르타원칙'에서 제시한 '성적 지향'을 이유로 한 차별금지 사유를 분별없이 도입한 것이라며 "이른바 '욕야카르타원칙'은 국가의 강제력을 동원해 부도덕한 동성 성행위와 자연 질서에 위반하는 성전환 행위를 정당화하려는 거짓 인권이며 동성애와 성전환을 반대할 수 있는 신앙과 양심, 학문, 표현의 자유를 박탈하는 반인권적 거짓 원칙"이라고 지적했다.

그는 "국내에서 발의된 포괄적 차별금지법 안과 ○○○○○당 이○○, 박○○, 권○○의원이 발의한 평등법 또는 차별금지법은 모두 차별금지 사유에 성적 지향 및 성별 정체성(젠더 정체성)이 포함돼 있고 모든 국가기관과 지방자치단체 및 기업들 위에 군림하는 것이 동일하다"며 근본적 해결을 위해서는 국가인권위원회법상의 차별 금지 사유인 '성적 지향'이 즉각 삭제돼야 한다고 강조했다.

출처: 펜앤드마이크(http://www.pennmike.com)

문정권의 '동성애 합법화' 위한 마지막 꼼수? "인권정책기본법은 사실상 '차별금지법'"

양연희 기자 yeonhee@pennmike.com

'차별금지법이 통과되면 위 문제들뿐만 아니라 군 안에도 동성애가 허용되면서 군 기강이 무너짐은 물론이고 상하 질서에 의해 수많은 피해자들이 속출하게 되며 안 그래도 매년 급증하고 있는 에이즈 감염수는 수직 상승하게 됩니다.'

나인권 의원(더불어민주당)에 의해 이 법안이 막아졌습니다.

출처: (차별금지법 반대) 전북도의회, '포괄적 차별금지법 제정 촉구 건의안' 부결
| 작성자 건사연

우리나라는 에이즈가 세계적으로 감소 추세임에도 10, 20대에서 폭증 추세이고 연간 8조의 세금을 에이즈 치료에 사용한다. 놀라운 건 에이즈 환자의 경우 10원도 자기 돈을 사용하지 않는다는…….
이 에이즈의 주된 이유가 바로 동성애에서 비롯되는데 에이즈 환자가 늘어난다는 것은 바로 동성애가 이 나라에서 창궐하고 있다는 것이다.
그런데 ○○당은 군대에서 항문 성교 시 징역 2년 이하의 벌에 처한다는 군형법 92조 6항을 수년 전부터 폐지하려고 하고 있다.

출처: "결국 터졌다"... 동성애자 제일 우려하던 '찜방'서 확진자 나와
| 작성자 네 아이아빠

성적 지향과 성 정체성을 합법화하려는 정치인들은 특정 이념의 인권을 앞세운 정치를 하려는 것으로 보인다. 그러나 한국 사회에 인륜이 바로 서 있으면 중국이나 북한 같은 정치를 할 수 없다. 자유 민주주의 국가인 대한민국에서 그런 정치를 펴기에는 두 가지 큰 장애물이 있다. 하나는 인륜을 강조하는 전통적인 한국인의 혼인 유교의 삼강오륜이다. 또 하나는 성경 말씀을 믿고 따르는 기독교 정신인 교회이다. 이 두 정신을 다스리지 못하면 그들이 바라는 정치를 할 수도 없고 효과적으로 국민을 다스릴 수도 없는 것이다. 그래서 겉모습은 자유 민주주의 체계를 유지하면서 내용적으로는 국민을 효과적으로 통제하고 다스릴 수 있는 수단이 필요했다고 생각된다. 그 수단이 바로 특정 이념적 성격으로서의 남녀 '성性'이다. 사람을 특정 이념으로 통제하는데 있어서 성은 좋은 도구라고 생각한 것 같다. 성을 특정 이념으로 사람들의

삶에 침투시키는 결정적 개념은 생물학적 성기능에 대한 남녀의 '성 평등'이다. 생물학적 성기능의 평등이 이루어지면 사회학적 존재로서의 성의 권위를 무너뜨릴 수 있다고 생각한 것 같다. 그리고 이에 따라 성차별금지법이 생겨나고 포괄적 차별금지법이 뒤를 이어 나타나고 이후 특정 이념을 기반으로 하는 인권을 강조하는 국가인권정책기본 법안이 발의되었다.

성차별금지법과 포괄적 차별금지법과 국가인권정책기본법 같은 법들이 만들어지는 근원적 원인은 성에 대해 잘 모르는 데서 비롯되었다. 그들이 말하는 성 평등은 생물학적 기능으로서의 성과 사회적 존재로서의 성을 구별하지 못하는 무지함을 나타낸다. 남자의 성과 여자의 성이 차별 없이 똑같다는 것이다. 그러나 그런 생각에는 큰 오류가 있다. 그들은 자기들의 주장에 자신이 걸려 넘어질 수밖에 없다. 자기들이 주장하는 성에 대해 잘 모른다는 것을 스스로 드러내고 있기 때문이다.

본래 남자와 여자의 성性은 생물학적 기능과 사회적 존재가 있다고 앞에서 말하였다. 생물학적 성의 기능은 암수를 나타낸다. 아이를 태어나게 하는데 있어서 남자의 성기와 여자의 성기는 각각 다른 기능과 모양을 하고 있다. 다시 말해 남자와 여자의 생물학적 기능으로서의 성은 다르다. 구별되어 있다는 말이다. 남녀의 성이 구별되어 있는 것은 하나님과 사람이 다르다는 것을 서로 보며 알 수 있게 하는 설명서의 모습이다. 그런데 육안에 다르게 보이는 생물학적 성기능을 다르다고 말하면 처벌하겠다는 것이다. 이것은 스스로 무지를 드러내는 것이라고 하겠다.

남녀의 성이 구별되어 있다면 사회학적 존재로서의 성은 생물학적 성기능이 무엇인지 알려 주는 설명서와 같다. 성기능에 대해 존재의 성이 구체적으로 설명해 주고 있다. 예를 들어 남자라고 했을 때 생물학적 기능은 수컷이라고 하는데 왜 수컷인지 설명하는 것이 사회적 존재로서의 성이다. 남자라는 이름은, 사람이 만든 것이 아니다. 창조주 하나님이 만든 호칭이다. 처음부터 사회학적 요소를 가지고 창조하셨다는 것이다(창 1:26-27). 그러므로 사회학적 존재로서의 성을 말할 때 남자라고 한다. 오늘날에는 남자, 남성을 혼용한다. 여자라는 호칭은 하나님이 창조하시면서 사용한 말이지만(창 1:27) 현상 세계에서 선포한 것은 남자이다(창 2:23). 생물학적인 성기능과 사회학적 존재로서의 성은 현상의 남녀의 성기능과 존재를 분명히 설명하고 있다. 남녀가 자신의 성기능과 존재로 삶에서 하나님의 자기실현을 이루도록 창조해 주신 것이다. 남자, 남성은 하나님의 정신적 요소와 생물학적 성기능과 사회학적 존재의 기능을 동시에 가지고 있다. 생물학적 기능으로서는 생명의 씨인 정자를 주는 성기를 가지고 있다. 사회학적 존재로서는 남자 남편 아버지로서 아내를 보호하고 지키며 하나님을 설명하는 부위부강의 모습을 하고 있다. 그러면서도 군위신강, 부위자강의 모습을 하고 있는 것이다. 사회학적 존재로서의 여자 아내 어머니는 생물학적 기능으로의 남자 남편 아버지의 정자를 받아 자신의 난자와 연합시켜 생명이 자라고 태어나게 하는 기능을 하고 있다. 여자의 이런 모습은 하나님이 주신 은혜를 받아 그 뜻을 이루는 사람(남녀)의 모습이다.

영적으로는 하나님이 불어넣은 생기에 의해 생령이 되었고 그 정신으로 생물학적 성기능을 하여 사회학적 존재를 세상에 나타낸다. 현상 세계에서 남녀의 생물학적 요소와 사회학적 요소가 구별되어야 하는 것은 영적으로 하나님과 사람이 구별됨을 설명하는 모양이기 때문이다. 이 부분은 성경적 견해에서 보다 더 자세히 말하겠다. 남녀의 성기능과 존재로서의 성이 다른 것은 영적으로 하나님과 사람이 다르다는 것을 현상의 모습으로 나타내는 하나님의 창조적 존엄을 설명한다. 그러므로 남녀의 성은 반드시 구별되어야만 하는 것이다. 생물학적 성기능은 남자가 무엇인지 여자가 무엇인지 설명하는 실재이다. 남자와 여자의 성은 육안에 보이지 않는 하나님의 정신적 요소를 눈에 보이는 생물학적 성기능과 사회학적 존재로서의 성으로 그 정체를 설명한다.

기능으로서의 성이 평등하다고 주장하는 사람들은 이렇게 남녀의 성의 기능과 존재에 대해 알지 못하고 눈에 보이는 차이의 진의를 오해했다. 기능으로서의 성이 성의 전부인 줄 잘못 알고 있으며 또 기능으로서의 성도 그 쓰임새가 전혀 달라서 보이는 모양으로도 평등하지 않은 것을 억지로 평등하다고 우기는 것이다. 성의 무지함에 의해 남자가 남자에게 자기의 성기를 사용하고 여자가 여자에게 자기의 성기를 사용하는 안타까운 일이 벌어지는 것이다. 남녀가 사람으로서의 자신의 존재를 알지 못함에서 비롯된 이 일들은 이제 국가 존폐의 문제가 되었고 삶의 대혼란을 가져오고 있는 것이다. 이렇게 위기적 상황을 이용하여 임금의 위치에 있는 사람이나 국가를 경영하는 자들이 특정 정치 이념으로의 인권을 앞세운다면 참으로 분노가 차오르는 일이다. 권력의 주인 된 국민으로서 도저히 그냥 넘어갈 수 없는 일이다. 남자가 무엇인지, 여자가 무엇인지도 모르고 유엔인권위원회에서 지시한다고 하여 성 평등을 주장하거나 포괄적 차별금지법을 만든다면 참으로 무능한 것이며 무서운 일이다. 자신의 성기를 보면 알 일이다. 자신의 존재를 모르기에 남녀의 성도 모르고 성 평등이라며 무지한 주장을 펴는 것이다. 무식하면 용감할 수는 있으나 그 결과는 끔찍한 것이다. 이런 일은 스스로를 부정하고 아내가 남편을 인정하지 않으며 인륜을 말살하는 끝없는 패망을 가져올 것이다. 어리석은 임금이 이끈 동아줄에 대한민국이 혼란의 구렁텅이에 빠져들고 있다. 깨어 있는 사람은 이 사실을 직시하고 임금과 같은 위치에 있는 자에게 생명의 본보기를 보이라고 강력하게 요구해야 한다. 특정 이념적 인권을 앞세운 국가권력이 나라를 낭떠러지로 끌어간다면 반드시 막아야 한다. 그들이 가진 권력을 회수해야 한다.

헌법 제1조 ②대한민국의 주권은 국민에게 있고, 모든 권력은 국민으로부터 나온다.

다시 대한민국을 위기의 벼랑 끝에서 붙잡고 끌어낼 힘은 오직 국민에게만 있다. 특정 이념에 잡혀 헌법에 반하는 인권을 주장함으로 나라를 망하게 하는 무지한 사람들에 의해 말살된 한국의 얼인 삼강오륜을 성경 말씀 안에서 다시 살려 내고 우리 가정과 자녀를 지켜 내야 한다. 대한민국 국민은 나라를 구할 힘이 있고 특정 이념으로 나라를 해치는 세력을 다스릴 능력이 있다.

- 성경적 견해

전통적 견해에서 임금은 밧줄, 신하는 그물에 해당된다고 하였다. 또 신하는 밧줄, 임금은 밧줄을 당기는 모습이다. 이 해석은 임금이 신하를 이끈다고 하였다. 본보기로 이끄는 것이며 그 출처는 조상들이라고 하였다. 역사를 거슬러 올라가면 최초의 사람에게서 본떴을 것이라고 추측하였으며 최초의 사람은 무엇을 근거로 본떴는가에 대한 의문을 가졌다. 이에 최초의 사람이 본뜬 출처를 성경에서 밝힌다.

성경은 하나님 자신의 형상과 모양대로 창조했다고 말한다(창 1:26-27). 하나님에 의해서 하나님을 닮은 남자와 여자가 창조됨으로 태어났다는 말이다. 그러므로 성경 말씀 안에서 군위신강君爲臣綱의 벼리 또는 밧줄에 해당되는 임금의 본래적 본보기는 하나님이시다. 하나님을 본보기 삼아 살라는 것이다. 아이가 부모를 닮는 것과 같다. 부모가 보이는 본보기를 자녀가 따르는 것과 같은 것이다.

임금이 신하에게 보여야 할 본보기는 하나님의 말씀과 은혜이다. 하나님을 설명하는 본보기를 보일 때 가장 임금다운 임금이 되는 것이다. 임금이 하나님의 말씀과 은혜로 잡아당기면 신하는 따라갈 수밖에 없다. 부모가 자녀에게 본을 보이고 그대로 행하라고 요구하는 것과 같다. 따르지 않으면 징계할 수 있는 명분을 갖게 된다. 절대 진리로서의 사람다움을 따르지 않았기 때문이다. 임금 됨의 정당성은 하나님의 말씀을 순종하고 그 은혜를 감사함으로 본을 보이는 데서 나타난다. 군위신강의 본래적 의미는 성경 말씀에서 그 뜻이 분명하게 나타났다. 하나님을 설명하고 나타내라는 것이다.

하나님은 자기의 형상과 모양대로 남자를 먼저 창조하셨다. 흙으로 사람을 만들고 코에 생기를 불어넣으심으로 생령이 되었다(창 2:7-8). 하나님의 생명의 기운이 남자에게 들어가니 생령이 된 것이다. 생령은 사람의 정신적 요소를 말한다. 남자는 이렇게 정신적 기능과 생물학적 성기능과 사회적 존재로서의 성을 가지고 태어났다. 생물학적 기능은 수컷이고 사회학적 존재는 자신의 생물학적 성기능의 이유와 하나님의 창조적 자기실현을 설명하는 거룩한 형상과 모양을 하고 있다. 이것은 남자로서의 존엄을 말한다. 육안에 보이는 사람으로서의 남자는, 보이지 않으나 배후에 실재하시는 하나님을 설명한다. 어떤 남자 아이가 있으면 그 자리에 없고 보이지는 않아도 그를 낳은 부모가 있다는 사실과 같은 것이다. 남자의 존재로서의 성은 하나님의 정신을 가진 형상과 모양을 한 하나님의 자녀와 같다. 하나님의 생기가 들어감으로 생령이 되어 있는 하나님의 사람이다.

그 누구도 남자라고 호칭되는 존재를 함부로 하면 안 된다. 현실 세계에서 절대 권력을 가진 임금일지라도 사람을 하나님의 뜻과 상관없이 임의대로 할 수 없다. 군위신강에서 임금이 신하를 하나님이 보이신 본보기대로 대하라는 말이다. 한 남자 아이를 대할 때 하나님의 존엄을 대하듯 해야 한다는 것이다. 부위자강, 부위부강 역시 군위신강에서 나타나는 원리와 동일하다. 현실 세계에서 자기가 낳은 자녀일지라도 하나님의 뜻과 상관없이 임의대로 대할 수 없는 것이다. 남편이 아내에게 보여야 할 본보기 역시 하나님을 설명하는 것이어야 한다. 사람을 마음대로 할 수 없다는 것은 생물학적인 성과 사회학적 존재로서의 성인 남녀의 성을 임의로 할 수 없다는 것이기도 하다. 성은 곧 그 사람이기 때문에 성을 자유의지대로 하면 그를 낳으신 하나님을 함부로 하는 것이 된다. 사람을 임의대로 대하면 하나님께 죄를 짓는 것이다.

남자가 사람의 대표로 하나님과 언약을 맺었다(창 2:16-17). 언약의 핵심 내용은 사람이 선악을 알게 하는 나무의 실과를 임의대로 먹으면 정녕 죽는다는 것이다. 선악과를 먹는 것은 성性을 마음대로 하는 것을 의미한다. 사람을 자유의지대로 한다는 말이다. 특별히 남자가 생물학적 성기능과 사회학적 존재로서의 성을 하고 싶은 대로 한다는 것이다. 만일 남자가 자기의 성기능과 존재로서의 성을 마음대로 하면 그의 마음속에는 하나님이 불어넣으신 생기에 의한 생령의 정신에 하나님이 없어지는 문제가 발생한다. 오직 자기 임의대로의 마음만 있는 것이다. 자신을 창조하신 하나님을 죽이는 것과 같은 것이다. 하나님이 불어넣으신 생기에 의한 생령으로서의 남자의 정신은 생물학적 성기능과 사회학적 존재로서의 성에서 하나님을 설명하는 형상과 모양이기 때문이다. 남자는 자기의 성기능과 존재로서의 성을 임의대로 마음대로 자유의지대로 할 수 없다. 임의대로 하면 자기의 정신에서 하나님의 형상과 모양을 말살하게 되는 것이다.

여기서도 아들과 부모의 관계를 예로 들어 설명하겠다. 아들은 부모의 분신과 같다. 생물학적 성기능은 남성이고 사회학적 존재로서의 성은 부모의 아들이다. 부모는 장성한 아들에게 결혼을 권유하였다. 아들은 생물학적 성기능과 사회학적 존재의 성도 자신의 것이니 자기 임의대로 하겠다고 한다. 성을 마음대로 하겠다는 말이다. 사회학적 존재로서의 성에 있어서 부모와 아들이라는 연관성을 없애겠다는 뜻이기도 하다. 더 나아가서 아들의 존재가 없어짐으로 부모의 존재도 없다는 말과 같다. 영적 시각에서 보면 하나님을 없이하겠다는 뱀의 거짓 인식을 그대로 나타내는 것이다. 결혼을 하든지 안 하든지, 동성애를 하든지 성전환을 하든지, 수간을 하든지 마음대로 하겠다는 것이다. 만일 남자가 그런 마음을 가지고 있다면 마음속에 부모라는 존재가 없어진 것이며 자신의 존재, 곧 뿌리도 없어진 것이다. 그렇게 되면 모든 것이 허물어지고 없어진다. 부모와 자녀도 없어지고 가정과 나라도 없어지는 것이다. 뿌리 없는 나무가 없듯이 하나님의 정신을 설명하는 존재 없는 기능은 정당성을 가질 수 없다. 하나님이 세상과 사람을 창조한 목적이 없어지는 것이기도 하다.

이렇게 무서운 결과를 낳기 때문에 선악을 알게 하는 나무의 실과를 임의대로 먹지 못하게 생명을 걸고 언약을 맺은 것이다. 자신의 생명을 스스로 정녕 죽이는 것이 되어서 하나님은 남자와 여자를 보호하기 위해 선악과를 임의로 먹지 못하게 하셨다. 이 말을 군위신강에 적용해 보면 선악과를 임의대로 먹는 임금은 하나님이 이끄시는 대로 따르지 않으니 신하에게 하나님의 본래적 본보기를 보이지 못한다는 것이다. 부위자강이나 부위부강도 마찬가지이다. 하나님이 이끄시는 대로 따르지 않는 아비의 본보기를 아들이 따르지 않고 하나님이 이끄시는 대로 따르지 않는 남편의 본보기를 아내가 따르지 않는다. 하나님의 말씀을 순종하지 않고 임의대로 행동하는 모든 일에는 하나님이 사람과 생명을 걸고 언약한 핵심 내용인 정녕 죽음이 따라다닌다.

하나님은 남자를 먼저 창조하심으로 낳았다. 그러므로 남자인 아담은 임금의 시작이다. 군위신강의 시작인 것이다. 그 남자를 사람의 대표로 세우고 그와 생명을 건 언약을 맺은 후 여자를 만드셨다(창 2:22-24). 부위부강의 시작이다. 이후로 '사람'이라고 정의할 때는 남자와 여자를 말한다.

하나님은 왜 남자를 먼저 창조하시고 여자를 나중에 만드셨을까?

이 의문에 대한 대답은 매우 중요하다. 필자는 사람의 세 가지 요소 중 사회학적 존재로서의 성에서 그 이유를 설명하고자 한다. 남자 홀로 있을 때는 사회학적 존재로만 있다. 혼자 있다는 이유로 사회학적 존재가 아니라고 하면 안 된다. 하나님이 남자를 창조할 때 하나님의 사회성으로서 자기실현을 이루셨기 때문이다. 남자의 외로운 모습이 좋지 못하여 하나님은 남자의 갈빗대로 돕는 배필을 만들어 주셨다(창 2:18, 21-22). 생물학적 성기능과 사회학적 존재로서의 성이 제 짝을 만난 것이다. 남성이 혼자 있을 때는 생물학적 기능으로서의 성이 무용지물이었지만 여성과 함께 있으니 제 기능에 맞는 짝을 이루었다. 하나님 보시기에 좋지 못한 것이 좋게 되었다. 생물학적 성기능이 짝을 맞춘 것은 남녀의 기능적 성이 사회학적 존재의 성을 이룬 것이다. 곧 남자는 사람의 대표로서의 존재이며 여자의 머리이고(고전 11:3) 여자는 남자를 돕는 연합의 존재이다.

사람의 현상의 모습은 영적으로 하나님이 머리이시고 사람이 하나님을 돕는 배필과 같다는 원리를 말해 주고 있다. 남녀는 처음부터 성인이며 남편과 아내로 창조되었다. 사람(남녀)의 현상은 보이는 모습으로, 보이지 않는 하나님과 사람의 관계를 알게 하는 설명서와 같다. 육안으로 보이는 남성의 생물학적 성기능과 생명의 씨인 정자는, 보이지 않지만 영적이고 정신적으로 분명히 살아 있는 하나님이 남성을 창조하신 사실을 알게 한다. 하나님이 사람을 창조하실 때 생기를 코에 불어넣음으로 생령이 되게 한 것처럼 남성은 생명의 씨앗인 정자를 여성의 생물학적 성기에 불어넣음으로 하나님을 설명한다. 남녀 관계에서 남성은 하나님을, 여성은 사람(남녀)을 설명하는 모습이다.

남녀가 생물학적 기능으로 성관계를 하는 모습은 영적으로 하나님과 사람의 연합을 현상 세계에서 보여 준다. 남녀의 삶에서 하나님의 자기실현이 이루어지는 것으로 하나님 보시기에 심히 좋은 모습이다(창 1:31). 또한 하나님이 사람을 창조하신 본보기를 나타내고 있다. 남녀가 생물학적 기능으로 성관계를 할 때마다 사회학적 존재로서의 성의 정신적 존엄이 확인됨으로 하나님이 자신을 창조하고 생명 주셨다는 사실을 스스로 설명하는 본보기인 것이다. 그러므로 부위부강으로서의 남성은 하나님이 생명 주셨다는 사실을 설명하는 사회학적 존재로서의 성임을 나타내기 위해 먼저 창조되었다.

남녀의 생물학적 기능으로 성관계를 하는 모습은 하나님과 사람의 사회학적 존재로서의 질서를 확립해 준다. 임금과 신하의 관계, 곧 군위신강의 본래적 질서를 보여 주는 모습이기도 하다. 또한 부위자강과 부위부강의 본래적 질서를 설명하는 실재이다. 임금이 신하를, 아비가 아들을, 남편이 아내를 대할 때 하나님의 본보기를 보임으로 하나님을 설명해야 한다. 그리고 상대를 임의대로 대하는 것이 아니라 하나님을 대하듯이 존엄한 존재로 대해야 한다. 임금, 아비, 남편이 그 권위로 상대를 임의대로 대하면 그 관계에서 정녕 죽음이 나온다는 사실을 하나님은 남자와의 행위언약에서 분명히 알려 주셨다(창 2:16-17). 그러므로 남성과 여성은 눈에 보이는 자신의 생물학적 성기능과 사회학적 존재의 성으로 아들과 딸, 남편과 아내, 아버지와 어머니, 할아버지와 할머니로 호칭되는 사회학적 존재로서의 성을 통해 평생 동안 하나님을 설명하고 나타낸다. 하나님이 보시기에도 심히 좋고 남녀가 서로를 보면서도 가장 좋은 이상적인 사람의 모습이다.

행복한 남녀 사이에 뱀, 마귀가 여자를 거짓말로 속이면서 끼어든다(창 3:1-6). 여자가 뱀의 거짓말에 속아 선악을 알게 하는 나무의 실과를 임의대로 먹었다. 그리고 남편에게도 먹으라고 주장함으로 남편도 임의대로 먹었다. 하나님이 주시는 생명 창조의 은혜는 남자가 받아서 여자에게 주는 순서를 가지고 있지만 하나님이 금하신 정녕 죽음이 들어온 순서는 반대이다. 뱀, 마귀가 여자에게 주고 여자는 남자에게 주었다. 이후로 생물학적 성기능과 사회학적 존재로서의 성은 변하였다. 사람으로 통칭되는 다른 이름 곧 남자와 여자, 남편과 아내, 아버지와 어머니, 할아버지와 할머니는 총체적으로 달라졌다. 영혼이 다른 상태이고 그에 따라 마음과 생각의 인식이 바뀌었다. 사람의 생물학적인 성기능과 사회학적인 존재로서의 성에 대한 인식이 변했다. 남녀의 성기능과 존재로서의 성에서 하나님이 인식되지 않고 타락의 인식이 성을 정의하기 시작한 것이다. 정신에 문제가 생겼다는 말이다. 하나님이 불어넣어 주신 정신이 아니라 뱀이 준 거짓이 정신세계를 이루는 주 인식이 되었다는 뜻이다. 사람의 인식 속에서 하나님의 본보기가 사라졌다. 남성과 여성이 서로에게서 하나님의 존엄을 보고 하나님을 대하듯 서로를 대해야 하는데 뱀의 거짓말에 속아 선악과를 임의대로 먹은 후엔 자신과 상대에게서 하나님의 존엄을 보지 못하게 되었다. 남녀가 생물학적 성기능과 사회학적 존재로서의 성에서 하나님을 인식하지 못하게 되었다는 것이다. 하나님이 창조하신 자기실현의 모습을 인식하지 못하고 뱀의 거짓 정신에서 임의대로 성을 정의한다는 것이다. 하나님의 본보기가 없어지니 자신의 성기능과 존재로서의 성이 어떻게 사용되어야 하는지 알지 못한다. 뱀이 여자를 속여서 갖게 한 정녕 죽음의 거짓 인식이 일으키는 성욕의 포로가 되어 있다. 오직 자신을 위한 생물학적 성기능의 성욕이 있을 뿐이다.

사회학적 존재로서의 성은 시대가 변할수록 그 존재가 부정되며 왜곡되어 사라지고 있다. 그 대표적인 존재가 아버지이다. 21세기 현재 아버지라는 호칭은 존재 의미를 상실한 지 오래다. 여자가 뱀의 거짓말에 속아서 갖게 된 타락의 인식의 자기화에 의해 하나님을 설명하는 사회학적 존재로서의 성이 말살되는 것이다. 하나님이 정하신 정녕 죽음의 조건이 뱀의 거짓말에 의해 결코 죽지 않는 것이 되어 임의대로 사회학적 존재로서의 성을 죽이고 있다. 그것이 정녕 죽음인 것을 모른다. 타락의 인식에 사로잡혀 마음대로 발휘해도 결코 죽지 않는다는 생각에 하나님을 부정하며 자녀는 부모에 불효하고 남편과 아내는 서로를 무시한다. 이기적인 자신이 있을 뿐이다. 자신이 좋으면 좋은 것이고 자신이 싫으면 싫은 것이다. 타락의 인식인 이기적 임의성에서 남녀의 생물학적인 성기능과 사회학적인 존재로서의 성은 하나님이 보인 본보기를 보이지 못한다. 서로 총체적인 정녕 죽음의 삶을 만들어 낼 뿐이다.

특히 여성이 성기능과 존재로서의 성을 임의대로 하는 일에 앞장서고 있다. 처음부터 타락의 인식으로 선악을 알게 하는 나무의 실과를 임의대로 먹은 일에도 여성이 먼저였다. 이후로 여성은 21세기 현재까지 남성에게 타락의 인식을 주입하는 통로가 되며 주도적 역할을 한다고 생각된다. 여성의 감성적 주장에 붙잡힌 남성은 더욱더 큰 정녕 죽음을 이루는 타락의 인식의 포로가 되어 여성에게 되돌려 주는 모습으로 나타나고 있다. 그러므로 포괄적 차별금지법이나 국가인권정책기본 법안에 있는 성적 지향이 내포하고 있는 문제로 인해 제일 큰 피해를 보는 대상은 여성 자신이 될 것이다. 여성이란 남성이 주는 것을 받게 되어 있으며 성적 지향이란 하나님이 사람에게 보여 주신 본보기가 아니라 뱀이 여자를 속여서 갖게 한 거짓 본보기이기 때문이다. 생물학적 성기능을 타락의 인식으로 해석한 결과이다. 타락의 인식에서 오해되는 성적 성향이 성의 전부라고 생각하는 것이다. 성적 지향의 성에는 하나님이 사람에게 불어넣으신 생기로 인한 생령에서 발휘되는 하나님의 자기실현이 없다. 하나님이 만들어 주신 사람 안에 하나님의 자기실현의 정신적 인식이 없어진 것이다. 사회학적 존재로서의 성이 없어지면 생물학적 성기능이 진리로서 정의하는 정당성을 갖지 못함으로 뱀의 거짓에 속아 정녕 죽음을 이루게 되는 것이다. 타락의 정신에 잡힌 여자는 남편에게 순종하지 않는다(딤전 2:11-14). 타락한 정신은 하나님께 예배 드리는 성령의 정신과 맞지 않다. 그 정신으로 일상생활에서 남자를 주관하는 여자의 태도는 옳지 않다. 타락한 뱀의 인식을 가진 여자의 감성이 하나님의 본보기를 벗어나는 일에 주도적 역할을 하고 있다는 것이다.

남자의 뼈 중의 뼈요 살 중의 살로 창조된 여자의 주장은 그 힘이 막강하다(창 2:23). 종용히 배우라는 것은 굴종을 의미하지 않는다. 이미 남자도 타락했기 때문에 설득하여 잘 도우라는 것이다. 여자가 어르고 달래면 남자는 말을 잘 듣게 되어 있다. 현재 타락한 인식 체계에서 여자는 남자를 주관하고 있다. 그러면 여자가 머리가 되고 남자가 몸의 위치에 있게 된다. 남자가 여자에게 생명을 주는 것이 아니라 도리어 받으려고 한다. 남자가 받으려고 하면 남자가 짊어진 모든 죄악의 짐을 여자 홀로 져야 한다. 그것은 하나님이 사람을 창조하고 보여 주신 본보기가 아니다. 여자가 남자의 머리가 되면 사람을 창조하신 하나님이 사람(남녀) 가운데서 설명되지 못한다.

하나님이 창조해 주신 본래적 사람의 모습은 남자가 사람의 대표로서 여자의 머리이며 주관자요 책임자임을 나타내고 있고 생명을 주는 자로 되어 있다(고전 11:3). 여자는 뱀이 준 거짓 인식으로 남자를 주장하려 하지만 하나님은 남자에게 여자 안에 있는 타락의 인식을 다스리게 하셨다(창 3:16). 여자는 자신을 높이기 위해 남자를 주장하지만 남자는 주장을 받으면 받을수록 타락의 인식에서 발휘되는 더 큰 힘으로 다스린다. 그러므로 타락의 인식이 많아지면 많아질수록 현실적인 피해는 여자가 다 받게 된다. 이에 대응해 여자가 더욱 강하게 주장하면 남편과 아들을 바보로 만들고 무거운 죄의 짐을 다 자신이 져야 하는 것이다. 생명을 바쳐서 지켜 주는 남자는 없어지고 오히려 자신을 지켜 달라고 요구하는 유약한 남자가 나타나게 된다. 사랑과 생명을 주는 남자가 아니라 이기적으로 받기만을 원하는 자가 되는 것이다. 남자가 주지 않고 받기만 하면 여자는 평생 동안 남자가 졌던 죄의 짐인 노동을 대신해야 한다. 남자에게 생명을 주기 위해서 정녕 죽음의 고통을 홀로 당해야 하는 것이다(창 3:17-19). 오직 이기적으로 자신만을 위하는 남자가 자신을 높이라고 여자를 다스리는 것이다(창 3:16). 이렇게 변한 남자, 남편은 하나님의 생명을 설명하는 본보기로서의 부위부강을 나타내지 못하므로 이상적인 군위신강을 나타낼 수 없다. 다만 바른 부위부강과 군위신강을 나타내야 한다는 모양을 가지고 있을 뿐이다. 그러나 현재 21세기의 한국은 그 모양마저 잃어버렸다. 여자가 남자를 주장함으로 얻게 된 것은 타락의 인식에서 조성된 남자의 다스림이다. 남자가 뱀의 인식에서 여자를 다스리는 것은 여자에게 형벌과 같다. 이 고통에서 벗어나겠다고 남자를 더욱더 주장하면 그 고통은 더 많아지고 커지게 되어 있다.

여자는 뱀의 거짓말에 속아서 선악을 알게 하는 나무의 실과를 임의대로 먹고 남편에게도 먹였으며 남자를 주장한다고 앞에서 말하였다. 남자에게 선악과를 먹인 이후 여자는 남자에게 끝없이 자신의 필요를 요구한다. 그 요구의 정체는 자신을 하나님의 위치에 올려놓으라는 것이다. 뱀이 여자에게 한 하나님과 같이 된다는 거짓말을 이루어 달라는 것이다. 현재 포괄적 차별금지법이나 국가인권정책기본 법안에 있는 성적 지향은 뱀이 여자를 속여서 갖게 된 요구이다. 하나님을 설명하는 남녀의 존엄을 없이하고 생물학적 성기능을 평등하다고 우김으로 사회학적 존재로서의 성을 멸시하고 있다. 존재로서의 성을 없앤 자리에 타락의 인식으로서의 성적 지향성을 기반으로 하는 특정 이념의 인권을 세우라는 것이다. 거기에는 하나님도 없고 자신도 없고 남편도 없고 오직 거짓으로 꾸며진 공산주의의 변형된 허상의 인권이 있을 뿐이다. 그 요청을 남자는 들어주었다. 이미 선악을 알게 하는 나무의 실과를 임의대로 먹은 것이다. 그 결과 뱀의 거짓으로 꾸며진 허상의 남자가 되었다. 생물학적으로 자신의 성기능이 어떻게 사용되는지 모르는 무지한 사람이 되었다. 사회적 존재로서의 창조주 하나님이 남자 안에서 이루시는 하나님의 자기실현으로서의 정체성을 상실하였다.

무지한 허상의 남자는 여자보다 더 큰 요구를 한다. 자신을 여자보다 더 높은 하나님의 위치에 올려놓으라고 다스린다. 여자와 남자는 서로 자신을 먼저 하나님의 자리에 앉혀 달라며 정녕 죽음을 이루기 위해 싸우다 이혼도 하고 자녀를 버리기도 하고 서로 죽이기도 한다. 그리고 자신에게 생긴 문제에 대해 '너 때문'이라고 한다. 두 관계는 뱀의 거짓 인식에 기반을 둔 인권과 권리만 있고 하나님이 보여 주신 본보기로 상대를 섬기는 희생적 인륜과 의무는 없다. 남자와 여자는 서로에게 자신을 높여 달라고 요구함으로 뱀(마귀)의 숨은 뜻을 이룬다. 하나님과의 언약을 계속 파기하여 정녕 죽음을 이루라는 것이다. 그런 요구가 많아지면 많아질수록 양쪽 다 하나님의 생명과 멀어지게 된다. 영적으로 뱀에게 속은 것이 자기들에게 이루어져 정녕 죽게 되는 것이다. 그럼에도 불구하고 하나님은 변한 남자에게 여자의 요구를 다스리게 하셨다. 사람을 구원할 마지막 아담인 예수라는 남자가 뱀이 준 거짓의 죄를 다스릴 것을 예고하신 조치이다. 예수님을 믿고 성령의 인식을 이루면 그 죄를 다루어 처리할 수 있다. 그러나 현재 대부분의 남자는 여자의 요구를 생명으로 바로잡을 능력이 없다. 다만 타락으로 이룬 정녕 죽음을 이룰 뿐이다.

남녀는 생물학적 성기능과 사회학적 존재로서의 성에서 서로 하나님의 존엄으로서의 존재를 보지 못한다. 영적인 시각에서 보면 하나님은 여전히 곁에 살아 계시는데 남녀의 마음과 정신에는 죽어 없어진 상태이다. 이 부분이 중요하기 때문에 다시 육체의 부모와 자녀의 관계를 예로 들어 말하겠다. 부모에게 아름다운 아들과 딸이 있었다. 그들은 부모를 좋아했고 부모도 그들을 눈에 넣어도 아프지 않을 만큼 사랑했다. 그런데 어느 날 어떤 사람을 만나고 온 뒤 아이들이 변했다. 부모를 몰라보는 것이다. 부모라고도 하지 않고 없는 것처럼 하며 자신을 스스로 있는 존재라고 생각한다. 최초의 여자와 남자가 뱀의 거짓말을 근본 인식으로 갖게 된 후부터 이렇게 변했다(창 3:7). 거짓 하나님이 되어 나타난 것이다. 하나님을 잃어버림과 동시에 자신도 잃어버렸다. 하나님의 형상과 모양으로 창조된 남녀는 인식에서 하나님이 없어짐으로 생물학적인 성기능과 사회학적인 존재로서의 성 정체성도 없어졌다. 대신 뱀의 거짓 정체성을 갖게 되었다. 무엇이든 마음대로 할 수 있다는 인식을 갖게 된 것이다. 본래 남자와 여자가 무엇인지, 생물학적 성기능과 존재로서의 성이 무엇인지 모르고 거짓된 허상이 나타났다. 사람의 근본 되시는 하나님을 잃어버림으로 자신이 누구인지, 부모와 형제가 무엇인지 모르게 되었다. 하나님을 설명하는 본보기가 아니라 뱀이 속인 거짓 본보기를 보이게 된 것이다. 남자와 여자는 서로 먼저라고 싸운다. 먼저와 나중이 구별되지 않기에 연합하지 못하고 임의대로 자신의 성을 정의하게 된다. 그럼에도 불구하고 사람의 이성은 하나님의 일반 원리인 일반 은총에 따라 생각하고 행동하므로 본래의 본보기를 흉내 내었다.
그러나 그것은 세월의 흐름과 시대의 변화에 따라 전혀 엉뚱한 본보기를 가지고 나타났다. 남성과 남성, 여성과 여성이 서로 생물학적 성기능과 존재로서의 성적 관계(동성애)를 하는 모습으로 나타난 것이다. 서로 자신의 생물학적 성기능으로 상대의 성기능을 없이하고 사회학적 존재로서의 성으로 상대의 존재로서의 성을 죽이는 모습이다. 남자와 여자라는 생물학적 기능과 사회학적 존재를 서로 부정하는 것으로서 임의대로 자신의 기능과 존재를 죽이는 행동이다. 동성애는 생물학적 성기능으로서의 짝이 맞지 않아 성의 기능과 존재가 소멸되는 결과를 낳게 된다. 자신의 성이 무엇인지 모르는 안타까운 상황이 나타나는 것이다.

변한 남편과 아내는 두 아들을 낳았다. 남자와 여자가 아버지와 어머니가 된 것이다. 그러나 타락의 인식을 그대로 가지고 있기 때문에 하나님을 본보기로 설명하는 아버지와 어머니가 아니다. 자신을 위하는 이기적인 아버지, 어머니인 것이다. 그들은 아들들에게 삶의 본보기를 보인다. 뱀의 거짓 본보기이다. 타락의 인식의 부위자강은 하나님이 보이신 본보기가 아니다. 그 본보기를 보고 자란 형은 동생을 죽인다(창 4:6-8). 형 가인이 자신의 사회적 존재로서의 성이 무엇인지 모르기 때문이다. 동생이라는 사회학적 존재로서의 성은 자기 부모의 아들이고 부모의 피와 살을 나눈 형제이다. 자신의 생물학적인 성기능만 바로 알아도 동생의 사회학적 존재로서의 성을 죽이지 않았을 것이다.

현재 21세기 한국과 온 인류에게 이런 일이 벌어지고 있다. 하나님을 설명하는 본래적 본보기로서의 군위신강이 이루어질 수 없는 숨은 이유이다. 타락의 인식을 다스리지 못하면 정녕 죽음은 사람에게서 영원히 떠나지 않는다. 뱀이 아내 하와를 속여서 갖게 된 타락의 정신은 어머니 하와를 통해 가인에게 유전되어 역사하고 있다. 그 결과 형은 동생을 죽임으로 뱀의 거짓말의 목적을 이루었다. 이것은 최초의 사람인 아담과 하와의 가정에서 뱀에게 속아 임의대로 자녀에게 보인 본보기의 결과이다. 부위자강의 본보기의 결국이기도 하다. 부모가 보인 타락의 인식의 본보기는 결코 죽지 않는다고 속인 정녕 죽음이다. 하나님을 잃어버리고 자신의 생물학적 기능과 사회학적 존재로서의 성을 모르는 가인은 아벨을 죽였다. 죽은 아우는 자신의 피와 살이고 부모이며 하나님의 형상과 모양이다. 자신을 바로 알지 못하는 가인은 뱀이 규정한 거짓 인식을 가진 허상이다. 가인은 본래의 자신이 누구인지 모른다. 자신을 모르니 동생도, 부모도, 하나님도 누구인지 모르고 오직 뱀의 거짓 인식이 정의한, 선악을 임의대로 하는 가인이 있을 뿐이다. 상대에게서 하나님의 존엄을 보지 못하는 것이다. 필자는 이 존엄을, 하나님이 사람을 창조하여 그 코에 생기를 불어넣으심으로 생령의 정신을 한 사람 안에서 이루신 하나님의 자기실현이라고 생각한다. 전통적 삼강인 군위신강, 부위자강, 부위부강이 본래적 본보기를 보이지 못하는 것은 타락의 인식으로 본보기를 보이기 때문이다. 가인의 부모가 하나님의 본보기를 보이지 못하고 뱀이 속인 거짓의 본보기를 보인 결과이다.

하나님이 가인의 제사를 받으실 수 없는 것은 이런 영적인 속사정이 있는 것이다. 가인의 마음속에는 하나님도 없고 부모나 형제도 없고 오직 뱀의 인식으로서의 이기적인 자신이 있을 뿐이다. 그 모습을 군위신강에 적용해 보면 인륜으로서의 의무는 없고 타락의 인식에서의 인권에 의한 권리만 있다. 가인이 성취하려는 것은 뱀의 소원이다. 정녕 죽음을 이루기 위한 것이다. 가인은 자신 안에 있는 뱀의 소원을 이룸으로 동생을 죽였다. 그 소원을 이루려는 제사이기에 하나님은 받으실 수 없었다. 하나님께 드린 것이 아니라 자신이 받는 제사이기 때문이다. 드린 적이 없다. 드리는 형식만 가지고 있을 뿐 내용은 자신이 받은 것이다. 뱀의 소원을 이루고자 하나님을 잠시 이용하는 것일 뿐이다. 뱀의 인식으로서의 소원을 성취하려고 하나님을 이용하여 제사를 드리는데 받지 않음으로 소원을 이루지 못하게 되니 얼굴색이 변한 것이다.

현대인들 안에도 가인의 안색에 나타난 뱀의 인식이 있다. 전통적인 삼강오륜에도 있었고 21세기 현재 대한민국 정치와 사회와 교육 안에서 활발히 활동하고 있고 각 가정과 교회 안에도 있다. 특히 변형된 공산주의 이념을 가진 정권하에서 입법하려고 했던 포괄적 차별금지법이나 국가인권정책기본법이나 생활동반자법에서 강하게 나타나고 있다. 이런 상태를 하나님은 한탄하신다(창 6:5-6).

최초의 사람 아담과 하와에게 들어온 뱀의 인식은 그들이 부모 된 후에도 영혼과 마음과 생각과 행동에 함께하였다. 뱀은 육체의 인식을 그 아들들에게 이어지도록 하였다. 형이 동생을 죽이는 사건으로 정녕 죽음이 유전遺傳됨을 증명하였다. 사람을 장악하고 있는 타락의 인식은 결코 죽지 않는다는 거짓으로 정녕 죽음을 영원토록 이룬다. 이렇게 마음과 생각이 항상 악할 뿐임을 보시고 하나님은 사람 지으셨음을 한탄하신 것이다. 뱀의 거짓으로 이루어진 임의성은 타락 이후의 모든 사람에게 결코 죽지 않는다고 포장된 정녕 죽음으로 존재한다. 정녕 죽음에서 어느 누구도 벗어날 수 없다.

전통적 군위신강은 하나님을 본보기로 보여야 한다는 이상적 목적을 가지고 있었다. 그러나 본래의 본보기를 보일 수 없는 어쩔 수 없는 영적이면서 현실적인 한계를 가지고 있다. 모든 사람이 타락의 인식인 육체의 인식에 잡혀서 살아가기 때문이다.

성경 속의 구속사를 이루는 위대한 인물들인 아브라함, 이삭, 야곱, 다윗왕 안에서도 뱀의 인식은 역사했다.

아브라함

믿음의 조상 아브람(아브라함)은 자신의 본토 친척 아비 집을 떠나라는 하나님의 말씀에 순종하여 길을 나선다. 하란에서 떠날 때 75세이다. 그는 점점 남방으로 옮겨 애굽에 들어가면서 아내를 누이라 속이고 목숨을 보존하려 한다(창 12:11-13). 그런 모습은 자신의 생물학적 성 기능과 사회학적 존재로서의 성에서 하나님의 존엄을 없이한 것이다.

아브람에게 사래(사라)의 생물학적 성기능과 사회학적 존재로서의 성은 자신의 존재 이유이다. 그 누구와도 나눌 수 없고 임대할 수도 없고 부정할 수도 없고 속일 수도 없는 것이다.

믿음의 조상이라는 아브라함이 그럴 수 있는가?

그럴 수 있다. 아브람에게도 뱀의 인식이 유전되어 있는 것이다. '너의 아내가 예쁘니 너를 죽이고 네 아내를 취하겠다'고 위협한 사람도 없다. 자기 생각일 뿐이다. 누가 아내를 가로챈 것이 아니라 스스로 빼앗긴 것이다. 뱀의 인식에서의 임의성을 가지면 영적인 세계에서는 이미 자신을 빼앗긴 것과 같다. 뼈 중의 뼈요 살 중의 살인 아내를 스스로 포기한 것이다. 아내를 지킬 수 있는 당당한 남자의 자존감과 자신감이 없다. 하나님의 명령을 실행할 자신감이 없다(창 1:28). 아브람 안에는 하나님이 창조하심으로 이룬 하나님의 자기실현이 그 인식에서 발현되지 못하고 있는 것이다. 대신 뱀이 거짓으로 만든 임의대로의 인식이 있을 뿐이다. 아내를 빼앗고 자신을 죽이려 하면 싸워서 지켜야 할 책임은 남편에게 있다. 아내를 지켜 주고 자신과 아내의 존엄을 보존하며 번성해야 할 사명은 남편의 존재 이유이다.

사래 역시 남편이 무엇인지 모르기는 마찬가지이다. 아내에게 남편은 생물학적 성기능으로는 생명을 주는 공급자이고 사회학적 존재의 성으로는 자신의 머리이며 하나님을 대신하여 생명을 지켜 주는 보호자이다. 남편이 그런 결정을 하면 아내가 바로잡아 주어야 한다. 아내 사래는 '나는 너의 뼈 중의 뼈요 살 중의 살이며 너의 존재 이유인데 왜 나를 팔아 너를 위하려 하느냐?'고 항의해야 한다. 남편이 잘못된 결정을 하면 바르게 고쳐 주라고 돕는 배필로 창조하신 것이다. 그러나 사래는 자신을 누이라고 속이는 남편의 잘못을 고쳐 주는 모습이 없다. 아내가 무엇인지 몰라서 뱀의 인식에 잡힌 남편의 거짓말에 저항 없이 순응하여 바로의 아내가 된다. 남편 아브람은 사회학적 존재에서 자신과 아내를 임의대로 팔아 버린다. 사래 역시 하나님의 창조와 생물학적 성기능과 사회학적 존재에서 남편의 아내라는 성 정체성이 없다. 생육하고 번성하라는 사명을 저버렸다(창 1:28). 뱀의 인식에서 너와 나의 관계는 오직 이기적인 임의성이 있을 뿐이다. 그렇기 때문에 부부 관계에서도 자신의 생명이 우선이다. 아내와 남편이 연합되어 있지 않고 각각 개체로 나뉘어져 있다.

하나님이 창조하신 본래의 남녀는, 정신적으로는 하나님이 불어넣으신 생기에 의한 생령의 정신을 받았고 생물학적 성기능과 사회학적 존재로서의 성이 연합된 한몸체계를 이룬다(창 2:24). 부부는 사람이 마음대로 나눌 수 없다(마 19:5-6). 그러나 타락한 후에는 각자의 몸이다. 뱀의 거짓말에 속아서 각자가 독립된 인격체이다. 남편과 아내가 생물학적 성기능과 사회학적 존재로서의 성을 임의대로 한다는 것이다. 그렇게 되면 남편과 아내를 통해서 하나님의 창조를 설명하고자 하는 뜻이 이루어질 수 없다.

아브라함과 아내 사라가 영과 육의 관계에서 영적 정체성을 확립한 것은 100세와 90세 된 시점이다. 이삭이 태어날 것을 다시 약속하시면서 아브라함 아내의 이름 사래를 사라로 바꿔 주신 일과 연결되어 있다. 이때 사라는 말씀을 듣고 웃으면서 남편을 자신의 주인이라고 한다(창 18:12). 주인은 하나님의 창조 질서를 그대로 인식하고 있음을 나타내는 말이다. 아내의 정체성은, 영적으로는 하나님이 생명의 주인이고 육체적으로는 남편이 주인이다. 타락의 인식에서는 남편이 자신의 주인임을 인정하지 않는다. 자기는 그냥 자신일 뿐이다.

여기서 한 가지 정리할 것이 있다. 그것은 '누이'와 '아내'의 차이이다. 육체의 인식에서 사람들은 누이가 먼저냐 아내가 먼저냐 하는 의문을 갖는다. 육신적으로 누이는 혈육이고 아내는 남이다. 그러나 영적인 시각에서 보면 누이는 남의 부인이고 아내는 뼈 중의 뼈요 살 중의 살이다. 누이라고 하면 다른 사람의 아내로 줄 수 있지만, 아내라고 하면 줄 수 없다. 아내는 자신의 생물학적 성기능과 사회학적 존재 이유이기 때문이다.

아브람은 아내를 누이라고 속였다. 속이는 순간 그의 마음속에서 아내는 죽었다. 더불어 자신의 존재 이유도 사라졌다. 하나님이 짝지어 준 아내를 타락의 인식에 잡혀서 팔아먹은 것이다. 그것은 하나님을 없이 한 것이기도 하다. 아내 사래 역시 남편의 생각에 동의하였음을 잊어버리면 안 된다. 뱀의 인식인 육체적 인식에서의 이기적 임의성의 가혹함과 무정함이다. 결국 아브람은 아내를 바로에게 보내고 그 대가로 많은 가축과 노비를 얻는다. 뱀의 인식에서 아내를 팔아 재물도 얻고 목숨도 보존한 것처럼 착각하는 것 같다. 사래 역시 남편의 생명도 보호하고 왕비가 되었으니 좋은 일이라 생각할 것이다. 그러나 영적인 시각에서 보면 뱀, 마귀에 놀아나서 모든 것이 없어진 허상일 뿐이다. 아내를 빼앗긴 것은 이미 목숨을 잃은 것과 같다. 뱀의 인식에서는 지혜롭게 처신했다고 이기적 합리화를 한다. 아브람의 생각과 행위는 자신의 목숨을 지켜 주지 못했다.

창조주 하나님이 또 자유의지를 가진 사람의 세계에 간섭하신다. 사래 일로 바로와 그 집에 재앙을 내린 것이다. 그 결과 거짓말이 드러난다. 바로는 아브람을 책망한다(창 12:18). 그 아내도 돌려준다. 아브람의 생명은 하나님이 지켜 주셨다. 빼앗긴 아내도 하나님이 찾아 주셨다.

하나님의 말씀에 순종하여 부모와 고향을 떠난 아브람이 왜 이렇게 되었을까?
아브람만의 문제가 아니다. 뱀의 인식에 잡혀 있는 모든 사람의 현재적 모습이다.

이후 아브람은 용감해진다. 연합군에 잡혀간 조카 롯과 가족을 가병家兵과 함께 구하고 재물도 다 찾아오는 승리자가 된다. 이후 하나님과 생명을 걸고 횃불언약을 맺는다(창 15:1-11). 하나님은 후사後嗣를 약속하신다. 아브람은 약속을 믿었고 하나님께서는 이 믿음을 의로 여기셨다고 기록되어 있다(창 15:6). 그리고 할례언약을 맺는다(창 17:1-14). 할례언약은 남자의 생물학적 성기능의 성기 거죽을 베어 냄으로 하나님께 속했다는 사회학적 존재로서의 성 인식을 갖기 위한 표이다. 다시 말해 타락의 인식에 잡혀 있는 사람이 베어진 성기의 거죽을 볼 때마다 '나는 하나님의 사람'이라는 정신과 사회학적 존재로서의 성 인식을 갖기 위한 것이다.
할례언약을 통해서도 알 수 있는 사실은 언약을 남자와만 맺었다는 것이다. 남자는 할례 된 성기의 거죽을 볼 때마다 자신이 하나님께 속했다는 인식을 갖게 된다. 아브라함은 99세에 이 언약을 맺는다. 또한 그는 세 사람을 영접하여 소돔과 고모라성이 멸망한다는 사실을 알고는 의인 10인이 있어도 멸망시킬 것이냐고 하나님께 묻는다(창 18장). 아브라함은 뱀의 거짓 인식인 육체의 인식을 벗어난 것 같아 보인다. 그러나 타락의 인식은 마음속에 깊이 박혀 있어서 아브라함을 여전히 주장하고 있다. 24년 전처럼 아내를 누이라고 속여 아내를 또 빼앗긴다(창 20:1-2). 여기서도 아내 사라 역시 타락의 인식에 잡혀서 아무런 저항 없이 아비멜렉의 아내가 된다. 아내라는 자아정체성이 없는 것이다. 아직도 아브라함과 사라는 타락의 인식에서 벗어나지 못하고 다시 어처구니없이 거짓말을 한다. 군위신강이나 부위부강에 적용해 보면 아브라함은 하나님이 보여 주신 본보기를 보이지 못하는 모습이다. 뱀의 인식에 잡혀서, 살기 위해 아내를 이용하는 것이다. 버리는 것이다. 타락의 인식에 잡혀 있는 이상 하나님이 보이신 본래 본보기로서의 남편은 없다. 하나님은 또 아브라함의 아내를 찾아 주신다(창 20:7).

아브라함은 100세가 되어 아들을 얻는다. 사라는 경수가 끊기고 아브라함은 늙어서 힘없지만(창 18:11-12) 하나님 은혜로 이삭이 태어난다. 창세기 15장 1-6절에서 맺은 횃불언약을 하나님이 성취해 주신 것이다. 이삭은 아브라함에게 자기 자신보다도 더 귀한 독자이다. 이삭은 번제에 쓸 나무를 지고 산을 오를 만큼 자랐다. 하나님은 이런 아들로 아브라함을 시험하셨다(창 22:1-2).
번제燔祭는 수컷 짐승의 머리에 안수하여 죄를 전가轉嫁한 후 가죽을 벗기고 각을 뜨며 피를 단에 뿌리고 내장과 정강이는 물로 씻어서 불살라 드리는 것이다. 가죽을 제외한 전부를 불로 태워 드리는 제사이다. 가죽은 제사장의 몫이므로 번제를 드리는 자는 모두 드리는 것이다. 하나님과 사람이 정상적인 관계를 이루는 온전한 헌신을 상징한다. 아브라함은 하나님과 횃불언약을 맺을 때 번제를 드린 경험이 있다. 각을 뜨고 가죽을 벗겼을 때의 잔인함과 참혹함을 분명히 기억할 것이다. 그러니 100세에 얻은 독자를 번제로 드리는 것이 얼마나 어려운 일인지 감히 상상할 수도 없는 일이다.
하나님은 무엇을 시험하려는 것일까?

하나님은 타락의 인식이 아브라함의 영혼과 마음과 생각, 곧 정신을 장악하고 있는지 알고 싶어 하신다. 하나님이 아내를 두 번이나 찾아 주고 생명을 지켜 준 사실을 통해서 아브라함의 마음속에 하나님의 자기 실현이 이루어져 있는지 확인하고 싶어 하시는 것이다. 아브라함은 하나님의 본보기를 보이는 부위부강의 남편이 아니다. 아내의 생물학적 성기능과 사회학적 존재로서의 성을 팔아 목숨을 보존하고 재물을 얻었다. 24년의 세월이 흐른 뒤에도 그 버릇을 버리지 못하고 아내를 누이라고 속여 내어 준 아브라함이다. 그런 그가 100세에 하나님의 은혜로 독자 이삭을 얻고 10여 년의 세월이 흐른 후 아브라함의 내면의 인식이 어떻게 되어 있는지 확인하고 싶으신 것이다. 하나님이 최초의 남자 아담에게 생명의 말씀으로 보이신 영적 부위자강의 본보기가 실천되는지 시험하신다. 여전히 타락의 인식에 잡혀 있다면 독자 이삭을 번제로 드릴 수 없다. 드리지 못하면 아브라함은 영과 육의 관계에서 하나님과 연합을 이루지 못하므로 함께할 수 없다. 아브라함이 믿음의 조상이 될 수 없다는 말이기도 하다.

아브라함은 하나님의 말씀이 있은 후 아침 일찍 일어나 명령에 순종한다. 이미 아브라함의 마음속에서는 이삭이 번제로 드려졌다. 이런 마음으로 아침 일찍 지시하신 곳을 향해 출발한 것이다. 그곳에서 이삭을 묶고 칼로 치려 할 때 하나님의 사자가 급히 불러 믿음을 인정하신다(창 22:12). 하나님의 말씀을 그대로 순종하고 실천하는 것으로 그 사실이 증명된 것이다. 하나님을 믿는다는 것은 아브라함의 내면의 인식이 하나님의 말씀을 기초로 하는 성령의 인식으로 거듭난 사람이 되어 있다는 말이기도 하다. 성령의 인식이 되어 있다는 것은 타락의 인식이 하나님의 말씀에 의해 다스려진다는 뜻이다.

아브라함은 하나님의 시험을 통과하였다. 이제야 하나님과 영적이고 정신적인 요소와 생물학적인 성기능과 사회학적인 존재로서 정상적인 관계와 헌신이 이루어진 것이다. 뱀의 거짓 인식이 최초의 사람 하와에게 들어와 아담에게 먹여진 후에 아브라함에게도 유전되었다. 아브라함이 태어나 타락의 인식이 다스려지기까지 약 113년의 세월이 필요했다. 그러나 아브라함 안에 있었던 뱀의 인식을 자력으로 다스린 것은 아니다. 이것을 다스리는 능력은 하나님이 아브라함에게 지속적으로 주신 말씀과 은혜의 능력이다. 하나님의 말씀에 순종하기 위해 마음에서 뱀의 인식으로 이루어진 모든 것들을 칼로 베듯이 잘라 내고 100세에 얻은 독자를 마음속으로 이미 내려친 후에야 이길 수 있었던 것이다. 아브라함은 백년이 넘어서야 자신 안에 하나님의 자기실현을 아들에게 바로 설명했다. 영적 부위자강의 본보기를 보인 것이다. 하나님의 말씀이 자신과 아들의 생명보다 더 중요하다는 사실을 알게 했다. 하나님은 이런 아브라함을 얻기 위해 오랜 세월 계속 말씀과 다양한 은혜를 주시고 인내하며 기다리셨다. 이 모습에서 부위자강의 진의를 확인할 수 있다.

아버지의 존재 이유는 아들을 하나님께 인도하기 위한 것이다. 아들 마음 안에도 하나님의 자기실현이 이루어져서 아들이 하나님의 본보기를 보이는 아들로 자라게 해야 한다. 오늘날 아버지들이 자녀를 위하는 모습은, 하나님께 자녀를 인도해야 하는 형식과 모양은 가지고 있지만 하나님께 실제로 인도하는 정신적 인식 능력은 없다고 보아야 할 것이다. 현상의 아버지들은 소위 성공한 아들을 나타내기 위해 노력한다. 아버지는 자녀의 마음 안에 하나님의 자기실현이 이루어지기 위한 이름이다. 곧 하나님이 아버지를 창조하신 것처럼 육신의 아버지도 아들 안에 하나님의 자기실현이 되어서 이 진리가 발현되기 위한 이름이다. 아브라함은 이삭에게 하나님의 말씀을 분명히 행동으로 보여 주었다. 하나님이 원하는 부위자강의 본보기를 보여 준 것이다. 이 일을 하는데 있어서 아내 사라와 의논했는지는 불분명하다. 아내의 의견이 어떠하든지 최종적 결정은 남자인 아버지의 몫이다. 남자가 사람의 대표이고 가정의 대표이기 때문이다. 군위신강에 이 내용을 적용해 보면 임금이 하나님의 말씀에 순종하는 본보기로 신하를 이끄는 것이 진정한 군위신강의 진의라는 사실을 알 수 있다. 또한 부위부강의 진의이기도 하다.

이삭

이삭은 아비 아브라함 평생의 삶을 통해 본보기를 보임으로 하나님께 드려진 아들이다. 아브라함의 마음에서는 드려졌으나 이삭의 마음에서 자의적으로 자신을 드렸는지는 별개의 문제이다. 아버지와 아들은, 육신적으로는 혈연관계이지만 영적으로는 독립되어 있는 인격체이다. 하나님 앞에는 아버지나 아들이나 각각 한 인격체라는 것이다. 아버지가 신 것을 먹는다고 아들도 신 것이 아니듯(렘 31:29-30, 겔 18:1-4, 19-20) 아버지의 마음이 드려졌다고 아들의 마음이 드려진 것은 아니라는 것이다.

이삭은 아비 아브라함의 가르침과 본보기로 많은 복을 받는다. 아브라함의 영적인 안목에 의해 하나님께 기도하고 종을 그의 고향으로 보내어 동생 집에서 리브가를 얻는다(창 24:24-27). 이삭은 아버지의 영향으로 하나님을 섬기고 묵상하는 아들이다(창 24:63). 리브가와 결혼하고 두 아들 에서와 야곱을 얻는다(창 25:20, 26).
아브라함에 의해 특별한 본보기를 보고 자랐음에도 타락의 인식은 아들에게 그대로 유전되었다. 특히 아내를 누이라고 거짓말하는 죄가 이삭에게도 나타난 것이다(창 26:6-7). 최초의 사람에게 들어온 타락의 인식이 다음 세대에 유전되는 것은 태어나면서부터 갖게 되는 본능이다. 아브라함이 가진 믿음은 약 113년 동안 하나님이 가르치고 인도하신 은혜의 결과이다.
이삭은 얼마나 많은 시간이 필요할까?
이런 중에도 하나님은 이삭에게 물질의 복을 주신다(창 26:12-13). 사람들은 육안에 보이는 물질의 복에만 주목한다. 그러나 진정한 복은 뱀의 인식을 벗어나 그 영혼이 하나님의 성령과 연합하는 것이다. 아비 아브라함은 이 은혜를 이루었지만 이삭은 어려움이 나타난다. 특별히 그 어려움은 두 아들 에서와 야곱과의 관계에서 나타난다. 아버지 이삭 안에 있었던 뱀의 인식이 에서와 야곱에게 유전되어 나타난 것이다. 이삭은 에서와 야곱에게 부위자강의 본보기를 보이지 못한 것 같다. 하나님이 보이신 본래의 본보기와 육신의 아비 아브라함이 자신에게 보인 본보기도 아들들에게 보이지 못했다고 생각된다.

야곱

이삭은 에서와 야곱을 낳는다. 리브가는 쌍둥이 형제를 잉태하고 두 아이는 엄마의 배 안에서부터 싸운다. 뱀의 인식이 두 아들에게 유전되어 태중에서부터 나타나는 것이다. 리브가가 근심되어 하나님께 기도하니 태중에 두 민족이 있으며 형은 동생을 섬기게 된다고 응답하신다. 엄마는 야곱을, 이삭은 에서를 사랑한다. 편애하는 것이다. 편애는 뱀이 여자를 속여서 갖게 된 거짓 인식이다(창 4:1). 뱀이 준 편애는 정녕 죽음의 성질을 가지고 있다. 어머니는 아들에게서 하나님의 자기실현이 이루어지도록 모성으로 도와야 하는 사명이 있다. 그런데 에서는 어머니를 통해 하나님의 자기실현의 사랑을 받지 못한 경우이다. 편애 때문에 사랑의 도움을 충분히 받지 못한다. 이 사랑을 타락의 인식에서 인위적으로 채우려 이방 여인과 결혼하고 그것은 이삭과 리브가의 근심이 된다(창 26:34-35). 에서는 모성의 사랑의 결핍이 있고 야곱은 부성의 사랑의 결핍이 있다.

뱀의 인식이 겉으로 강하게 나타난 에서는 사냥을 좋아해 들사람이 되고, 야곱 역시 내면 깊숙이 뱀의 인식이 자리 잡고 있다. 형제는 영적으로 각각의 생물학적 성기능과 사회학적 존재로서의 성에서 형제라는 존재에 대해 알지 못한다. 허기진 에서가 야곱에게 죽을 달라고 하니 형의 배고픔을 기회 삼아 장자의 명분과 바꾸자고 한다. 에서는 사회학적 존재로서의 장자의 명분을 죽 한 그릇에 판다. 장자의 명분을 경홀히 여긴 것이다(창 25:34). 야곱은 맹세까지 받는다. 야곱이 장자의 명분을 죽 한 그릇으로 매매한 일은 그의 내면에 뱀의 인식이 지능적으로 자리 잡고 있음을 알게 한다. 장자의 명분은 임의대로 사고팔 수 있는 것이 아니다. 만일 임의대로 사고판다면 영적으로는 하나님을 파는 것이며 육신적으로는 아버지와 어머니를 파는 것이 된다. 이삭은 늙어서 장자 에서에게 미리 축복하고자 사냥한 요리를 가져오라고 한다. 그 말을 들은 리브가는 염소 새끼 요리로 에서가 받아야 할 축복을 야곱이 대신 받게 한다. 남편과 큰 아들을 속인 것이다. 타락의 인식이 리브가와 야곱에게 들어가서 하나님의 축복을 임의대로 가로챈 것이다. 사실 야곱이 하나님의 구속사를 잇게 된다는 것을 리브가는 잉태했을 때부터 알고 있다. 문제는 하나님이 자연스럽게 주실 복을 엄마와 야곱이 남편과 형을 속여서 임의대로 받았다는 것이다. 이것은 최초의 여자 하와가 선악을 알게 하는 나무의 실과를 임의대로 먹고 남편에게도 먹인 일과 같은 성질이다. 축복을 가로챈 일은 형이 동생을 죽이겠다는 마음을 먹게 하고 집안에는 뱀의 소원인 정녕 죽음의 불행이 가득해진다.

이삭은 아내 리브가를 다스리지 못했다. 부위부강이 안 된 것이다. 둘째 아들 야곱도 다스리지 못했다. 부위자강도 안 된 것이다. 아내 안에서 역사하는 뱀의 인식은 남편과 큰 아들의 사회학적 존재를 없이하였다. 곧 정녕 죽게 만든 것과 같다. 에서는 아비가 죽으면 동생을 죽이리라 다짐하고 그 사실을 알게 된 리브가는 형의 손에서 야곱을 구하고자 꾀를 낸다. 타락의 인식으로 도우면 도울수록 야곱에게는 불행이 끝없다. 진정으로 돕고 싶다면 야곱의 정신이 하나님의 자기실현이 이루어지게 해야 한다. 어머니는 타락의 인식으로 도왔다. 야곱을 자신의 친정인 하란의 오빠 집에 피신시킨 것이다. 우연을 가장한 필연의 역사가 이렇게 흐른다. 뱀의 인식은 사람 안에서 세대를 넘어 계속 흐르고 하나님은 그 가운데서 구원의 역사를 계속하신다. 야곱은 외삼촌 라반에게 간다. 그곳에는 라반을 통해 역사하는 뱀의 인식이 야곱을 기다리고 있다.

다윗

다윗은 이새의 8번째 아들이다. 그는 하나님이 선택한 이스라엘의 두 번째 왕으로 사무엘 선지자에게 기름 부음을 받았다(삼상 16:12-13). 하나님은 소년 다윗과 함께하셨다. 다윗은 하나님의 마음에 합한 사람이었다(삼상 13:14, 행 13:22). 다윗이 기름 부음을 받을 즈음 이스라엘과 블레셋이 전쟁하였다. 블레셋의 거인 장수 골리앗이 나타나면 이스라엘은 두려움에 떨었다. 형들의 안부를 살피라는 아비의 명령으로 전쟁터에 간 다윗은 골리앗이 이스라엘왕과 군대를 모욕하는 것을 듣고 분노한다(삼상 17:26). 왕과 온 군대가 두려워 벌벌 떠는 골리앗을 보고 어린 소년 다윗은 '이 할례 없는 블레셋 사람이 누구관대'라고 한다. 한마디로 하나님의 선택적 은혜를 받은 이스라엘 군대에 비해 덩치만 크지 아무것도 아니라고 깔보는 것이다.

아브라함, 이삭, 야곱에게도 없었던 자신감 곧 골리앗을 이길 수 있다는 내면의 확신은 어디에서 오는 것일까?

다윗의 확신에는 하나님의 신이 함께하고 있었다(삼상 16:18). 사울왕이 하나님의 말씀에 불순종함으로 악신이 들어 발작을 일으킬 때 다윗이 수금을 타면 악신이 떠나갔다(삼상 16:23). 수금 소리에 다윗 안에 있는 하나님의 자기실현의 정신이 함께하고 있었다. 다윗과 함께한 성령 하나님의 영향력으로 사울왕 안에 있는 뱀의 악신이 떠나간 것이다. 다윗은 자신 안에 계시는 하나님의 성령에 의해 뱀의 인식을 한 골리앗의 외형적 우월함을 업신여기고 이길 수 있었다(삼상 17:45-47). 다윗은 물매와 돌 5개를 들고 골리앗은 창과 방패로 무장하여 정면 대결을 한다. 돌이 이마에 박힌 골리앗은 죽어 목이 잘린다. 다윗은 전쟁 영웅이 되고 왕의 사위가 되어 승승장구하는데 골리앗보다 더 무서운 적이 나타난다. 다윗을 시기하는 사울왕이다. 사울은 타락의 인식에서 다윗을 죽이려고 한다(삼상 18:11, 19:10). 타락의 인식은 언제든지 하나님의 자기실현의 정신을 없이하고자 한다. 그러나 사울 안에서 역사하는 타락의 인식은 다윗과 함께하는 하나님의 자기실현의 정신을 이기지 못했다. 다윗은 왕이 되고 사울과 그 후손들은 망한다(삼상 31:6).

골리앗도, 사울왕의 핍박도 이긴 다윗이 이기지 못한 것이 있다. 그것은 자기 마음 안에 도사리고 있는 타락의 인식으로서의 욕망이다. 전쟁할 때마다 이기니 교만해져서 타락의 본능에 사로잡힌다. 어느 날 여인이 목욕하는 것을 보고 데려다 동침하여 잉태시킨다(삼하 11:1-5). 강간한 것이다. 그 여인은 충신 우리아의 아내이다. 밧세바의 생물학적 성기능은 우리아를 위한 것이고 사회학적 존재로서의 성은 우리아의 아내이다. 이것은 하나님이 정하신 창조 질서이다. 이 질서가 지켜짐으로 남편과 아내를 통해 하나님의 자기실현이 현상에 나타나게 되어 있는 것이다. 다윗은 하나님의 자기실현을 파괴하는 뱀의 거짓 인식의 죄를 행한 것이다.

다윗왕은 죄를 감추려고 우리아를 군대에서 불러내 아내와 잠자리를 갖도록 명령한다. 그러나 우리아는 충신인지라 왕의 명령을 듣지 않고 '전쟁 중인데 나만 아내와 즐거운 시간을 가질 수 없다'며 집으로 가지 않는다. 범죄를 숨길 수 없게 된 다윗은 우리아를 죽일 계획을 세우고 요압 장군과 모의하여 적군의 손에 의해 죽이는데 성공한다(삼하 11:14-17). 다윗에게 하나님이 보이신 군위신강의 본보기가 사라졌다. 하나님의 말씀에 순종하여 신하를 대하지 않는 것이다. 하나님의 마음에 합했던 다윗이 뱀의 거짓 인식과 합해졌다. 하나님이 주시는 특별한 사랑을 받아 왕이 된 다윗이지만(시 89:19-37) 타락의 정신에 잡혀 뱀, 마귀에게 틈을 주었다. 자신 안에서 이루시는 하나님의 자기 실현의 정신을 불순종하였다. 자기의 충성스러운 신하 우리아를 죽이되 우리아가 따르는 요압 장군의 지시에 의해 적군의 손에 죽도록 모의하여 죽인 것이다. 다윗이 밧세바를 성폭행한 것이나 우리아를 죽인 것은 하나님을 죽인 것과 같다. 뱀의 거짓 인식이 하와에게 들어와 아담과 그의 아들들에게 유전되고 아브라함, 이삭, 야곱에게 유전되어 다윗에게도 나타났다.
여기서 중요한 것은 타락의 인식이 들어오는 통로가 여성이라는 특징이 있다. 다윗은 밧세바가 목욕하는 장면을 보는 순간 뱀의 인식이 일으키는 성욕의 본능에 사로잡혔다. 이후 다윗 안에는 하나님의 말씀의 인식이 사라지고 없다.

하나님은 나단 선지자를 보내어 다윗을 책망하신다. 나단은, 가축이 많은 부자가 가난한 자의 하나뿐인 암양을 빼앗아 잡았다고 다윗에게 고발한다. 다윗이 듣고 크게 노하니 선지자는 '당신이 그 사람'이라고 책망한다(삼하 12:7-12). 다윗이 우리아에게 보인 군위신강의 본보기는 하나님이 보이신 말씀의 본보기가 아니다. 뱀이 사람 안에 심어 놓은 거짓의 본보기이다. 왕이 그런 본보기를 보이면 자신과 그의 가정과 자녀가 정녕 죽고 신하의 아내와 가정과 나라가 정녕 죽게 된다. 다윗은 죄를 하나님께 회개하고 하나님은 용서해 주신다. 그러나 뱀 또는 마귀가 다윗의 자녀와 가정과 나라에 틈타는 기회가 된다(삼하 12:13-14). 뱀, 마귀는 다윗에게 씻을 수 없는 상처와 아픔을 준다. 그러므로 자신 안에 있는 뱀의 거짓 인식이 일으키는 죄를 두려워해야 한다. 영적으로 하나님께 용서는 받았으나 현상 세계에서 다윗이 지은 죄의 영향력은 없어지지 않고 정녕 죽음을 이루었기 때문이다.

다윗에게 닥치는 여호와의 원수인 뱀, 마귀의 훼방은 끔찍한 재앙이다. 먼저 밧세바와의 동침으로 낳은 아이가 죽는다(삼하 12:18-19). 다음엔 다윗왕의 아들 암논이 배다른 여동생 다말을 성폭행하고 버리는 죄를 저지른다(삼하 13:14-19). 오빠가 여동생을 강간하는 패륜을 저지른 것이다. 암논은 오빠라는 사회학적 존재로서의 성을 가지고 여동생의 성기능과 존재로서의 성을 파괴한다. 오라버니라는 존재가 누이동생이라는 존재를 파멸시킨 것이다. 암논은 이복동생 다말을 범하기 위해 사회학적 존재로서의 아버지 다윗의 왕명을 앞세웠다. 다말의 친오빠 압살롬이 그 일을 알고 암논을 죽인다(삼하 13:28-29). 다윗은 옷을 찢으며 슬퍼한다. 다윗이 밧세바와 우리아에게 저지른 성범죄와 살인이 자식들 안에서 재현된 것이다. 다윗을 한순간 사로잡아 죄를 짓게 한 타락의 인식이 자녀들에게 그대로 유전되어 나타난 것이다. 압살롬은 도망하였다가 귀환 후 반역을 꾀하여 실행한다. 다윗이 자신의 생물학적 성기능과 사회학적 존재라는 왕의 직책을 잘못 사용한 것에 대한 반동이다. 다윗이 우리아의 사회학적 존재로서의 성을 말살한 까닭에 뱀이 그 기회를 이용하여 타락의 인식을 자녀들 안에서 실현한 것이다. 다윗은 아들 압살롬을 피해 도망한다. 압살롬은 아히도벨의 모략에 따라 이스라엘 백성의 눈앞에서 다윗왕의 후궁들과 동침한다. 아들이 아버지의 후궁을 백성들 앞에서 범한다는 것은 아버지의 생물학적인 성기능과 사회학적 존재로서의 성을 말살하는 것이다. 또 패륜이 저질러진 것이다(삼하 16:22). 다윗왕의 가정에서 벌어진 비극은 밧세바 강간과 우리아 살인을 통해 들어온 여호와 하나님의 원수 마귀의 훼방과 연결되어 있다. 후에 압살롬은 아히도벨의 효과적인 전략이 아니라 다윗의 모사 후새의 모략을 채택하여 아버지를 죽이지 못하고 자신이 죽게 된다(삼하 18:14-15). 다윗은 전쟁에서 자신이 사랑하는 아들 압살롬을 죽였다. 자신이 뱀의 거짓 정신에 잡힘으로 자신의 생물학적 성기능에 의해 태어나고 사회학적 존재로서의 성인 아들을 죽였다. 본래 아버지는 하나님의 창조하신 은혜를 아들 안에서 하나님의 자기실현이 되게 해야 한다. 그런데 타락의 인식에 일순간 잡혀서 우리아를 죽임으로 자신의 사랑하는 아들도 죽이게 된 것이다. 하나님이 보여 주신 군위신강의 본보기를 바로 보이지 못해 원수 마귀에게 훼방의 틈을 준 일은 가정과 나라가 망가지는 끔찍한 결과를 낳았다. 다윗 왕가를 통해서 군위신강君爲臣綱의 본보기가 바르지 않음으로 부위자강父爲子綱과 부위부강夫爲婦綱이 무너지는 것을 볼 수 있다.

다윗이 저지른 죄인 강간과 살인이 다윗 왕가의 재앙과 연결되어 있다는 사실을 잊으면 안 된다. 죄를 용서 받았어도, 죽은 우리아가 살아 돌아올 수 없는 것처럼 죄의 영향이 현실에서 없어지지 않으니 죄 짓는 것을 두려워해야 한다. 다윗이 주저앉아 슬피 우는 성루는, 성군이라 칭함을 받는 다윗이 한순간 잘못 판단하여 뿌린 죄의 씨앗이 자신과 가족과 나라에서 어떻게 자라고 거두게 되는지 보여 주는 생생한 현장이다. 다윗은 뱀, 마귀에게 틈을 보임으로 혹독한 대가를 지불하였다.

다윗이 왕위를 계승한 솔로몬에게 유언을 남긴다. 유언의 첫마디는 '대장부가 되라'이다(왕상 2:2-3). 남자가 되라는 것이다.

왜 다윗은 유언의 첫 부분을 대장부가 되라고 하였을까?
여호와 하나님의 말씀을 잘 지키라는 것이다. 대장부는 하나님의 말씀을 잘 지키는 자이다. 진정한 남자란 하나님 말씀을 순종하는 사람이다. 다윗 자신이 한순간 하나님의 말씀을 어겨서 겪게 된 어려움을 아들 솔로몬은 겪지 않게 하려는 아버지의 마음이다. 다윗은 성군이라고 평가를 받지만 대장부가 되지는 못했다. 강간과 살인을 저지름으로 하나님이 자신에게 하신 본보기로서의 말씀을 잘 지키지 못했기 때문이다. 그래서 아들에게 명령형으로 요구하고 있다. 진정한 남자가 되려면 하나님의 말씀을 한순간도 놓쳐서는 안 된다고 말하는 것이다.
뱀의 거짓말에 속지 않으려면 하나님의 말씀을 항상 순종해야만 한다. 다윗이 말하는 '대장부'는 사람을 타락시킨 뱀의 육체의 인식을 하나님의 말씀으로 잘 다스리는 남자이다. 이 말을 군위신강에 적용해 보면 진정한 임금은 하나님의 말씀에 순종하여 하나님이 보이신 본보기를 바로 보이는 자이다. 성性에 적용해 보면 대장부로서의 남자란 자신의 생물학적 성기능과 사회학적 존재로서의 성이 하나님에 의해 창조되어 있다는 사실을 분명히 알고 그 진리를 지키는 모습일 것이다. 물론 여성의 생물학적 성기능과 사회학적 존재로서의 성에 대해서도 하나님이 창조하신 그대로 보존하고 지킬 책임이 있다. 남자는 여자의 머리이기 때문이다(고전 11:3).

진정한 남자는 포괄적 차별금지법이나 국가인권정책기본법이나 생활동반자법에서 말하는 동성애나 성적 지향이나 성 정체성이나 제3의 성 같은 것으로 하나님의 사람 창조를 부정하는 도전을 바로잡고 하나님의 말씀대로 성을 지켜야 한다.

하나님이 사람을 창조하시되 먼저 남자를 창조하시고 그 남자와 생명을 걸고 언약을 맺으셨다. 첫 번째 아담 남자는 대장부가 되지 못했다. 여자가 선악을 알게 하는 나무의 실과를 임의대로 먹게 된 일에 있어서 남자 남편 아담은 책임을 면할 수 없다. 여자가 만든 일은 남자의 책임이기 때문이다. 결국 첫 사람 아담이 대장부가 되지 못해서 갖게 된 정녕 죽음의 고통을 인류는 영원히 갖게 되었다.

누가 정녕 죽음에서 우리를 구할 수 있는가?
창조주께서는 하나님의 말씀을 있는 그대로 순종하는 마지막 아담을 세상에 보내셨다. 그가 곧 예수님이시다. 예수님은 군위신강의 바른 본보기를 보인 유일한 사람이다.
최초의 남편 아담은 아내 하와에게 하나님의 말씀을 잘 가르쳐 주어야 하는 사명을 다하지 못했다. 그것은 하나님과의 언약을 지키지 않은 결과를 낳았다. 하와가 뱀과 나눈 대화를 보면(창 3:1-6) 아담이 하나님과 한 행위언약의 내용(창 2:16-17)과 같지 않다. 다른 말을 하고 있다. 하와가 불확실하게 알고 있다는 것은 아담이 하나님과의 언약의 내용을 정확히 알려 주지 않았다는 증거이다. 남편 아담은, 하나님이 보이신 본래의 군위신강과 부위부강의 본보기를 아내 하와에게 보여야 할 사명을 가지고 있다. 그런데 하나님이 주신 말씀에 순종하지 않아 졸장부가 되었다. 구원자로 오신 예수는 하나님의 말씀을 주신 그대로 순종하여 대장부가 되었다.
뱀, 마귀에게 속아 갖게 된 정녕 죽음의 문제를 해결할 방법은 오직 하나님의 말씀을 그대로 순종하는 것이다. 하나님의 구원 계획은 독생자 예수를 세상에 보내시는 것이다(요 3:16-17). '하나님이 세상을 이처럼 사랑하사'는 '독생자를 주셨으니'와 연결되어 있다. 독생자를 주셨다는 것은, 하나님이 사람의 몸을 입고 세상에 태어난 것과 사람의 죄를 지고 십자가에서 죽은 것과 죽은 후 삼일 만에 다시 살아난 것과 연관이 있고 이 사실을 믿는 자는 죄를 사면赦免 받고 영생을 얻게 되는 사실과 관련되어 있는 말이다. 사람이 뱀에게 속아서 정신적 요소가 잘못됨으로 생물학적 성기능과 사회학적 존재로서의 성을 바로 알지 못해서 정녕 죽음을 이루는 문제를 해결해 주시는 것과 연결되어 있다.

하나님 아버지가 세상을 이처럼 사랑하시는 이유는 세상을 직접 창조하셨기 때문이다. 또한 자신의 형상과 모양으로 사람을 창조하고 그들에게 복을 주셨다. 하나님 아버지께서 아담에게 모든 것을 맡긴 목적은 만물을 하나님의 말씀대로 다스리게 하여 찬양과 영광을 영원토록 받으시기 위함이다. '그 지으신 모든 것을 보시니 보시기에 심히 좋았더라'(창 1:31)고 하셨다. 하나님 아버지가 사람을 창조할 때 흙으로 만들고 생기生氣를 그 코에 불어넣으시므로 생령生靈이 되었다고 기록되어 있다(창 2:7). 하나님을 아버지라고 하는 것은 하나님을 원형으로 하는 모형이기 때문이다(창 1:26-27). 그러나 그의 마음에는 하나님의 말씀이 없어졌고 여자를 속인 타락의 인식이 가득하게 되었다. 남자가 졸장부가 된 것은, 뱀이 여자를 속이고 여자는 타락의 인식으로 남자를 주장하였기 때문이다. 여자는 뱀에게 속아서 죄악의 통로가 되었지만 모든 책임은 남자에게 있다. 남자는 여자를 다스리지 못했다. 이후 아내는 남편의 말을 듣지 않는다. 남편과 아내는 자기 몸을 자기 것이라 주장하지 못한다(고전 7:4). 도우라고 지은 여자는 뱀의 인식으로 남자를 주장한다. 여자가 남자를 주장하게 된 것은 뱀의 정신에 잡혔기 때문이다. 자신의 몸도 자기 것이고 상대의 몸도 자신의 것이라는 것이다. 타락으로 인해 성性에 대한 인식이 임의대로 마음대로 자유의지대로이다. 동성애는 타락의 인식에서 나온 것으로 하나님이 본래 창조하신 성이 아니라는 말이다.

하나님이 사람을 창조할 때 남자를 먼저 만들고 여자는 남자의 갈빗대 하나로 지으셨다. 여자를 남자에게 이끌어 오시니 남자가 여자를 보고 고백한다(창 2:23). 여자에 대한 남자의 사랑 고백이다. 여자 아내와 남자 남편은 처음부터 한몸체계로 창조된 것이다. 이 관계를 영적 시각으로 보면 여자의 고향은 부모가 아니고 남자이다. 그러나 뱀의 거짓말에 속은 후 갖게 된 자의식은, 자신의 몸은 오직 자신의 것이다. 자신의 생물학적 성기능과 사회학적 존재로서의 여성성을 자신의 임의대로 또는 자유의지대로 한다는 것이다. 물론 타락 후의 남자도 마찬가지이다. 자신을 하나님의 위치에 올려놓고 자신을 높이라고 요구한다(창 3:5). 이것은 하나님이 보이신 군위신강의 모습이 아니며 부위부강의 모습도 아니다. 뱀의 거짓된 부위부강의 모습이다. 타락의 인식으로 아내라는 밧줄을 잡아당기는 것이다. 본래는 남자가 여자의 머리이나(고전 11:3) 변한 후에는 여자가 남자의 머리가 되어 남자를 잡아당긴다. 부위부강이 거꾸로 된 것이다. 사람이 밧줄을 당겨야지 밧줄이 사람을 당기면 빠져 죽는다. 21세기의 현재 모습이 이와 같다고 하겠다. 여자의 도전에 남자는 더 강한 정녕 죽음의 다스림으로 대응한다. 서로 타락의 인식으로 잡아당겨서 영원한 지옥으로 향하게 된다. 결국 하나님이 창조하신 남편 아담과 아내 하와는 하나님 형상과 모양(창 1:26-27)으로서의 부위부강의 본보기를 서로에게 보이지 못한다. 최초의 남편과 아내가 나타내는 타락의 인식에서의 부위부강의 본보기는 가정과 나라와 인류를 망하게 한다. 이렇게 망가진 모습을 본 하나님 아버지는 땅 위에 사람 지은 것을 한탄하신다(창 6:5-6). 하나님이 당신의 형상과 모양으로 창조하신 아들과 같은 아담과 하와가 뱀의 거짓말에 사기당해서 모든 것을 빼앗기고 정녕 죽음을 가지고 살면서도 타락의 인식이 주 인식이 되어 결코 죽지 않는다고 생각하는 상태가 되어 있다. 자신과 가정을 위하여 열심히 노력하지만 그 노력까지도 사기당한 것이므로 결국은 속아서 정녕 죽음을 이루는 결과를 맞게 된다. '결코 죽지 않으리라'는 뱀의 거짓말에 속은 사람은 정녕 죽음의 수령에서 영원히 허우적대다 지옥으로 떨어지는 것이다. 그 모습을 보시는 하나님 아버지는 탄식이 절로 나올 수밖에 없다.

하나님도 자녀 구원 계획을 세우신다. 뱀의 인식이 전혀 없는 독생자 예수가 사람의 죄를 짊어지고 죄 값을 대신 갚게 하는 것이다. 뱀이 여자를 속여서 선악과를 임의로 먹고 남편에게도 주어 정녕 죽음을 이루게 한 한탄스러운 상황을 역전시키려고 예수를 세상에 보내신 것이다. 이에 대해 이사야 선지자는 다음과 같이 예언하였다. '그가 찔림은 우리의 허물을 인함이요 그가 상함은 우리의 죄악을 인함이라. 그가 징계를 받음으로 우리가 평화를 누리고 그가 채찍에 맞음으로 우리가 나음을 입었도다. 우리는 다 양 같아서 그릇 행하여 각기 제 길로 갔거늘 여호와께서는 우리 무리의 죄악을 그에게 담당시키셨도다.'(사 53:5-6) 예수님이 사람의 죄를 담당하셨다. 예수님은, 영적으로는 삼위일체 하나님 중 한 분이시고 육신적으로는 구속사의 흐름에 따라 아브라함의 42대 손이고 다윗의 28대 손이다.

예수님이 뱀, 마귀로부터 사람을 구원하시기 위해 사람의 몸을 입고 오시려면 몇 가지 조건이 충족되어야 한다.

첫 번째 조건은 여자를 통해 사람의 몸을 입고 오셔야 한다는 것이다. 뱀이 거짓 영으로 여자의 정신적 요소를 틈타서 속였으므로 하나님도 성령으로 여자가 잉태하여 구속의 은혜를 이루신다. 아담은 하나님의 말씀을 바르게 전하지 못했지만 성령은 뱀의 거짓 정신을 새로운 생명의 정신으로 바꾸신다. 여자와 뱀의 대화를 보면 언약의 핵심을 잘못 알고 있다(창 3:1-6). 뱀은 하와에게 질문 형식을 빌려 선주입先注入적 교육을 한다. 하와는 뱀의 질문을 받는 순간부터 거짓말 교육을 받게 되는 것이다. '선악을 알게 하는 나무'를 '동산 모든 나무'라고 바꿔 말함으로 내용의 중요성을 없이한다. '선악'이라는 중요하고 절대적인 내용을 '동산'이라는 평범하고 일반적인 내용으로 바꾸기를 의도하는 질문인 것이다. 유도신문과 비슷하나 유혹에 가까운 것이다. 그런 유혹이 가능한 것은, 여자가 언약의 내용에 대해 잘 모르고 있다는 것을 뱀이 잘 알기 때문이다. 남자 아담이 여자 하와에게 하나님의 말씀을 바로 전하지 못했다는 것이 곳곳에서 나타난다. 선악을 알게 하는 나무를 동산 중앙에 있는 나무로 알고 있는 것은 가장 치명적인 무지無知이다. 또한 하나님이 하신 말씀을 가감加減하는 잘못을 범하고 있다. '만지지도 말라'는 말은 하나님이 하신 말씀이 아니다. 또한 '정녕 죽으리라'를 '죽을까 하노라'고 말함으로 하나님의 말씀이 불확실한 것처럼 불신감을 갖게 한다. 여자 하와의 인식에는 이미 하나님이 없는 것과 같다. 왜냐하면 임의대로 하나님의 말씀을 변형하고 가감하기 때문이다. 이러한 상태에서 뱀은 타락의 정신을 확실히 심어 준다. '정녕 죽으리라'는 하나님의 말씀의 자리에 '결코 죽지 아니하리라'는 말로 거짓 확신을 못 박는다. 뱀이 여자를 통해 남자에게 준 거짓 확신은 마음속에 깊이 박힌다. 사정이 이러하기에 하나님은 뱀의 거짓의 통로가 된 여자가 성령으로 잉태하여 예수님이 태어나게 하신다. 뱀이 여자를 통해 사람을 속였다면 하나님은 성령으로 여자가 잉태하여 마지막 아담 예수를 태어나게 하고 그로 인해 생명이 임하게 하신 것이다(고전 15:22).

두 번째 조건은 정혼한 여자를 통해 태어나야 한다는 것이다. 예수님이 정혼한 여자에게서 태어나야 하는 것은, 뱀이 정혼한 여자 하와를 통해 타락의 인식의 세상을 만들었기 때문이다. 뱀이 거짓말로 세운 거짓의 세상을 다스리기 위해 하나님은 현상 세계에서 결혼한 여자를 통해 성령으로 잉태되어 태어남으로 새로운 하나님의 새 창조의 세상을 나타내야 하는 것이다. 현상 세계에서의 결혼은 영적으로 하나님과 사람이 연합되어 있다는 사실을 알게 하는 설명서와 같다. 그 설명을 이루시기 위해 정혼한 여자여야 하는 것이다.

세 번째 조건은, 정혼은 하고 동거하기 전의 처녀 상태에 있는 여자를 통해 나타나야 한다는 것이다. 뱀이 여자를 거짓으로 속인 시기는 하와가 정혼은 했으나 동침하기 전이었다. 하나님도 같은 조건에서 성령으로 여자가 하나님의 자기실현을 잉태하여야 하고 낳아야 한다. 성관계를 했다면 이미 뱀의 인식과 연합한 것이므로 하나님의 거룩함과 연합을 이룰 수 없는 문제가 발생하기 때문이다. 뱀이 여자를 거짓말로 속여서 만든 육체의 인식 세계와 하나님이 독생자를 세상에 보내시기 위해 성령으로 잉태되는 성령의 인식 세계는 연합될 수 없는 관계이다. 두 관계는 빛과 어두움처럼 연합할 수 없는 영적 관계임으로 성령으로 잉태되게 할 여자는 동정녀童貞女야만 하는 것이다. 정혼은 했으나 성관계를 하지 않은 상태의 처녀여야 하는 것이다.

네 번째 조건은 하나님의 구원의 역사를 육신적으로 이어받고 있는 구속사의 후예와 정혼한 여자에게서 태어나야 한다는 것이다. 구속사가 아닌 타락사의 후손이라면 하나님의 구원의 역사가 일관되지 못한 문제가 발생한다. 예수님의 육신의 아비인 요셉은 아브라함의 41대 손으로서 구속사를 이어받고 있는 사람이다. 현상적으로 요셉의 아이로 태어나야 성경 말씀에 맞게 태어나는 것이다. 만일 이 조건이 갖추어지지 않는다면 예수님은 세상을 구원하지 못한다. 하나님이 구속사의 인물들과 언약을 맺으셨기 때문이다. 대표적 인물이 아브라함이다(마 1:1-17). 위의 네 가지 조건을 다 갖추고 있는 여자가 예수님의 모친 마리아이다.
예수님은 위의 조건에 맞는 유일한 사람이다. 예수님 안에서 하나님은 성부, 성자, 성령 하나님의 자기실현을 육신으로 직접 나타내셨다(마 1:18-21). 세상을 이처럼 사랑하시는 하나님의 구원 계획에 따라 예수님은 성령으로 잉태되어 처녀의 몸에서 태어나셨다. 예수님의 탄생은 뱀에게 속아 정녕 죽음을 갖게 된 인류에게 새로운 생명을 갖게 되는 기회이다. 다윗이 솔로몬에게 한 유언의 첫 요구가 이루어질 수 있는 기회이다. 진정한 남자인 대장부는 하나님의 말씀을 가진 사람이다. 성령으로 잉태되어 태어난 예수님을 믿으면 대장부가 될 수 있다. 성령으로 잉태되어 태어났으므로 여자를 거짓으로 속인 뱀의 인식이 들어올 수 없기 때문이다.

예수님은 자신 안에서 뱀이 사람을 속여서 갖게 된 정녕 죽음의 죄를 홀로 지고 속죄를 이루셨다(요 1:29). 예수님이 대신하신 인류의 죄와 사도 요한이 말하는 '세상'은 타락의 인식에 잡혀서 정녕 죽음을 이루는 삶을 말한다. 예수님은 인류가 져야 하는 세상 죄인 정녕 죽음을 자신이 짊어지고 죽으신 것이다(고전 15:22). 뱀의 거짓말에 속아 선악을 알게 하는 나무의 실과를 임의대로 먹고 뱀의 인식으로 남편에게도 먹여서 정녕 죽음의 세계를 만든 것은 여자인 아내 하와이다. 여자는 그 책임을 져야 하지만 책임지지 못하고 잉태하는 고통을 크게 더하는 벌을 받는다(창 3:16). 하나님의 말씀을 가진 사람을 낳아야 하는 책임도 있다(갈 4:19). 그러므로 현실의 어머니들은 그 자녀를 위해 근심한다. 하와 자신이 뱀에게 속아서 갖게 된 정녕 죽음의 고통을 자녀들은 갖지 않기를 바라는 어미의 소원인 것이다. 죄의 책임은 남자가 지게 된다. 여자의 머리이기 때문이다(고전 11:3). 그러나 육신의 남편 아담은 이미 타락의 인식의 포로가 되어 있기 때문에 그 문제를 책임지지 못하고 노동과 죽음의 저주를 받는다(창 3:17-19). 뱀의 인식을 이룬 아내의 말을 듣고 하나님이 '먹지 말라'한 실과를 먹었기 때문이다. 앞에서도 말하였지만 선악을 알게 하는 나무의 실과를 먹었다는 것은 타락의 인식이 주 인식이 되어 있다는 것이다(창 3:7). 마음속에 하나님의 말씀이 없어진 것을 의미한다. 이것은 자신 안에서 하나님을 죽인 것과 같다. 하나님의 독생자 예수는 그 죄를 담당하려고 세상에 오셨다. 그리고 사람의 손에 의해 십자가에 못 박혀 죽으셨다(요 19:18). 예수님이 죽으시기 전 사람들은 가시면류관을 씌우고 침을 뱉으며 머리를 치고 온갖 희롱을 하였다(사 53:5-6, 마 27:27-31). 예수는 이렇게 인류의 죄를 홀로 담당하고 속죄를 이루셨다(히 9:12). 사람의 죄에 대해 홀로 속죄의 희생제물이 되셨다는 것이다.

여기서 중요한 것은 홀로 속죄를 이룬 것이다. 예수님에게만 구원이 이루어져 있다는 말이다. 최초의 사람 아담이나 아내 하와가 구원을 이룬 것이 아니다. 아담은 하나님의 말씀을 지키지 못한 졸장부이다. 졸장부의 성질은 온 인류를 오염시켜서 21세기인 지금도 사람을 정녕 죽음의 고통으로 몰아가고 있다. 현상 세계에서 그 죄의 문제를 해결한 분은 독생자 예수님뿐이다. 하나님의 말씀을 죽기까지 온전히 순종함으로 대속의 은혜를 주셨다. 문제는, 여자는 지금도 뱀의 거짓말의 성질을 그대로 이어받아 남자를 주장하고 남자는 그것을 다스리지 못한다는 것이다. 하나님이 정하신 정녕 죽음의 저주가 계속되고 있다는 말이다(갈 3:13).

예수님은 사람들의 죄 값을 대신 지불하기 위해 십자가에 달려 죽으셨다. 예수님 안에는 타락의 인식으로 이루어진 정녕 죽음의 죄가 속량되어 있다(속죄). 이 사실을 믿기만 하면 그 은혜가 믿는 자의 것이 된다.

예수님은 죽음을 이기고 다시 살아나 부활의 첫 열매가 되셨다. 예수님을 믿으면 영적으로 정녕 죽음을 이기고 현실적으로도 죽음의 고통을 이기게 된다(요 11:25-26). 예수님은 죽은 지 나흘 된 마르다와 마리아의 오라비 나사로를 다시 살려 냄으로 당신의 부활을 미리 보여주시고(요 11:43-44) 다시 살아나셨다. 제자들에게 나타나서 십자가에 못 박힌 손과 창에 찔린 옆구리를 보이며 다시 살아남을 확인시켜 주셨다(요 20:19-20).

예수님은 분명히 부활하셨다. 정신적으로 하나님의 정신인 성령을 가지고 생물학적 성기능과 사회학적 존재로서의 성에서 부활하심이다. 예수님을 믿는 사람도 정신적으로 성령을 받아 성령의 정신을 하고 생물학적 성기능과 사회학적 존재로서의 성에서 부활할 수 있다. 현상의 삶을 사는 사람이 예수를 믿으면 부활의 변화가 일어난다. 뱀이 여자를 속여서 갖게 된 정녕 죽음을 일으키는 거짓 인식이 다스려진다. 성령의 정신에 의해 뱀의 정신이 거짓이라는 사실이 들통 나서 하나씩 버려지고 많이 버릴수록 하나님의 생명이 많아져서 영생의 축복으로 이어지는 것이다. 그러므로 하나님이 보여 주신 본보기로서의 군위신강은 예수님을 믿음으로 다시 부활할 수 있다. 예수님을 믿는 믿음에서 나타내는 새로운 생명의 군위신강이 나타나는 것이다.
예수님을 믿는다는 것은 예수를 의심 없이 분명하게 안다는 말이다(요 1:12-13). 예수님은 타락의 정신을 기반으로 하는 혈통이나 육정이나 사람의 뜻으로는 알 수 없다. 뱀의 정신으로 알면 사람을 속여서 정녕 죽음을 갖게 한 뱀의 거짓말의 함정을 벗어날 수 없다.

이제 예수님을 믿음으로 하나님이 보여 주신 생명의 삼강의 본보기를 보일 수 있는 기회를 다시 얻게 되었다. 문제는 예수님을 믿는다고 하면서도 의심하는 것이다(약 1: 6-8). 뱀이 여자를 속여서 갖게 한 거짓 인식이 마음속에 그대로 있다. 그것은 뱀에게 잡혀서 갖게 된 타락한 사람의 자유의지로는 다스릴 수 없다. 혈통과 육정과 사람의 뜻으로 나타내는 의지로는 뱀의 인식에서 나오는 의심을 다스릴 수 없다는 말이다. 예수님을 믿으면서도 타락의 거짓 인식인 육체의 인식으로 예수를 믿기 때문에 예수님이 이루신 구원의 은혜가 사람에게 전달되지 못하고 있다. 여전히 뱀의 거짓말의 노예가 되어 군위신강君爲臣綱, 부위자강父爲子綱, 부위부강夫爲婦綱의 관계에서 새로운 생명을 주지 못하고 있다. 하나님은 이 문제를 해결하기 위해서 성령을 보내 주셨다(고전 2:10-16).

예수님을 믿음으로 성령이 임했다는 것은 예수님이 성령으로 태어난 것을 현상에서 설명하는 모양이다. 예수님은 동정녀 마리아에게 성령이 임함으로 잉태되어 태어나셨다. 이것은 예수님을 믿어 구원받는 원리를 잘 설명해 주고 있다. 예수님을 믿는다고 고백할 때 그 사람의 정신에 성령이 함께하신다. 성령이 함께하면 타락한 정신적 요소가 새롭게 고쳐지는 것이다. 이것은 예수님의 속죄가 자신의 속죄이며 예수님의 부활이 자신의 새로운 삶이라는 확신을 의미한다. 예수님을 믿는 것은 자신과 관계된 모든 것이 새롭게 됨을 아는 것이다. 새롭게 됨을 아는 것은 옛것도 안다는 말이다. 옛것이란, 뱀이 여자를 거짓말로 속여 사람의 3요소인 정신적 요소와 생물학적 성기능과 사회학적 존재로서의 성을 타락시켜 갖게 된 정녕 죽음이 자신 안에 영원히 함께 있는 것을 말한다. 그것을 자력으로는 다스릴 수 없으므로 하나님이 예수님 안에서 구원을 이루고 성령 하나님의 능력을 사람에게 적용시킴으로 옛뱀이 준 뱀의 인식을 다스리게 하셨다. 그러므로 성령이 아니면 자신 안에 들어와 있는 뱀의 인식을 다스릴 수 없는 것이다(요 14:26). 성령 하나님은 믿음을 가진 자가 자신 안에서 하나님의 자기실현을 이루도록 인도하고 가르치신다(갈 5:16-17). 새로운 앎이 자리 잡을 수 있는 것은 성령의 가르치심으로 진리를 깨달아 알았기 때문이다. 이 말은 예수를 믿음과 동시에 성령이라는 왕이 뱀의 거짓 나라 왕을 물리치고 새로운 나라를 세운 것과 같다. 그러나 뱀의 거짓 나라 왕의 세력을 다 몰아내지는 못하고 두 세력이 한 사람 안에 공존하고 있다. 타락의 인식으로 예수를 믿으면 뱀의 세력이 더욱더 강화되어 성령이 하고자 하는 것을 못하게 공격한다. 또한 성령님의 가르침으로 하나님 아버지와 예수님의 구원의 은혜를 많이 깨닫게 되면 뱀이 거짓말로 사람을 속이지 못하여 뱀의 나라가 약화되고 성령의 다스림을 받게 된다. 자신 안에서 삼위일체 하나님의 은혜로 뱀, 마귀를 다스리고 승리의 왕으로 살고 싶다면 성령의 가르침으로 많이 깨달아야 한다. 사람이 성령의 정신을 이루어야 하는 것이다(롬 7:22-25).

뱀의 거짓말에 속아 타락한 사람 정신 안에는 '지체 속에 다른 법'에 해당되는 타락의 인식 세계가 있다. 뱀의 거짓 인식이 사람의 주 인식이 되어 있다(창 3:7). 타락의 인식이 사로잡고 있는 이상 뱀의 거짓말인 '결코 죽지 아니하리라'는 거짓말에 속아 하나님이 정하신 '정녕 죽음'에 영원히 잡혀 있게 되어 있는 것이다. 타락의 인식의 왕을 멸하기 위해서 예수님은 제자들에게 성령을 받으라고 하셨다(행 1:3-5). 또한 부활 후 친히 성령을 불어넣어 주시기도 하였다(요 20:22).

성경 말씀에서는 예수를 믿으라고도 하고 성령을 받으라고도 한다. '믿다'의 국어 사전적 의미는 '꼭 그렇게 여기어 의심하지 않다'이다. 지금은 예수님을 믿는다는 말과 성령을 받는다는 말이 혼용되고 있다. 거기에 더해 성령 충만을 말한다. 그러면서도 성령 충만이 무엇인지 알지 못하기 때문에 이 문제를 분명히 해결함으로 하나님이 보이신 본래의 본보기로서의 군위신강을 알고자 한다.

예수를 믿는다는 말은 하나님이 사람을 창조하신 일(창 1:27, 2:7), 하나님과 최초의 남자가 맺은 행위언약(창 2:16-17), 여자가 뱀의 거짓말에 속아 임의대로 선악과를 먹고 남편에게도 먹게 함으로 정녕 죽음의 인식을 갖게 된 일(창 3:4-5), 결코 죽지 않는다는 말에 속은 결과 타락의 인식이 주 인식이 되어 있는 것(창 3:7)과 연관되어 있다. 영원히 정녕 죽음을 이룬 사람의 모습을 보며 한탄하시는 하나님(창 6:5-

6)과 사람을 구원하려고 성령으로 잉태되어 세상에 온 독생자 예수(마 1:18)와 예수가 희생제물 되어 십자가에 죽고 부활한 일(요 19:17)과 성령이 임해서 하나님과 예수님이 이루신 구원을 가르치고 적용하는 일(요 16:7)과 현실을 살면서 타락의 인식이 없어지지 않고 계속해서 믿는 자를 속이려 역사하는 일과 타락의 인식을 성령의 가르치심으로 다스리는 일과 관계되어 있고 영생을 받는 일과도 연관되어 있다(요 3:16). 예수님을 믿는다는 말은 성경 말씀을 믿는다는 말이기도 하다. 성경 말씀에 기록되어 있는 독생자 예수가 어떻게 사람을 구원하셨는지 의심 없이 아는 것을 사람들은 예수를 믿는다고 한다.

예수님은 하나님의 말씀에 순종하여 홀로 구원을 이루셨다. 성령으로 잉태되어 동정녀에게서 태어나심으로 나타났다. 온 인류를 위해 희생함으로 속죄하셨지만 그 은혜의 능력은 예수님 안에만 있다. 여기서 중요한 사실을 지나치지 않도록 주의해야 한다. 구원의 은혜가 예수님 안에만 있다는 사실이다. 예수님을 믿는다고 했을 때 아직 자신 안에는 그 구원이 전부 다 있지 않고 조금 있을 수 있다. 이러한 믿음의 상태를 사람이 태어나 자라는 과정과 비교해 보면 알기 쉬울 수 있다. 태어난 직후에는 스스로 무엇을 할 수 없다. 그저 배고프면 우는 것으로서 자신의 상태를 전달하는 정도이다. 아이가 점점 더 자라면 자신이 할 수 있는 일을 배워서 스스로 행동하기 시작한다. 예수를 믿고 믿음이 자라는 과정도 이와 유사하다. 믿는 사람이 정녕 죽음의 함정에 빠지는 흔한 실수는, 예수님 안에서 구원이 이루어졌으므로 구원받았다고 생각하는 것이다. 이런 믿음은 바른 인식 같으나 옳지 않다고 생각한다.

사람의 출생과 성장의 예에서 알 수 있듯이 믿음이 어릴 때는 전적으로 하나님(성부, 성자, 성령)을 의지한다. 어린 믿음이 성령의 가르치심과 돌보심을 받아 자라면 독립적으로 생활하고 활동하는 것이 자연스러운 것이다. 처음 예수님을 믿는다고 고백했을 때는 어린아이와 같은 믿음의 상태이다. 전적으로 예수님이 구원해 주셨다는 것을 알고 주님의 이름을 의지해서 산다. 그러나 언제나 주님 안에 자신의 구원이 있다고만 생각하는 신앙이면 성인이 되어서도 부모를 떠나지 못하는 어린아이와 같은 모습이다. 몸은 어른인데 생각이나 행동은 어린아이 같다면 심각한 문제인 것이다. 21세기 현재 신앙이 이와 같다고 생각한다. 주님의 품 안에만 있으려 하고 주님이 보여 주신 희생적 본보기를 따라 자신 안에서 그 본보기를 보이려 하지 않는 신앙이다. 이것은 타락의 인식에 또 속아서 예수님을 믿는 모습으로 정녕 죽는 함정이 되어 있다. 예수님이 주시는 구원은 완전한데 믿는 사람은 큰 문제가 있는 것이다. 예수님은 구원의 은혜를 세상 모든 사람들이 각각 자기 안으로 가져가서 자기 구원을 이루기를 원하신다. 예수님이 구원했다는 사실을 성령의 가르침으로 자각했다면 그 구원을 자신 안으로 가져와야 한다. 예수님이 나를 위해 예수님 안에서 구원해 주셨으니 그 은혜를 자신의 구원으로 받아 와야 하는 것이다. 그리고 자기 구원을 이루어서 예수님이 보인 본보기를 세상에 나타내야 한다.

예수님의 구원이 예수님에게만 있고 자신 안에 없다면 구원이 자신과 무슨 상관인가?

예수님이 나를 구원하신 사실을 알았으면 믿음은 그것으로 된 것이다. 예수님의 구원은 한 번 분명히 믿음으로 되었다. 왜 주님이 홀로 구원하신 일을 반복해서 말하느냐는 것이다. 그것은 사람 안에서 역사하는 뱀의 속임수에 빠져 있는 모습이다. 예수님이 인류를 홀로 구원하신 사실을 분명히 확인했으면 된 것이다. 구원받음을 계속 반복적으로 확인만 하고 앞으로 나가지 못하는 실수를 해서는 안 된다. 믿음이 자신 안으로 들어와 자라지 못하는 것은 뱀이 믿는 자들을 제자리에만 머물게 하는 방법이다. 이 속임수에 빠지면 주님의 이루신 구원을 자기 구원으로 가져 오지 못하고 제자리걸음만 반복하며 영적인 승리를 하지 못한다.

여기서 중요한 것은 예수님이 이루신 구원을 확인만 하며 자신의 것으로 가져오지 못하고 제자리걸음만 하는 문제를 어떻게 극복하느냐이다. 예수님의 구원을 어떻게 자신의 구원으로 자신의 삶으로 가져와 앞으로 나가느냐 하는 문제는 단순하지 않다. 문제는 21세기의 예수 믿는 사람들은 예수의 구원을 자신 안으로 가져오려 하지 않는다는 것이다. 왜냐하면 예수님의 구원을 자신의 구원으로 가져오면 예수님이 보이신 본보기를 따라 자신도 십자가의 본보기를 보여야 하는 의무를 갖기 때문이다.

예수님이 보인 본보기가 무엇인가?

예수님은 뱀이 여자를 거짓으로 속여서 선악을 알게 하는 나무의 실과를 임의대로 먹고 남편에게도 먹여 갖게 된 거짓 인식을 철저하게 따르지 않으셨다. 이 말은 타락의 인식을 주 인식으로 하는 자기다움을 철저하게 무시했다는 말이기도 하다. 예수님은 사람으로 태어나 갖게 된 타락의 인식인 육체의 인식을 십자가에서 죽기까지 따르지 않았다. 오직 하나님 아버지의 말씀을 따라 하나님의 원대로 되기를 소원하셨다(마 26:39, 요 17:1-26). 이것이 예수님의 본보기이다. 본보기는 '본받다'에서 그 의미를 더 분명히 알 수 있다. '본받다'는 본과 받다가 합쳐진 말이다. 여기서 본은 근본 본本이다. 근본을 '받다'라는 말이 된다.

사람의 근본은 원숭이가 아니고 하나님이시며 하나님 말씀이다. 예수님은 하나님의 말씀에 따라 세상에 오셨다(요 1:14). 말씀에 따라 살다가 말씀에 순종함으로 십자가에 죽고 죽은 후 3일 만에 다시 부활하셨다. 예수님은 하나님의 말씀을 근본으로 믿고 말씀 그대로 본받아 본보기를 보이셨다. 그러므로 믿는다면 하나님의 말씀대로 본을 보이신 예수의 본보기를 자신의 것으로 삼아 자신의 본보기로 보여야 한다. 예수를 믿는 사람이 이 본보기를 보이려면 뱀이 여자를 속여서 갖게 된 임의대로의 자기다움을 부정해야 한다. 예수님이 타락의 인식을 철저하게 부정했던 것처럼 해야 한다. 뱀이 여자를 거짓으로 속여서 갖게 된 자기다움은 자신이 아니라 거짓된 허상의 자신이라고 해야 한다. 뱀의 거짓말에 의한 허상의 자신인 것이다. 특별히 하나님이 만물을 창조하여 준 것을 배신하고 자신 안에서 임의대로 하나님을 죽인 죄인임을 인정해야 한다. 자신이 하나님처럼 마음대로 무엇이든지 자신을 위하는 이기심으로 하나님의 영광을 가로챈 도둑이라고 시인해야 한다. 하나님을 설명하고 나타냄으로 영광 돌려야 하는 사명을 저버린 언약 파괴자라고 해야 하는 것이다.

자신이 임의대로 만든 모든 자기다움을 허물고 없애야 한다. 그러나 현대를 사는 믿음의 사람들은 예수님이 보이신 본보기를 자신의 본보기로 가져오길 싫어한다. 예수를 믿는다고는 하지만 예수님이 나를 구원했다고 앵무새처럼 수없이 반복만 하고 정작 예수님의 구원을 자신의 구원으로 가져오지 않는다. 뱀의 인식에서 예수 믿는 사람들은 어쩌면 뱀이 쳐 놓은 최종적인 함정에 빠져서 허우적거리고 있다. 거기서 나와야 한다. 그래야 예수님을 믿어 구원받았다고 할 수 있는 것이다. 빠져나오려면 뱀이 거짓말로 속여서 만든 허상의 자신을 정신적으로 십자가에 못 박고 죽여야 한다. 자신의 의지와 노력으로 할 수 없다는 사실을 예수님도 알고 하나님 아버지도 아신다. 이 사실을 베드로와 예수님의 대화에서 알 수 있다(막 14:29-31). 그때의 베드로는 선악과를 먹고 생긴 자유의지대로 예수님을 믿고 따르는 상태였다. 그러므로 주님의 제자인 것을 시인하지 못했다(막 14:66-72). 베드로는 자신의 직업과 가족을 다 뒤로하고 삶을 예수님께 맡기고 따르는 수제자와 같은 사람이다. 그런 그가 자신의 내면의 들어와 있는 타락의 인식을 극복하지 못하고 자기를 위하는 임의대로의 허상의 본능을 넘어서지 못해 예수님을 부인하는 것이다. 그런 베드로가 성령을 받고 변화되었다(행 2:4). 성령 받기 전의 베드로와 성령 받은 후의 베드로는 다르다. 성령 받기 전에는 예수님을 믿고 따르는 수제자와 같지만 뱀의 인식을 다스리지 못해서 예수님을 부인했다. 그러나 성령을 받은 후에는 예수님을 적극적으로 시인하는 사람이 되었다. 이 상황을 본보기에 적용하여 설명하면, 성령 받기 전에는 예수님의 본보기를 보이지 못하고 숨었다면 성령 받고 난 후에는 예수님의 본보기를 사람들 앞에 당당히 전하는 사람이 되었다는 것이다. 베드로가 오순절 예수를 시인하는 본보기의 설교에 3000명이 세례를 받았으며(행 2:41) 또 다른 곳에서는 5000명이 믿었다고(행 4:4) 기록되어 있다. 뱀의 인식에서 예수를 믿는 사람은 사람들 앞에 예수님의 본보기를 자신의 구원받음으로 보이고 소개하지 않는다는 것을 베드로의 변화를 통해 알 수 있다. 정신적으로 예수를 숨기고 자신 안에서 보이지 않는다. 예수가 짊어진 십자가를 자신은 지지 않겠다는 것이다. 자신의 주인은 뱀의 인식의 자기뿐이기 때문이다.

이 함정에서 벗어나야만 한다. 베드로는 성령을 받음으로 벗어났다. 예수님을 믿되 성령으로 예수님을 믿어야 한다. 성령으로 믿으면 정신적으로 뱀의 인식의 자신을 십자가에 못 박을 수 있다. 베드로가 그랬던 것처럼 오늘을 사는 믿음의 사람도 그렇게 할 수 있다. 성령을 받고 믿는 사람은 예수님처럼 상대를 섬기는 희생과 헌신이 가능하다. 예수님이 보이신 본보기를 보일 수 있다. 이 사실을 군위신강에 적용해 보면 예수님을 성령의 인식으로 믿는 사람은 하나님이 보이신 진정한 본보기를 백성들에게 보이는 임금이 될 것이다.

이제 예수만 십자가를 져야 한다고 말해서는 안 된다. 베드로가 예수님의 구원을 자신의 삶에서 보이고 나타내는 전도의 사역을 한 것처럼 예수를 믿는 사람은 자신의 삶에서 성령의 인식에서의 본보기를 나타내야 한다. 예수님이 십자가를 지셨으니 삶의 현장에서 자신에게 짊어지운 십자가를 지고 본보기를 보일 때이다. 예수를 타락의 인식으로 믿으면 헛되다는 것과 그것을 다스리는 능력은 오직 성령 충만한 믿음에 있음을 알아보았다. 뱀의 정신은 타락의 인식의 사람 안에 영원히 함께 있을 것이다. 성령의 인식으로 다스리지 못하면 언제든지 뱀의 인식에 사로잡혀 지옥으로 끌려갈 수 있다. 다윗왕의 밧세바 강간과 우리아 살인 사건에서 그것을 알아보았다. 의심하지 말고 자신의 믿음을 굳게 하길 바란다(약 1:6-8). 자신은 타락의 인식을 없이하는 십자가를 짊어지지 않고 예수님에게만 떠넘기는 것은 속 다르고 겉 다른 믿음이다. 이런 문제 때문에 사도 바울은 자신이 그리스도를 본받은 것처럼 너희는 나를 본받는 자 되라고 하였다(고전 11:1). 예수님도 친히 제자들에게 본을 보이셨다(요 13:15). 이 말씀을 군위신강에 적용하면 임금이 예수님이 보이신 본보기를 성령의 인식으로 백성에게 보이므로 백성이 행복해진다는 것이다.

예수님이 만왕의 왕으로 이 세상에 다시 오실 때 성령의 인식과 타락의 인식을 구별할 것이다(마 25: 31-46). 양과 염소의 비유에서 양에 해당되는 사람들의 특징은 작은 자에게 예수님이 보이신 본보기를 그대로 보였다는 것이다. 염소에 해당되는 사람들은 예수님의 본보기를 보이지 않았다. 예수님이 보인 본보기를 자신의 삶에서 그대로 보이는 사람과 보이지 않는 사람의 차이는 성령의 인식으로 믿느냐 타락의 인식으로 믿느냐이다.

믿는다는 것은 예수님의 구원 사역을 알았다는 말이고 성령을 받았다는 것은 삼위일체 하나님을 영접함으로 받아들였다는 말이다(요 1:12-14). 베드로의 경우에서도 알 수 있듯이 타락의 인식이 주 인식이 된 후에도(창 3:7) 하나님을 믿을 수 있다. 베드로 사도는 예수님을 3년여 세월 동안 동행하였지만 타락의 인식의 믿음을 벗어나지 못했다. 하나님을 타락의 인식으로 인지할 수 있다는 것이다. 하나님을 인지한다고 해서 성령을 받았다고 할 수는 없다. 타락의 인식에서 예수를 믿는 것은 가능하지만 성령을 영접하는 것은 가능하지 않다. 타락의 인식과 성령의 인식은 서로 상극이기 때문이다(갈 5:16-17).

타락의 인식은 그 인식 안에서만 예수를 믿게 한다. 선과 악을 임의대로 해도 결코 죽지 않는다는 뱀의 거짓말 안에서만 믿게 하는 것이다(창 3:1-7). 타락의 인식인 임의대로를 벗어나면 의심하고 그 내용을 스스로 지워버린다. 무의식적으로 잊어버려서 자신의 기억에서 사라지게 하는 것이다. 임의대로 마음대로 자유의지대로 선과 악을 정의하는 거짓 하나님이 되어 판단하고 있기 때문이다. 성령이 임하시면 이러한 거짓이 드러나기 때문에 거부하고 피하며 삭제하는 것이다. 신자들의 믿음까지도 타락의 인식으로 믿음을 유지시킨다. '예수 믿음, 예수 구원'만 강조하게 함으로 구원의 은혜가 예수에게만 머물게 하여 자기 구원을 이루지 못하게 속이는 것이다. 예수님은, 자신이 이룬 구원이 믿는 자 안으로 들어가서 자기 구원을 이루길 원하신다. 그런데 뱀, 마귀는 사람을 육체의 인식에 가두어 놓고 예수가 구원한 사실을 지식으로만 가지고 있도록 속이는 것이다. 이것은 믿는 사람 안에서 벌어지는 영적인 일이다. 이렇게 예수를 믿으면 뱀이 사람을 속여서 이룬 정녕 죽음을 결코 죽지 않는다고 믿기 때문에 영원히 정녕 죽음의 저주를 벗어나지 못한다. 이런 사람은 예수님이 보이신 구원의 본보기를 자신의 마음과 행동의 삶에서 보여 주지 못한다. 예수님이 구원해 주셨다는 사실을 아는 지식은 많은데 그 내용에 따라 실천하고 순종하는 본보기는 없다. 성령을 받으면 예수님이 보이신 구원의 본보기를 보인다. 그러므로 예수 믿는다는 말에 스스로 속지 말아야 한다. 자신이 성령을 받았는지 확인해야 한다.

예수님은 지상 사역을 마치면서 성령을 보내 주겠다고 하셨다(요 14:16-17). 자신이 떠나는 것이 유익이라고 하셨다(요 16:7-8). 죄罪란 하나님과 최초의 남자가 맺은 행위언약의 말씀을 어긴 것을 말한다. 하나님의 말씀을 순종하지 않음에서부터 죄는 시작되었다. 의義는 창조주 하나님이고 그분이 하신 말씀이며 그 말씀대로 온 예수님이 이루신 구원을 사람에게 적용하는 성령 하나님이다. 그러므로 주님은 제자들에게 예루살렘을 떠나지 말고 먼저 성령을 받으라고 하셨다(행 1:4-5). 부활 후에는 친히 성령을 주시되 숨을 내쉬며 성령을 받으라고 하였다(요 20:22). 이 모습은 창조주 하나님이 사람을 창조하고 그 코에 생기를 불어넣음으로 생령이 되게 하신 일과 연결되어 있다(창 2:7). 예수님을 믿는 믿음 안에서 정신이 새로워지므로 생물학적 성기능과 사회학적 존재로서의 성에서 새로운 변화를 일으키는 모습이다. 예수를 믿는다는 말에는 '성령을 받았다'는 의미가 포함되어 있다.
예수님을 핍박하던 사울은 그 제자들을 잡으러 다메섹에 가는 중 빛으로 임하신 예수님을 만나고 눈이 멀었다. 예수님은 아나니아로 하여금 사울에 안수하라고 하셔서 눈이 뜨이며 성령 충만하게 하였다(행 9:17-19). 새사람이 되게 하신 것이다. 이후 바울은 성령과 늘 동행하였다(행 13:8-12). 능력이 나타나는 것은 성령께서 함께하시기 때문이다.

지금 예수 믿는 사람은 믿는다는 이름뿐이요 성령을 받은 본보기가 보이지 않는다. 성령을 받지 않고 믿는 것은 본보기가 없는 믿음이다(약 2:14-17, 20-22). 행함이 없는 믿음은 타락의 인식에서 자신을 속이고 하나님과 세상도 속이는 것이다. 21세기 현대인들은 대부분 타락의 인식에서 예수를 믿는다. 예수님의 본보기는 없고 거짓 믿음이 판치고 있다. 앞에서도 말하였지만 타락의 인식에서의 믿음은 뱀의 거짓말 중심이지만 성령의 인식에서의 믿음은 하나님이 사람 마음에 영으로 들어오셔서 진리를 깨닫게 하심으로 나타난다. 하나님의 성령이 믿는 자 안에서 하나님의 자기실현을 이루신다. 성령이 성부, 성자, 성령 하나님의 자기실현을 이루시는 것이다. 정신적으로는 성령의 정신적 요소이고 생물학적 생식기능으로는 새로운 사람이며 사회학적으로는 하나님의 진리를 설명한다. 타락의 인식에서는 보이지도 않고 알 수도 없는 믿음이다(요 6:28-29). 성령의 인식의 믿음은 타락의 인식의 믿음을 알 수 있지만 타락의 인식의 믿음은 성령의 인식의 믿음을 알 수 없다(고전 2:10-16). 뱀이 거짓으로 속인 임의대로의 믿음의 세계가 그들의 전부이기 때문이다. 타락의 인식에서 임의대로 정의한 자기다움은 그 사람의 한계가 되어 있다. 그 인식을 버리든지 죽이지 않으면 영원히 빠져나올 수 없는 것이다. 타락의 인식의 함정은 육체의 인식을 하고 있는 자신이다. 타락의 인식인 육체의 인식을 넘어서지 못하면 예수를 믿는 지식적 믿음까지도 헛된 믿음이 되는 것이다.

그러나 성령이 임하시면 타락의 인식이 다스려진다. 타락의 인식은 거짓에서부터 시작되었기 때문에 하나님의 진리가 임하면 물러가게 되어 있다. 빛이 임하면 어두움이 물러가는 이치와 같다. 성령은 뱀의 인식을 몰아냄으로 성삼위일체 하나님의 본보기만 나타나게 한다. 그러므로 무엇을 하든지 잘된다. 이 차이를 모른다면 아직 예수님이 이루신 구원을 자신의 구원으로 받지 못한 것이다. 이것을 군위신강에 적용해 보면 하나님의 본래적 본보기를 실천하는 사람은 성령의 가르침으로 예수를 아는 믿음을 가진 사람이다. 예수님을 믿는 것은 성령이 하고자 하는 소원대로 행동하는 것이기도 하다. 임금이 성령의 소원대로 밧줄을 잡아당긴다면 예수님의 모범적 본보기를 세상에 보임으로 머리가 되고 꼬리가 되지 않을 것이다(신 28:1-6, 13-14).

부위자강
父爲子綱

- 전통적 견해

본래의 부위자강父爲子綱: 아버지는 아들의 벼리가 된다.

변한 부위자강父爲子綱: 아들은 아버지를 섬기는 것이 근본이다.

군위신강에서도 언급하였듯이 가장 중요한 부분은 벼리 강綱을 어떻게 해석하느냐이다. 부위자강에서 벼리 강의 벼리를 기강이란 뜻으로 풀이하기도 했다. 그러나 임금, 남편, 아버지가 정하는 기율에 따라야 했다. 이런 기율은 통일성도 없고 향방이 제각각이라 혼란의 상태가 계속된다.

유교의 부위자강은 서로 약속이나 한 것처럼 벼리를 기율로 해석하고 자율적으로 압제하는 것을 정당화하였다. 저마다 임의대로의 가정 기율을 가지고 그 가정의 독특한 법을 만들어 가족 구성원들을 아버지라는 권력으로 다스렸다. '벼리'의 사전적 의미는 '그물의 위쪽 코를 꿰어 잡아당기게 된 줄'이다. 그물의 코를 꿰는 굵은 줄이 당기는 대로 그물이 딸려가는 것이다. 이와 같은 이유로 어떤 사람은 벼리를 주종 관계로 보기도 하였다. 주종 관계로 볼 때 임금, 남편, 아버지가 당기면 따라야 하는 논리가 지지를 받는다. 조선 500년 역사 속에서 유교 사상은 삼강의 본래 진의에서 벗어나 강자는 약자를 지배하고 다스리며 억압한 부분이 많았다. 벼리의 진의를 오해함으로 인해 지금도 수많은 사람들을 괴롭히고 학대하며 죽이는 사상의 기반이 되고 있는 부분이 많다. 주종 관계나 임의대로 정한 기율만이 삼강의 전부라면 버려야 할 사상이 맞을 것이다. 그러나 한국의 혼과 같은 삼강이 잘못 사용되기만 한 것은 아니다. 잘못 사용된 부분이 있음에도 불구하고 정신적 도덕 체계는 창조주 하나님의 창조 질서 체계를 잘 설명하는 모양을 가지고 있다. 하나님의 창조적 인륜을 기반으로 하는 인간상을 잘 간직하고 있는 부분도 있다. 21세기를 사는 한국인들 안에는 지금도 조선 500년의 유교 사상이 우리의 일상생활에 관습처럼 굳어져 있다. 한국인이 세계를 선도하고 있는 능력은 한국인의 혼이라고 할 수 있는 삼강오륜에 있다고 생각한다. 그래서 삼강오륜을 성경 말씀 안에서 조명하여 진리의 진의를 밝힌다면 한국인의 혼은 앞으로도 계속 세계를 이끌게 될 것이다.

필자는 군위신강에서 벼리 강綱의 벼리를 '본보기'로 해석하였다. 본보기는 본本을 설명하는 말이다. 본래의 사람의 뿌리, 본래의 사람의 기초, 본래의 사람의 근본, 본래의 사람의 기원, 본래의 사람의 바탕을 설명하라는 말이다. 사람의 시작은 아버지이다. 그러므로 아버지가 아들을 잡아당기는 본보기의 출처에 대해 알아보고자 한다.
아버지는 무엇을 또는 누구를 본받아서 아들을 잡아당길 것인가?
주종 관계로 당기느냐 아니면 본보기를 보임으로 당기느냐는 것이다.

주종 관계로 잡아당긴 역사는 강자가 약자를 억압하고 괴롭히는 결과를 낳았으므로 그 사상을 적용할 수 없다. 그러면 필자가 적용한 '본보기'를 채택할 것인데 본떠야 할 대상이 누구냐는 것이다. 군위신강에서 적용한 것처럼 아버지는 그 아버지에게서 본떴을 것이다. 이렇게 역사를 거슬러 올라가면 최초의 아버지가 나올 것이다. 최초의 아버지를 창조하신 분은 하나님 아버지이다.

부위자강의 본보기는 사람의 근본이 되는 창조주 하나님 아버지의 말씀에 순종하여 현실의 아버지가 아들을 당기는 것이다. 전통적인 부위자강에서는 사람을 속인 뱀의 거짓 인식을 한 아버지가 아들을 잡아당겼다. 결과적으로 본래의 본보기와는 맞지 않았다. 당면한 시대에서 아버지 안에 조성되어 있는 타락한 일반 상식의 본보기를 보이는 것이었다. 사람을 주장하는 뱀의 인식에서 임의대로 본보기를 정한 아버지가 아들을 잡아당기니 따르지 않는 것이다. 결국 전통적 부위자강은 바른 본보기가 아니라고 부정되었으며 지금은 원형을 흉내 내는 변형된 부위자강이 있을 뿐이다. 변형된 부위자강 역시 한국의 선조들이 임의대로 보인 본보기를 흉내 내며 더 고약한 임의성을 보인다. 그 결과 진정한 본보기를 보지 못한 아들은 방황하며 본래의 본보기를 찾아 헤맨다. 타락의 인식에서 임의대로 잡아당기니 끌려가지 않으려고 대항하는 것이다. 아들의 본능의 인식이 아비의 당김을 믿지 못해 불안하고 두려운 것이다.

현대에 와서는 아비가 본보이기를 포기한 모습이다. 끌리지 않기 때문에 당기지도 않는 상태이다. 역으로 자녀가 아버지를 끌어당김으로 역설적 부위자강이 되어 있다. 아들딸의 뜻대로 아비가 사는 것이다. 조상들이 물려준 소중한 정신 유산을 잃어버렸다.

아버지는 단순한 이름이 아니다. 자녀를 낳았다는 뜻이다. 조상이 물려준 본보기대로 자녀를 낳고 자라게 하라는 의미를 닮고 있는 말이다. 조상의 뜻을 자녀에게 가르침으로 조상의 이름이 보존되게 하라고 붙여 준 이름이다. 그러므로 조상의 본보기로 자녀를 이끌지 못하면 아버지라 호칭되는 것이 맞지 않고 부끄러운 것이다. 자녀를 낳는다는 말은 태어나게 하고 인식하게 하며 그 인식을 나타나게 한다는 의미를 포함하고 있다. 우리 조상들은 조선 500년 역사를 통해서 삼강오륜의 본래의 뜻대로 본보기를 보이지 못해서 정당성을 잃어버렸다.

필자는 삼강오륜을 이대로 포기해서는 안 된다고 생각한다. 유교의 사상이지만 하나님 안에 있는 일반은총의 산물이기 때문이다. 이에 삼강오륜을 특별은총인 성경 말씀으로 조명하여 다시 살리고자 한다. 성경 말씀으로 다시 살리면 이 유산이 하나님께서 대한민국에게 주신 놀라운 선물이 될 것을 확신한다. 하나님이 주신 본보기를 육신의 아버지가 자녀에게 보일 때 한국은 세계 민족 위에 뛰어난 국가가 될 것이다.

- 현재 상황

현대 부위자강夫爲婦綱은 아버지가 당기어도 끌려가지 않는 아들의 모습이다. 역으로 아들딸이 아버지를 이끌어 가는 반전된 형태로 나타나고 있다. 아버지는 아들딸이 원하는 모습으로 자신을 나타내려고 노력한다. 가부장제家父長制 폐지(2008년 1월 1일) 이후 가정에서 아버지의 서열은 애완동물 다음이라는 우스갯소리가 있다. 아버지 입장에서는 우습게만 들리지 않는 슬픈 현실이다. 21세기 한국 가정 안에서 아버지의 권위는 땅에 떨어져 있다. 자녀가 아버지의 말을 듣지 않는 이유도 있지만 어머니가 큰 영향을 끼쳤다고 본다.
아버지가 가정에서 권위를 유지하고 자녀를 이끄는 데 어머니의 역할은 매우 중요하다. 어머니가 어린 자녀 앞에서 아버지를 존중하면 자녀들이 그 본을 보고 따를 것이다. 어머니의 머리가 아버지임을 인정한다면 자녀는 아버지의 말을 듣고 따를 수밖에 없다. 이것이 가정교육의 결과가 겉으로 드러난 모습이기도 하다. 부위부강이 잘되어야 부위자강이 잘된다는 말이다. 사람의 시작은 부부에서부터이다. 그 다음에 아버지와 아들의 관계가 나타난다. 아버지라고 하면 어머니가 있다는 말이다. 어머니 없이 아버지와 아들만 있지 않다. 그러므로 삼강의 순서는 부위부강, 부위자강, 군위신강이어야 옳을 것이다. 군위신강이 앞에 있는 것은 삼강을 정치적으로 이용한 부분이 있다고 생각한다. 임금의 권위를 앞세움으로 백성을 지배하려는 의도를 가지고 있는 것이다.

현대 가정에서 부위자강의 문제는 아버지와 아들만의 문제가 아니다. 최초의 사람이 뱀에게 속아서 갖게 된 인식 체계는 어머니가 남편을 주장하는 형태로 되어 있다. 어머니가 뱀의 거짓말에 속아 선악을 알게 하는 나무의 실과를 임의대로 먹고 남편에게도 먹이는 주장을 함으로 남편도 먹고 타락의 인식을 가졌다. 아버지는 타락의 인식에서 아내의 머리 됨과 대표로서의 권위를 가지고 다스린다. 어머니가 타락의 인식으로 주장하면 할수록 남편은 더 강력하게 다스린다. 이것은 어머니의 정녕 죽음의 고통이 된다. 이것을 보는 아들도 아버지를 좋게 보지 않는다. 옳지 않는 모습으로 보는 것이다. 아버지의 본보기를 보면서 아들은 아버지를 따르지 않게 된다. 어머니가 아버지에게 순종하지 않음으로 아들도 순종하지 않는 결과가 나온 것이다. 책임은 아버지에게 있다. 앞에서도 말하였지만 아버지는 가정의 머리이며 책임자이고 주관자이다. 아버지가 어머니의 머리이기 때문에 가정 안에서 벌어지는 모든 일의 책임을 지는 것이다. 이 부분에 대해서 어머니와 자녀가 반문할 것이다. '왜 아버지만 머리이고 주관자냐'고 따질 것이다. 특히 어머니가 항의할 것이다. 그 이유는 하나님을 설명하는 머리와 대표로 아버지를 세우셨기 때문이다(창 2:16-17). 그러나 어머니는 뱀의 거짓말에 속아 남편에게 선악과를 임의대로 먹이고 타락하게 하였다. 타락한 남편은 더 큰 타락의 인식으로 다스리는 것이다. 그 결과 정녕 죽음이 이루어지게 되었다. 하나님이 육신의 아버지를 창조하심으로 주신 본래 아버지의 권위가 타락의 인식의 권위가 되어 정녕 죽음을 이루는 다스림이 된 것이다. 하나님이 아버지에게 주셨던 만물통치권을 뱀의 인식으로 사용하는 것이다. 이렇게 나타나는 아버지의 본보기는 어머니에게 때때로 가정 폭력으로 나타나기도 한다. 그것이 자녀들에게 이어지고 아버지가 보이는 모습은 무서운 폭력적 아버지였다.

본래 아버지라는 이름은 듣기만 해도 좋고 행복하며 즐거운 이름이다.

그러나 아버지가 보이는 본보기는 보기도 싫고 듣기도 싫은 모습인 것이다. 그러므로 21세기 가정 안에서 아버지의 잡아당김은 거부당하고 무시되는 상태로 버려져 있다. 간혹 본능적으로 내재되어 있는 잡아당김이 있지만 타락의 인식으로서의 아버지라는 정체성의 본보기는 어머니의 타락의 인식으로의 제재와 자녀의 저항에 힘없이 무시되고 있다.

아버지, 부르기만 해도 가슴 저미는 이름이 어쩌다 이렇게까지 되었을까?

그것은 '아버지'라는 이름이 무엇인지 모르는 무지 때문에 이렇게 되었다. 전통적인 견해에서도 조금 언급했지만 아버지는 자녀를 '낳다'는 말과 연결되어 있다. 자녀를 낳지 않은 남자에게 아버지라고 호칭하지 않는다. 아버지가 자녀를 낳는다고 하니 어떤 사람은 어머니가 낳는다고 말한다. 사실 자녀는 아버지가 낳는 것이다. 남자의 정자가 떨어짐으로 생물학적 생명이 시작된다. 아버지의 정자가 어머니에게 들어가지 않으면 자녀는 태어나지 못한다. 물론 어머니의 난자와 연합하여 낳는다. 남자 아버지의 정자가 여자 어머니의 몸에 들어가서 자녀가 태어나는 것은, 하나님이 최초의 사람을 흙으로 창조하고 그 코에 생기를 불어넣음으로 생령이 되게 하신 것을 설명하는 모양이다. 원형을 설명하는 모형인 것이다. 이와 같은 모습은 사람뿐 아니라 식물의 세계에서도 그대로 보여 주고 있다. 땅에 씨앗이 떨어져야 새싹이 나는 이치와 같은 것이다. 영적인 시각에서 창조주 하나님이 아버지의 모습을 하고 있다는 것을 현상 세계에서 설명하는 것이, 육신의 아버지가 자녀를 태어나게 하는 모습이다. 하나님이 남자 아버지를 먼저 흙으로 창조하고 여자 어머니를 남자 아버지의 갈빗대 하나로 창조하신 것은 여자 어머니가 남자 아버지에게서 나왔다는 것을 알려 주고 있다. 곧 남녀는 분리되어 있지 않고 처음부터 연합되어 부부가 되었다. 그러나 생물학적 생식기능과 사회학적 존재로서의 성에서는 분리되어 있다. 남자 아버지는 하나님을 설명하고 여자 어머니는 사람(남녀)을 설명하는 모습이 있다. 그러므로 남녀의 결혼은 영적인 숨은 뜻을 가지고 있다. 현상적인 남녀의 결혼을 통해 하나님과 사람이 연합되어 있다는 것을 설명하는 것이다.

문제는 이것을 뱀의 거짓말에 속아서 거짓 인식을 가진 여자 어머니가 부정한다는 사실이다. 타락의 인식을 가진 여자 어머니가 자녀를 자신이 낳았다고 주장한다. 남자 아버지가 자녀를 낳았다고 인정하지 않음으로 창조주 하나님 아버지가 남자와 여자를 창조하였다는 사실을 부정하는 것이다. 뱀이 여자를 속인 거짓의 인식을 현실에서 그대로 나타내고 있다. 오직 자신이 자녀를 낳았다고 주장한다. 자신이 창조주 하나님처럼 자녀를 낳았다고 생각하는 상태이다. 그러한 어머니의 주장에 의해 자녀는 아버지가 가정의 머리임을 부정하게 된다. 결국 부모가 잘못 보이는 본보기를 더 이상 보고 싶지 않으니 당기는 대로 끌려가지 않는 것이다. 지금 이 시간에도 여자 어머니는 자신에게 들어온 타락의 인식으로 자녀에게 잔소리 교육을 한다. 잔소리의 대부분은 자신이 자녀를 낳았으므로 자녀를 주장하는 것이 정당하다는 내용이다. 그런 주장의 잔소리는 아버지와 자녀 사이를 갈라놓고 원망과 원한을 생산하여 결국은 원수가 되게 한다. 그럼에도 불구하고 가정 안에서 나타나는 모든 일은 아버지에게 책임이 있다. 어머니가 하는 타락의 인식의 잔소리에 의해 자녀가 말을 듣지 않은 결과까지도 아버지가 책임을 져야 한다. 아버지가 가정의 머리로서 잘못을 바로잡으려면 아버지는 모범적 본보기를 본떠야 한다. 그런데 타락의 인식을 유전 받은 현실의 아비가 본받을 만한 본이 없다. 본떠야 할 조상들도 타락의 인식을 보이기 때문이다. 조상을 본뜨면 정녕 죽음을 이루게 되는 것이다. 타락의 정신이 계속 진행되면 자신과 아내와 자녀가 정녕 죽음을 피하지 못하고 다 망한다.

그러므로 그 문제를 해결하기 위해 사람을 창조하신 하나님 아버지가 모범적 본보기를 보였다. 하나님 아버지의 본보기에 순종하는 독생자 예수를 세상에 보내신 것이다. 예수님이 사람의 몸을 입고 세상에 오셔서 하나님 아버지의 말씀에 순종함으로 본을 보였다. 이것을 육신의 아버지가 먼저 믿음으로 자신에게 적용하고 자기 안에서 이루어진 본을 자녀에게 보여야 하는 것이다. 아버지가 아들에게 하나님이 이루신 본보기를 보이면 뱀이 사람을 속여서 갖게 된 거짓 본보기의 탈을 벗게 되고 진정한 아버지의 모습을 보일 수 있다.

- 성경적 견해

성경은 부위자강에 대한 본보기를 하나님이라고 밝히고 있다(창 1:26-27). 하나님은 사람에게 모든 것을 주셨지만 한 가지는 허락하지 않으셨다. 동산 모든 나무의 실과는 임의로 먹되 선악을 알게 하는 나무의 실과는 먹지 못하게 일방적 선언으로 명령하셨다(창 2:16-17). 하나님은 창조주이시고 첫 사람 아담은 피조물이기 때문에 쌍방적 선언일 수 없다. 선악과를 임의로 먹으면 그 임의성에 의해 하나님과 사람의 구분이 없어진다. 그러면 사람의 근본이 사라지기 때문에 자기 자신도 존재하지 않는 문제가 발생한다.

이 부분이 중요하기 때문에 예를 들어 설명하겠다.

육신의 아버지가 아들에게 집에서 임의대로 살라고 하면 아버지를 마음대로 죽이거나 없이할 수 있다는 말인가?

아니다. 아들이 아버지를 임의대로 대하면 하나님의 자기실현의 형상이 없어지고 아버지도 없어진다. 그 결과 아들 자신도 없어지는 것이다.

원형의 하나님 아버지와 모형의 육신적 아버지는 아들이 임의대로 대하는 존재가 아니다. 아버지는 아들의 자유의지와 상관없이 스스로 존재한다. 아버지가 아들을 낳았기 때문이다. 이것을 잊지 말아야 한다. 아들이 아버지를 임의대로 대하면 아들의 임의성에 아버지라는 정신적 요소와 생물학적 성기능과 사회학적 존재의 성이 없어진다. 아들의 자유의지만 있게 되는 것이다. 그래서 하나님은 아담과 생명을 걸고 행위언약을 맺으신 것이다. 부위자강에 이 진리를 적용해 보면 아버지의 본보기의 원형은 창조주 하나님 아버지시다.

현상의 아버지는 하나님 아버지의 정신적 요소와 생물학적 기능과 사회학적 존재를 그대로 본뜬 모습이어야 한다. 이것은 육신의 아비의 정신과 기능과 존재가 아들에게 나타남으로 연결되어 있다. 하나님 아버지는 자신의 형상과 모양을 한 아담의 인식 안에 하나님의 자기실현이 되어 있는 마음을 보실 때 심히 좋아하셨다(창 1:31). 아들 안에 아버지의 자기실현이란 최초의 사람이 창조되면서부터 갖게 된 천성이다. 아들이 자신을 낳은 육신의 아버지를 아버지로 인정하는 마음의 상태이기도 하다. 현상의 아버지가 자신의 아들을 보고 좋아하는 것은 하나님을 닮은꼴이다. 이 부분을 '본보기'에 적용해 보면 현실의 부모는 하나님의 본보기를 자녀들에게 보임으로 행복해지는 것이다. 하나님 아버지도 자신을 닮은 모양과 성질을 가지고 사람이 만물을 다스릴 때 하나님 자신이 다스린 것처럼 좋아하신다. 이런 상태를 사람 안에 하나님의 자기실현이라고 한다.

하나님 아버지는 먼저 남자 아들을 창조하고 만물을 다스리도록 맡기셨다. 하나님의 형상과 모양으로 생육하고 번성하여 땅에 충만하라, 땅을 정복하라, 바다의 고기와 공중의 새와 땅에 움직이는 모든 생물을 다스리라고 하셨다(창 1:28). 하나님을 닮은 아들이 만물을 잘 다스리는 모습에서, 하나님 아버지는 아들을 통해 자기실현을 이루시는 즐거움이 가득하셨다(창 1:31). 아들이 하나님 대신 다스림을 통해서 영광받으시는 것이다. 이때까지만 해도 하나님 아버지와 아들 아담은 심히 좋은 관계였다.

이후 하나님 아버지는 아담의 갈빗대로 아내 하와를 만들어 둘이 연합하게 하셨다. 하나님 아버지와 아들의 관계가 잘 이루어지도록 돕는 배필을 만들어 주신 것이다(창 2:20-24). 부위자강이 잘 이루어지도록 부위부강의 아내를 창조해 주신 것이다. 성장한 남자가 여자를 아내로 맞이하는 모습과 같다. 부위부강의 시작이다. 아내는 남편의 뼈 중의 뼈요 살 중의 살이다. 남편에게 있어서 가장 좋은 자신인 것이다. 그러므로 부위부강이 잘되어야 부위자강이 잘된다. 창조주 하나님 아버지와 아들 아담만 있을 때는 아들이 아버지의 본보기를 따라 말씀대로 순종하였다.

남편 아담은 하나님의 말씀을 아내 하와에게 빠짐없이 전해 주어야 하는 의무를 가지고 있다. 하나님의 자기실현이 남편과 아내를 통해 다음 세대에게 가르쳐져야 한다. 아들은 아버지를 본받아야 하고 딸은, 미혼일 때는 아버지의 본을 따르고 결혼 후에는 자신의 머리인 남편의 본을 따라야 한다. 부위부강이 이루어져야 하는 것이다. 이 부분이 중요하다. 아내인 하와는 하나님의 명령을 따르는 것이 아니라 남편의 명을 따른다는 것이다(고전 11:3). 하나님께서는 여자의 서원誓願 문제에 대해, 결혼하지 않은 경우 아비에게 결정권이 있고 결혼한 경우 남편이 결정권을 갖는다. 남편에게 하나님의 권위를 위임해 준 것이다. 결혼한 아내가 하나님께 맹세를 했어도 남편이 허락하지 않으면 드리지 못한다(민 30:1-16). 고아나 과부나 이혼한 경우는 서원과 서약을 반드시 지켜야 한다. 하나님이 그들의 아비가 되고 남편이 되어 있는 모습이다. 하나님이 태초에 여자를 남자의 갈빗대로 창조하고 그 여자를 다시 남자에게 이끌어서 주신 일과 연관되어 있다(창 2:23-24). 부위자강에 이 진리를 적용해 보면 결혼 전의 아들과 딸은 부모를 따라야 한다(엡 5:22-25, 32). 그러므로 남편과 아내가 하나님을 본받아 자녀에게 가르쳐 주어야 하고 자녀는 또 그 자녀에게 하나님의 본을 보여야 하는 것이다.
육신의 어머니는, 아들이 육신의 아버지에게서 하나님 아버지의 본보기를 보고 배울 수 있도록 가르쳐야 한다. 육신의 딸에게도 아버지의 본보기를 통해 남편을 머리로 알고 돕는 아내가 되도록 가르쳐야 할 사명이 있다. 육신의 어머니에게 아들딸이 태어나면, 아들은 하나님의 본보기를 설명하는 모습이 되게 하고 딸은 남편에게서 하나님의 본보기가 나타나도록 돕는 아내가 되도록 가르쳐야 한다. 이것을 하라고 어머니가 된 것이다. 다시 말해 아버지와 어머니는 생물학적 성기능과 사회학적 존재로서의 성으로 하나님의 정신적 요소의 진리의 본보기를 자녀에게 설명하고 가르치라는 운명적 성격의 호칭이다. 남자와 여자 사이에는 이와 같은 운명적 사명으로서의 존재 이유인 하나님의 본보기가 실현되어 있다.

하나님이 창조하신 가족 구성 관계를 통해 하나님의 형상과 모양이 영원히 사람 안에 보존되게 하려고 특별 조치를 하였다. 그것이 행위 언약이다(창 2:16-17). 언약을 맺으신 이유는 사람의 인식 안에 자신을 창조하심으로 낳은 하나님 아버지를 영원히 잊지 않게 하려는 것이다. 하나님이 기억되어야 죽지 않고 살 수 있기 때문이다. 생명을 주신 하나님이 인식에서 잊혀지면 생명이 없는 것과 같고 정녕 죽게 되어 있는 것이다. 그러므로 부위자강은 단순한 유교 사상의 산물이 아니다. 성경 말씀에서 그 진의를 밝히면 삼강오륜은 하나님의 진리를 담고자 했던 우리 선조들의 노력에 의한 훌륭한 그릇이다. 이제 그 노력이 성경 말씀에서 다시 조명됨으로 한국인과 세계 모든 민족에게 큰 선물이 될 것이다. 창조주 하나님 아버지는 아들딸 같은 남자와 여자와 함께 영원히 즐겁고 행복한 삶을 이루고자 하셨다.

그런데 하나님이 지으신 들짐승 중에 가장 간교한 뱀이 하나님 아버지와 자녀 사이를 갈라놓는다. 뱀의 목적은 하나님과 사람이 맺은 행위언약의 정녕 죽음이 사람 안에서 이루어지게 하는 것이다. 앞에서도 말하였지만 행위언약의 목적은 선악을 알게 하는 나무의 실과를 먹지 못하게 함으로 사람의 생명을 지키려는 하나님의 사랑이다. 뱀은 먼저 거짓말로 여자를 속였다(창 3:1-6).
이후 사람들의 마음에서 하나님이 인식되지 않는다. 하나님이 사람을 창조하며 주신 3요소 중 정신적 요소가 뱀의 거짓말에 속음으로 기능과 존재의 의미까지 변질시켰다. 하나님이 인식되지 않기 때문에 하나님이 보여 주신 본보기도 보일 수 없게 되었다. 그 대신 뱀이 여자를 속여서 갖게 된 뱀의 인식으로서의 거짓 본보기가 극한 이기심을 이루고 마음대로 나타난다. 창조주 하나님 아버지와 피조물인 아들의 관계는 변했다. 현상의 육신의 아버지와 아들도 변하여 뱀을 머리로 하는 본보기를 보이게 되었다. 이 부분을 부위자강에 적용해 보면 전통적 부위자강에서 아버지가 아들을 바로 이끌지 못하는 원인이 되었다. 이제 아들 아담은 하나님 아버지가 보여 주신 본보기를 따라 생각하고 행동하지 않는다. 그 대신 뱀이 여자 아내 하와를 거짓으로 속여서 선악과를 임의대로 먹게 하고 그 남편에게 먹이게 한 거짓의 인식을 본뜨게 되었다. 이후로 하나님 아버지가 곁에 계셔도 아들은 알아보지 못한다. 하나님의 창조하신 만물이 하나님을 설명하고 있지만 아들의 정신적 요소인 영이 뱀의 거짓 영에 사로잡혀 있기 때문에 하나님 아버지를 인지認知하지 못하는 것이다.

이 상황을 알기 쉽게 현실의 아버지와 아들의 관계를 통해 설명하겠다. 어느 날 성장한 아들이 누구를 만나고 오더니 아버지를 몰라본다. 아버지를 정신적 요소와 생물학적 성기능과 사회학적 존재로서의 성에서 알지 못한다. 시간이 지나도 아버지를 전혀 기억하지 못한다. 아들 자신의 태어남과 자라면서 겪은 일이며 수많은 추억도 사라졌다. 아버지가 아들의 인식에서 완전히 삭제되었다. 육신의 겉모습은 그대로 있는데 기억상실처럼 아버지라는 존재에 대한 앎이 없어졌다. 그러나 기억상실과 다른 것이, 하나님은 모르는데 뱀의 인식으로서의 새로운 자신이 있다고 생각하는 것이다. 사람의 3요소 중 정신적 요소가 하나님이 불어넣으신 영에서 뱀이 거짓말로 여자를 속인 거짓의 영으로 변했다. 자신이 임의대로 정의하면 곧 그것이 자신이라 생각하고 행동한다. 하나님 입장에서 보면 정녕 죽을 짓을 계속하면서 결코 죽지 않는다고 하는 것이다. 먹으면 정녕 죽는 독약을 계속 먹으면서도 죽지 않는다고 생각하는 것과 같다. 뱀이 여자를 속인 거짓 인식에서 스스로 하나님이라고 본보기를 보이며 '나를 따르라'고 하는 모양이다. 이것이 전통적 부위자강의 본보기의 모습이기도 하다. 뱀의 거짓이 의도하는 대로 꼭두각시처럼 움직이는 것이다. 이렇게 변한 부위자강의 본보기는 역사의 흐름에 따라 21세기 현재까지 와 있다. 시간이 흐를수록 뱀의 거짓 인식은 더욱더 자신의 본보기가 옳다고 주장하고 있다.

뱀에게 속아서 거짓 인식으로 서로에게 본보기를 보이던 남자와 여자는 하나님께 저주를 받았다. 여자 아내가 받은 벌은 자식을 낳는 것과 잉태하는 고통을 크게 더하는 것과 남편을 사모하는 것과 남편의 다스림을 받는 것이다(창 3:16). 잉태의 고통을 크게 받는 것은 하나님의 본보기를 없이한 죄의 벌이다. 자식을 낳는 것은 하나님의 창조하심으로 받은 생명을 자신이 하나님인 것처럼 낳는다고 생각함으로 겪는 고통이다(창 4:1). 이 체험을 통해 자신이 낳는 것이 아니라 하나님이 생명을 주는 것이라고 알게 하시는 것이다. 이 진리를 잊어버림으로 인해 여자가 어머니 되면 평생 자식 걱정의 고통으로 살다가 죽게 된다. 남편을 사모한다는 것은, 여자 자신이 준 선악과를 먹고 없어진 남편을 그리워하는 벌이다. 하나님의 본보기를 가진 남편은 아내인 여자를 자신의 뼈 중의 뼈요 살 중의 살로 알아서 보호하고 지키며 자신의 몸처럼 사랑하던 남편이었다. 그러나 여자가 뱀의 인식을 남편에게 먹인 후엔 아내를 위하는 것이 아니라 자신을 먼저 위하라고 아내에게 요구하며 다스리는 것이다. 부위부강의 본래적 본보기는 하나님의 본을 따라 아내를 이끄는 모습이다.

아내에게 잘못 도움을 받아 선악과를 임의대로 먹은 남편은 어떤 벌을 받았을까?

남편은 벌이 아니라 벌보다 더 큰 저주를 받았다. 겉보기에는 죄의 책임이 1차적으로 아내에게 있고 남편은 2차적인 것 같다. 그러나 1차적인 책임이 남편에게 있다. 남편은 아내의 머리이기 때문이다(고전 11:3). 남편의 저주는 땅의 저주이다. 경작하는 땅이 남편이 당기는 대로 따르지 않고 저항하는 저주이다. 밭을 갈고 김을 매고 또 매도 끝없이 풀이 나서 없어지지 않는다. 농부는 풀을 다스리지 못해서 언제나 땀 흘려야 하는 것이다. 그렇다고 노동을 하지 않으면 땅의 소산물을 먹을 수 없어서 생명의 위기가 온다. 그나마 땅이 내는 가시덤불과 엉겅퀴는 견딜 만하다. 땅의 저주는 흙으로 지음 받은 사람의 저주이기도 하다. 사람이 말을 듣지 않는다. 아내는 남편의 말을 따르지 않고 자녀는 부모의 말을 순종하지 않는다. 이것이 땅의 저주이다. 아내의 말을 듣고 선악을 알게 하는 나무의 실과를 임의대로 먹은 후 갖게 된 타락의 인식으로서의 생명은 정녕 죽음을 이루는 고통의 삶이다. 육체의 인식의 삶을 살면 살수록 어려움이 많아진다. 만일 타락의 인식으로 평안을 이루면 역설적으로 구원을 이루어야 한다는 필요의 기회마저 없이 하는 상태가 된다. 구원받을 기회마저 없는 평안으로 위장된 정녕 죽음 곧 지옥을 얻게 되는 것이다.

노동을 통해 땀 흘리는 것은 구원받을 기회를 제공받고 있는 상태이다. 노동을 통한 땀 흘림의 저주를 통해 생명을 주신 분이 하나님임을 체험하게 하는 것이다. 평생 노동을 통해 땀 흘려 체험함으로 하나님께 돌아갈 기회를 갖게 된다. 그러므로 노동은 저주이면서 또한 기회가 된다. 하나님이 생명 주심을 알게 하는 기회가 되어 하나님을 더듬어 찾게 되는 수단이 되기도 한다. 땀 흘림으로 얻은 수확의 보람을 통해, 하나님이 때에 맞게 비를 주시지 않으면 농사를 지을 수 없다는 사실을 알게 된다. 그 앎으로 하나님을 더듬어 찾게 되지만 타락의 인식을 주 인식으로 갖고 있는 상태에서는 다시 뱀의 인식의 본능으로 돌아가 버린다. 하나님의 본보기를 기본으로 하는 인식을 갖고 있지 않기 때문에 생명을 유지하는 데 언제나 다시 위기가 닥치는 것이다. 남편이 뱀의 인식의 본능으로 돌아가는 일에 있어서 아내의 도움은 언제나 결정적 원인이 된다. 아내 하와가 받은 벌은 개인적으로 추가되어 있는 벌이다. 생활고의 직접적인 고통은 남편보다 아내가 더 많이 받는다는 것을 생각할 때 남편의 저주는 아내의 저주이기도 한 것이다. 뱀에게 속아서 잘못 도운 아내의 실수는 남편과 자신이 평생 땀을 흘려야만 먹고 살 수 있는 재앙이 되었다. 그러므로 현실의 삶에서 잘살기를 원한다면 하나님을 본떠서 살아야 한다.

뱀의 거짓에 속아 그 거짓말을 본보기로 삼는 남편과 아내는 동침하여 아버지와 어머니가 된다. 본래 '아버지'는 '하나님이 나를 낳았다'는 의미의 호칭이다. 그러나 현상의 아버지와 어머니는 자신이 낳았다고 한다. 타락의 인식에서 임의대로 낳았다는 것이다. 특히 여자 아내가 그렇게 말한다. 앞에서도 말하였지만 자녀는 본래 아버지가 낳는 것인데 여자이면서 아내인 어머니가 낳았다고 한다(창 4:1). 타락의 인식을 가진 어머니 하와가 뱀의 거짓 인식의 본보기를 보이는 아들을 낳았다는 선언이다. 이 말씀에서 육신의 아버지가 언급되지 않고 있음을 주목하길 바란다. 가정의 주도권을 어머니가 잡고 있음을 알 수 있는 부분이다. 육체의 인식에서는 여자가 남자의 머리가 되어 있다. 여자가 주는 것을 남자가 먹은 후로 여자는 계속에서 그 인식을 남자에게 주입하고 있다. 아들의 출생까지도 자신이 낳았다고 선포하는 것이다. 여호와는 여자가 낳았다는 것을 정당화시키기 위해 이용하는 이름일 뿐이다. 여자 아내가 남편을 주장하면 할수록 남편은 좋지 않게 변한다. 타락의 성질을 가진 남편의 변화는 전통적 부위부강에서 아내와 약자를 괴롭히는 원인이 되었다. 처음부터 여자가 뱀의 거짓 인식을 남자에게 먹였기 때문이다(창 3:6). 임금이나 아버지나 남편의 주 인식이 타락한 육체의 인식이 되어 있다(창 3:7). 여자가 타락의 거짓 인식으로 남자를 주장해서 갖게 된 성질이다. 그럼에도 책임은 남자에게 있다고 하였다. 남자가 여자의 머리이고 책임자이기 때문이다.

어머니는 타락의 인식에서 아들을 주장하는 교육을 시작한다. 뱀의 인식의 주입교육을 현상 세계에서 어머니가 대신 행하고 있는 것이다. 어머니는 본래 하나님의 말씀을 사람의 대표로 받은 남자이면서 남편이고 아버지인 아담을 돕는 배필로 창조되었다. 뱀에게 속은 후로는 거짓 인식을 가지고 남편한테 선악과를 임의로 먹이며 이제 아들에게도 먹이는 죄를 계속 짓고 있다. 아버지는 본래 하나님의 말씀과 창조하심의 본보기를 아들에게 보여서 아들이 하나님의 말씀과 본을 따르게 해야 한다. 하나님의 생명의 뜻대로 남자 남편 아버지가 되도록 본을 보여야 할 운명적 책임이 있다. 그런데 이 막중한 책임과 권한을 여자 아내 어머니에게 빼앗겨 버린 것이다. 하나님이 남자 남편 아버지에게 이 권한을 주고 하나님을 설명하라는 형상과 모양을 주셨다. 육신의 아버지는 이러한 창조의 모양이 있음에도 이 모양을 하나님의 본보기대로 나타내지 못하고 타락의 인식으로 표현하고 나타낸다. 하나님이 아버지에게 주신 정당성을 인정받지 못하고 거짓 인식을 한 어머니의 주장에 잡힌다. 본래 남편을 돕는 목적으로 창조된 아내는 하나님의 말씀의 본보기로 남편을 돕지 못해서 남편도 남편답지 않고 아버지도 아버지답지 않고 아들도 아들답지 않게 만들었다. 거짓 인식으로의 주장을 계속하여 하나님 아버지의 본이 남편 아버지로 이어지지 못하게 하고 육신의 남편 아버지의 본이 아들에게로 이어지지 못하게 하는 것이다. 타락의 인식이 여자에게 처음 들어와 남편에게 전달된 것처럼, 아내이면서 어머니인 여자는 21세기 지금까지 인식의 통로가 되고 그 인식을 이루게 하는 충성스러운 노예가 되어 뱀이 시키는 대로 남편과 아들에게 먹이는 것이다.

아내이면서 어머니인 여자 하와는 두 아들을 낳았다. 첫째는 가인이요 둘째는 아벨이다. 가인은 농사하는 자이고 아벨은 목동이다(창 4:2). 농사하는 일과 양 치는 일을 통해서도 알 수 있는 사실이 있다. 농사하는 일은 어머니 하와의 타락의 인식을 많이 받는 생활 구조이고 양 치는 일은 그 인식으로부터 떨어져 있는 구조이다. 세월이 흘러 두 아들은 하나님께 제사를 드렸다. 제사의 겉모양은 차이가 없다. 그러나 영적인 시각에서 그 내면을 보면, 가인은 어머니 하와의 주장에 의한 거짓 인식의 제사이고 아벨은 그 인식에서 벗어난 제사이다. 아벨은 하나님의 일반은총에서 창조하신 본래의 상태, 곧 생기에 의한 생령의 정신 상태에서 제사를 드렸다. 가인은 어머니에게서 받은 타락의 인식에서 드렸다. 이러한 차이를 알 수 있는 것은 가인의 제사는 받지 않고 아벨의 제사는 받으신 것이다. 가인의 제사를 하나님이 받지 않으신 것이 아니라 받지 못한 것일 수 있다. 타락의 인식의 제사는 하나님께 드리는 것이 아니라 자신이 받는 것이기 때문이다. 드린 적이 없다. 드리는 모양은 있지만 내면적이고 영적인 시각에서 보면 어머니 하와가 먹인 거짓의 인식을 드린 것이다. 곧 뱀이 받는 제사이다. 가인이 거짓의 인식으로 성장하였다는 표면적 증거는 제사가 받아들여지지 않는 것을 통해 알 수 있다. 가인은 자신의 제사가 받아들여지지 않음으로 분이 가득하여 얼굴색이 변한다. 타락의 인식으로서의 자기 소원이 실현되지 못하자 화가 난 것이다. 제사를 받지 않았다고 화가 난 것은 가인의 정신의 정체를 나타내고 있다. 그 실체는 뱀의 거짓 정신이다. 그런 모습을 보시는 하나님께서 가인 안에 있는 죄의 소원을 다스리라고 말씀하셨다(창 4:6-7). 가인 안에 있는 죄의 소원의 정체는 어머니 하와가 첫아들에게 많이 준 모성의 사랑이다. 타락의 인식에서 조성된 사랑이다. 그 사랑을 많이 받으면 받을수록 극한 이기심을 갖게 되고 자신밖에 모르는 무서운 사람이 된다. 타락의 인식의 이기심 안에는 그 누구도 존재하지 않는다. 오직 거짓된 허상의 자신이 있을 뿐이다. 자신 안에 있는 뱀의 인식의 죄를 다스리지 못하면 자신뿐만 아니라 주변인들도 피해를 본다. 가인은 죄의 소원을 다스리지 못하고 끝내 동생을 죽인다(창 4:8). 가인이 죽인 아벨은 정신적 요소와 생물학적 성기능과 사회학적 존재로서 정신적으로 하나님의 생기에 의한 생령을 가진 하나님의 자녀와 같다. 하나님의 형상이면서 부모의 아들이고 자신의 동생이다. 그러므로 이것은 영적인 충돌이기도 하다. 하나님이 주신 생령과 뱀이 여자를 속여서 갖게 한 뱀의 정신과의 격돌이다. 하나님의 생명은 죽이고 뱀의 거짓 인식의 소원인 정녕 죽음을 나타낸 것이다. 가인은 어머니가 타락의 인식으로 조성한 임의대로의 극한 이기심의 사랑을 많이 받고 자랐다. 어머니의 많은 사랑은 많은 죄의 소원을 이루었고 그 결과 자신의 혈육인 동생을 죽였다.

가인이 타락의 인식으로 양육 받은 것은 어머니를 통해서만이 아니다. 아버지 아담도 이미 뱀의 인식에 잡혀서 어머니의 주관 아래 있다. 아담 아버지는 하나님과의 언약을 어겼을 뿐 아니라 하나님이 보여 주신 본보기로서 아버지가 자녀를 낳는 모형의 정당성을 인정받지 못한다(창 4:1). 아내이면서 어머니인 여자 하와에게 자녀 출생에 대한 정당성을 빼앗긴 상태이다.

21세기 현재 부모들이 자녀에게 주는 사랑의 정체는 뱀의 인식을 이룬 어머니 하와의 사랑이다. 그 사랑을 많이 받으면 받을수록 부모를 부정하고 형제간에는 싸움이 끝없을 것이다. 뱀이 사람을 속여 정녕 죽음을 이루려는 목적의 거짓 사랑이기 때문이다. 이 사건은 인류 역사에 있어서 첫 가정에서 벌어진 첫 친족 살해 사건이다. 가인이 죽인 것은 동생 아벨이지만 그 성질을 따져 보면 하나님도, 부모도 모두를 죽인 것과 같다. 가인은 아버지가 하나님으로부터 받은 땅의 저주를 이어받게 된다. 그리고 자신이 동생을 죽인 것처럼 사람들이 자신을 죽일 것이라는 공포심에 사로잡힌다(창 4:13-14). 타인의 손에 죽을 수 있다는 두려움의 정체는 뱀이 사람 마음속에 거짓으로 이룬 것이다. 하나님이 창조하신 생명의 인식을 없이하고 그 자리에 정녕 죽음의 공포심을 조성하였다. 하나님은 생명을 보존하기 위해 언약을 맺었는데 뱀은 정녕 죽음을 이루기 위해 속이는 것이다. 마귀가 조성한 두려움에 잡히면 늘 불안하고 초조하며 지나치게 자신을 보호하려는 경향이 있어서 공격성을 띠게 된다. 더구나 타락의 거짓 임의성에서 발의되는 극한 이기심의 바탕 위에 조성된 공포심은 상대를 죽이는 결과를 낳는 것이다. 가인이 자신의 동생을 죽인 것은 그런 심리 상태를 가지고 있었다고 볼 수 있다. 자신이 임의대로 생각하고 마음대로 헤아리며 하고 싶은 대로 의심하는 상태가 되었다. 그것은 하나님이 주신 자유의지가 아니다. 뱀이 거짓으로 속여서 갖게 한 정녕 죽음의 자유의지이다. 늘 불안하고 초조해서 너그럽고 친절할 수 없다. 자신이 임의대로 자기를 지키고 보호해야 되기 때문에 늘 긴장되어 있어서 쉼을 얻지 못하는 것이다. 그런 인식은 모든 사람을 오염시키고 세상은 뱀의 인식으로 가득하게 되어 있다. 뱀이 조성한 정녕 죽음은 세상 종말이 임할 때까지 계속될 것이다. 이 부분에서 이 사건을 삼강에 적용해 보면 유교의 삼강인 군위신강, 부위자강, 부위부강은 사람의 생명인 하나님의 본보기를 보이지 못하는 한계를 처음부터 가지고 있었다고 볼 수 있다.

가인이 아벨을 죽인 사건에서 아버지가 등장하지 않고 있다. 이 모든 일의 책임은 남편이면서 아버지인 남자에게 있다. 남자가 하나님으로부터 책임을 맡았기 때문이다. 그러나 거짓 인식의 아내요 어머니인 여자에게 이미 잡혀 있으므로 책임지지 못한다. 아무도 책임질 수 없고 문제를 해결할 수도 없다. 그렇다 보니 가장 큰 피해를 보신 하나님이 나서서 수습하신다. 가인이 죽인 아벨 대신 하나님은 새로운 아들을 아담에게 주심으로 일을 시작하신다(창 4:25-26). 뱀의 거짓이 들어온 과정은 뱀→여자 하와→가인이지만 하나님의 구원은 하나님→아담→셋→노아→아브라함→이삭→야곱→다윗→예수님으로 이어진다. 구속사의 인물들에게도 거짓 인식의 공격은 계속되었다. 여자 하와가 낳은 후손은 뱀의 거짓말이 조성한 정녕 죽음을 이루고 있다. 남자 아담이 낳은 후손은 타락의 인식을 가지고 있지만 하나님을 알아보며 생명을 낳는 통로가 된다. 신학적으로 두 갈래를 타락사와 구속사로 분류하고 있다. 그러나 구원의 역사가 함께하고 있음에도 불구하고 타락의 인식이 사람을 사로잡고 있다. 그 모습을 보신 하나님은 한탄하셨다(창 6:5-6). 타락의 인식이 사람을 항상 장악하고 있다는 말씀이다. 하나님도 하나님의 자녀인 사람을 포기할 수 없다. 그래서 타락의 인식이 가득하여 정녕 죽음이 만연된 상황 속에서도 셋의 후예인 노아를 준비시키셨다. 노아는 정신적으로는 하나님을 섬기는 하나님의 영의 사람이요 생물학적 성기능과 사회학적 존재로서의 성은 남자이면서 남편이고 아버지이다. 노아를 통해 방주를 만드시고 노아의 후손만 들이신 후에 세상을 물로 심판하셨다(창 8:1-12). 노아는 타락의 인식 속에서 사람들의 마음과 계획이 항상 악한 중에도 완전한 자였다(창 6:9). 하나님→아담→셋→노아로 이어지는 하나님의 본보기의 흐름은 노아에게서 의인이라는 성과를 나타내었다. 하나님이 하신 구원의 역사가 노아에게서 나타난 것이다. 노아는 하나님의 말씀대로 방주를 지었다(창 6:22). 노아를 움직이는 주된 인식이 하나님의 말씀이라는 것이다. 뱀의 인식이 일반화되어 온 땅이 하나님 앞에 우악스럽고 사납지만(창 6:11) 노아는 하나님의 말씀의 본보기를 따르고 순종한 것이다. 그러는 중에 하나님은 세상을 물로 심판하셨다(창 8:1-24). 방주에서 나온 노아의 세 아들 셈과 함과 야벳을 통해서 백성이 온 땅에 퍼졌다. 홍수 이전의 사람은 노아의 가족만 남고 모두 죽었다는 말이다. 새로운 인류가 노아를 통해서 다시 시작된 것이다. 타락의 인식을 한 사람들이 다 죽음으로 하나님이 인류에게 들어온 타락의 인식을 대대적으로 정화하신 것이다. 당세의 의인인 노아를 통해서 세상을 다시 세우려고 하신 것이다.

그러나 노아도 하나님 말씀의 본보기를 그대로 실천하지 못하는 한계를 가지고 있었다(창 9:20-23). 포도주를 마시고 취해 실수하였다. 이것은 단순한 실수가 아니라 심판 후에 정화된 인류에게 뱀의 인식이 들어오는 통로가 된다. 완전한 자요 의인인 노아가 술에 취해 보인 부위자강의 본보기는 하나님이 보이신 말씀의 본보기가 아니다. 뱀이 여자를 속여서 인류에게 보인 본보기이다. 노아는 보여서는 안 되는 본을 보인 것이다. 문제는 육신의 아버지가 실수하여 잘못 보인 본보기를 타락의 인식으로 본 함이, 형과 동생도 같은 인식으로 아비의 죄 된 모습을 보고 본받도록 선동했다는 것이다. 노아가 술이 깬 후에 작은 아들이 자기에게 행한 일을 알고 셈과 야벳의 종이 되게 하는 저주를 하였다. 특히 셈이 창대케 되기를 소원하였고 야벳이 셈의 장막에 살게 하였다(창 9:24-27). 앞에서도 말하였지만 이 일은 단순한 가정사가 아니다. 물 심판 이후 새롭게 세워지는 인류사의 시작이다. 뱀→여자 하와→가인→함으로 이어지는 타락사와 하나님→아담→셋→노아→셈으로 이어지는 구속사의 갈림을 말해 주기도 한다. 술에 취한 노아는 자신 안에 잠재된 타락의 인식을 함에게 보였다. 함은 육신의 아버지의 본을 봄으로 타락의 인식에 잡히고 저주 받게 되었다. 그래서 아버지는 아들에게 하나님의 말씀의 본보기를 실수 없이 보여야 할 책임이 있는 것이다. 타락의 인식은 여전히 영계와 현상계에서 사람을 속이려 기회를 보고 있기 때문에 영적으로나 현상적으로나 깨어 있어야 하는 것이다(벧전 5:8-9). 물 심판 후에 뱀의 인식은 삼킬 자를 찾고 있다. 이렇게 타락의 인식으로 세상이 흘러가는 중에도 하나님의 구속의 은혜는 인류사의 흐름 속에서 구원의 역사를 멈추지 않았다. 그것은 셈의 후예 중에 믿음의 조상 아브라함이 태어남으로 증명되었다(창 11:27).

아브라함은 하나님 말씀을 순종하는 사람이다. 독자 이삭을 번제물로 바치라는 하나님의 말씀에 즉시 순종하여 믿음을 보인다. 하나님의 말씀을 그대로 즉시 순종하는 것이야말로 하나님을 원형으로 하는 부위자강의 본보기를 아들에게 분명히 보인 것이다. 하나님은 이런 아브라함의 믿음을 인정하신다(창 22:12).

아버지 아브라함이 보인 본보기를 받은 이삭은 자신의 두 아들에게 하나님의 본보기를 바로 보이지 못한다. 야곱이 사회학적 존재로서의 성인 장자의 명분을 죽 한 그릇으로 산 것과 아버지가 형에게 주려는 축복을 가로챈 일은 하나님의 본보기가 아니라 타락의 인식에서의 모습이다. 어머니 리브가는 하와를 꼭 닮았다.

야곱의 경우는 좀 특이하다. 하나님으로부터 직접 말씀의 본보기를 체험한다. 외삼촌 라반은 야곱의 품삯을 열 번이나 속였는데(창 31:7, 41) 하나님이 야곱의 권리를 찾아 주신다. 야곱은 아버지에게 받지 못한 사랑을 요셉에게서 실현하려 한다. 그러므로 다른 아들들은 상대적으로 아버지의 사랑을 받지 못한다. 그 결과 요셉은 형들의 시기, 질투, 미움을 받고 애굽에 팔리게 된다. 현상의 아버지의 부위자강이 하나님 말씀의 본보기를 보이지 않으면 가정은 죽음의 고통에 통곡하는 것이다(창 37:31-35).

다윗은 혈연적으로 예수님의 28대 조상이다. 하나님의 마음에 합한 사람이었다(삼상 13:14, 행 13:22). 또한 타락한 사람의 정신세계를 알고 있었다(시 14:1-3). 그런 그가 한순간에 무너진다. 타락의 본능에 잡힘으로 자녀와 나라에 끔찍한 고통을 안긴다(삼하 12:14). 다윗을 사로잡은 죄의 인식은 자녀에게 유전된다(삼하 11:11-19). 유전된 죄의 성질은 성범죄이다(삼하 13:28-29). 마귀에게 틈을 보인 결과 아들 압살롬을 전장에서 죽게 한다. 한순간 뱀의 거짓에 속아 성욕에 사로잡혀 잘못 보인 본보기는 자녀와 가정과 나라에 정녕 죽음이 들어오는 통로가 된다(롬 3:10-12). 이 부분을 부위자강에 적용해 보면 아버지의 본보기를 보이는 대로 자녀가 닮는다.

신약성경을 많이 기록한 사도 바울 역시 자신 안에 뱀의 인식과 예수를 믿어서 갖게 된 마음이 공존하며 서로 대적하는 것을 안다. 뱀이 거짓으로 여자를 속여 갖게 된 타락의 인식이 선한 마음을 사로잡는다며 한탄하고 있다(롬 7:21-24). 말씀을 어길 때마다 타락의 인식에 잡혀서 끌려가는 자신을 보며 탄식하는 것이다.

그러므로 바울은 예수님을 바라본다. 오직 예수님만이 자신을 뱀의 인식의 함정에서 구해 주셨기 때문이다(롬 7:25). 타락의 인식을 벗어날 수 있는 길은 오직 예수님을 믿는 것뿐이다(요 1:12-14).

믿는다는 말에는 오해가 있을 수 있다. 예수를 영접함으로 믿는 것과 지식적으로 믿는 것은 다르다. 영접은 손님을 맞아서 접대하는 일이다. 믿음은 꼭 그렇게 여기어 의심하지 않다는 뜻이다. 영접은 사람과 사람이 인격적으로 만나서 교제하는 것을 말하지만 믿는 것은 만나지 않더라도 어떤 사람이나 일에 대해 의심 없이 알고 있다는 의미가 강하다. 뱀에게 속아 갖게 된 거짓 인식에서 예수님을 의심 없이 잘 알고 있다고 믿는다면 기독교에서 말하는 믿음인지 살펴보아야 한다. 타락의 인식에서 예수님을 잘 아는 것이 기독교의 믿음의 전부가 아니다. 그러나 영접함으로 믿는 것은 예수님을 자신 안으로 모셔 드리고 인격적으로 접대하는 믿음이다. 영접한다면 직접 만나 눈앞에 있는 손님 중심으로 대하는 것이다. 손님을 모셔 놓고 자기 하고 싶은 대로 하지 않는 것이다. 무엇을 좋아하는지 싫어하는지 살피고 손님이 원하는 대로 접대하고자 노력하는 것이다. 예수님이 눈앞에는 보이지 않지만 실제 정신적 요소인 성령과 연합되어 생물학적 성기능과 사회학적 존재로서의 성이 새롭게 변화되고 있는 상태이다. 그저 자신의 생각에서 예수님을 아는 상태가 아니다.

예수님을 영접하는 것은 자신을 창조하신 하나님 아버지를 영접하는 것이고, 만왕의 왕인 그분의 아들을 영접하는 것이고, 영적으로는 자기 신랑을 영접하는 것이고, 정녕 죽은 자신을 다시 살게 한 구원자를 영접하는 것이고, 새 생명의 성령을 보내 주는 중보자를 영접하는 것이고, 예수님의 구원의 은혜를 자신에게 적용하고 가르치며 보호하는 성령 하나님을 영접하는 것이다. 예수님이 자신의 머리임을 인정하여 말씀을 부정하거나 거부하지 않고 복종하겠다는 영접이다. 예수님이 보이신 부위자강의 본보기를 따르겠다는 영접이다. 뱀이 거짓으로 사람을 속여서 갖게 된 타락의 인식으로는 어떤 말이나 행동도 하지 않겠다고 다짐하고 고백하는 영접이다. 예수님이 타락의 인식의 세계를 다 이기신 승리자임을 인정하고 따르겠다는 절대 복종의 표시로 납작 엎드려 영접하는 것이다.

영접의 믿음과 뱀의 인식에서 예수님을 알기만 하는 지식적 믿음은 같을 수 없다. 예수님을 믿는다고 하면서도 영접하지 못하는 것은 자신 안에 다른 주인이 아직도 여전히 존재하기 때문이다. 그 존재의 정체는 바로 여자를 거짓으로 속인 뱀의 거짓 인식이다. 필자는 육체의 인식이라고 한다. 뱀의 거짓 인식의 다른 이름이다.

예수님이 이루신 구원의 은혜를 자신 안으로 가져와서 자기 것으로 만들어야 한다. 다른 말로 하면 신랑 되신 예수님을 영접하여 자신의 신랑이 되게 해야 한다는 것이다. 그런데 자신 안에는 다른 신랑이 떡하니 버티고 있다. 예수님이 문을 좀 열어 달라고 해도 열어 주지 않는다. 신부는 아직 타락의 인식이라는 신랑을 인정하고 사랑하기 때문이다. 입으로는 믿는다고 말하며 예수님이 자신의 신랑이라고 하지만 속마음으로는 뱀의 거짓말에 속아 임의대로 행사하는 자유의지의 인식이 자신의 머리이고 신랑인 것이다. 예수라는 신랑이 밖에서 추위에 떨고 있어도 문을 열어 주지 않고 관심조차 없다. 그저 예수가 자신의 신랑이라고 대내외적으로 이용하여 사회학적 존재로서의 성에서 죄를 면하는 해택만 보겠다는 심보인 것이다.

이것이 믿음인가?

이것은 사람을 속이고 사기 친 타락의 인식의 또 다른 모습일 뿐이다. 이런 거짓 믿음은 예수님이 주신 믿음이 아니다. 뱀이 거짓말로 속인 정녕 죽음의 믿음이다. 창세기 3장 1-7절에 기록되어 있는 거짓 인식을 벗어나지 못하고는 예수님의 구원의 은혜는 자신의 구원이 될 수 없다. 왜냐하면 자신 안에는 다른 신랑이 있기 때문이다. 다른 신랑을 쫓아내야 한다. 거짓 신랑을 몰아내려면 예수님이 그랬던 것처럼 하나님의 말씀에 절대 순종함으로 예수님의 구원이 자기 속으로 영접되어 자신의 영적 신랑이 되어야 한다(롬 8:1-17).

뱀의 거짓 인식에 잡혀 있는 사람을 육신이라고도 한다. 육신의 인식을 하고 있는 사람은 뱀의 거짓 인식이 주 인식이다(창 3:7). 그 사람들은 하나님을 알지 못하고 알 수도 없다고 기록되어 있다. 문제는 하나님을 믿는다는 사람들이 육신의 인식을 가지고 예수님을 믿는다는 것이다. 그러나 예수님을 영접함으로 믿으면 성령의 인식으로 예수님을 믿는 것이 된다. 성령의 인식과 육신의 인식은 서로 대적하는 관계이므로 하나가 될 수 없다(갈 5:16-17). 예수님을 믿으면 두 소욕이 있게 된다. 육체의 소욕이 강하면 성령의 소욕이 약화되고 성령이 강하면 육체가 약화된다. 거짓 인식으로 예수님을 믿는 사람의 자유의지에서 일어나는 현상이다. 누구나 뱀의 거짓 인식에 이미 잡혀 있다. 그 인식에서 벗어난 사람은 오직 예수님뿐이다. 그래서 예수님을 믿어야 하고 믿음이 자신 안으로 들어오는 문제가 해결되지 못해서 어려움을 겪는 것이다. 이 문제를 이제는 해결해야 한다.

처음 예수님을 믿을 때 간혹 성령의 강권적인 경우도 있지만 뱀의 인식의 자유의지로 믿는 경우가 대부분이다. 마귀의 인식의 자유의지적 지식에서부터 시작한다. 타락 이후에 갖게 된 자유의지는 뱀이 사람 안에서 진의를 왜곡하고 거짓말로 속여서 갖게 된 것이다. 선악과를 임의대로 먹으면 선악도 임의대로 다스리는 신과 같이 된다. 신과 같이 되면 창조주 하나님과 피조물인 사람의 구별이 없어진다. 구별이 없으면 사람의 인식에서 하나님이 필요하지 않게 되고 하나님이 필요 없으면 하나님은 사라진다. 하나님이 존재하지 않으면 사람도 없어지는 결과를 낳게 된다. 하나님이 사람을 흙으로 창조하여 그 코에 생기를 불어넣음으로 생령이 되었기 때문이다(창 2:7). 하나님이 생명을 주셨다는 것이다. 생명을 주신 하나님이 존재하지 않으면 사람의 삶이란 생명 없는 상태가 되어 없어지는 것이다. 그래서 선악과를 임의대로 먹으면 하나님 아버지를 뱀의 인식의 자유의지대로 먹는 것과 같이 된다. 하나님을 임의대로 먹는다는 것은 하나님을 마음대로 죽인다는 말이 되는 것이다. 하나님을 임의대로 죽이면 자신을 마음대로 죽이는 것이다.
하나님이 사람의 생명을 지키려고 행위언약 속에 '정녕 죽음'이라는 내용을 조건으로 넣으셨다. 이것은 선악과를 임의로 먹으면 자신이 정녕 죽기 때문에 먹지 말라는 것이다. 사람을 죽이게 되니 먹지 말라는 말씀이다. 사람을 살리기 위한 조건인 것이다(창 2: 16-17). 임의대로 먹지 말라는 것은 자유의지대로 먹지 말라는 말씀이다.

자유의지의 사전적 의미는 다음과 같다. (윤) 인간의 의지는 외부의 구속이나 제약을 받지 않고 제 스스로 어떤 목적을 세우고 실행할 수 있다는 의지, (심) 두 가지 이상의 동기에 대해 그 선택과 결정은 자신에게 있으며 이를 자유로이 선택할 수 있다는 의지, (종) 인간이 신에 의해 창조될 때부터 부여됐다는 의지, (철) 유심론에 근거를 두어 우주의 일체는 정신의 소산이므로 정신이 목적을 가지고 스스로 생각하고 결정하는 의지이다. 윤리적 시각의 자유의지는 하나님 말씀의 본보기가 없어진 상태에서 조성된 것이다. 심리적 시각도 하나님의 말씀을 없이한 뱀의 거짓에서 만들어진 것이다. 종교적인 것 역시 하나님의 말씀을 없이한 뱀의 거짓에서 이루어진 것이다. 철학적 시각도 마찬가지로 하나님의 말씀을 없이한 타락의 인식에서 조성된 마음을 기반으로 하고 있다.

하나님께서는 사람을 하나님의 형상과 모양대로 창조하셨다. 하나님의 임의성, 곧 자유의지를 본보기로 창조하셨다는 말씀이다. 그러나 자유의지를 가지고 살되 오직 선악에 대해서는 자유의지를 적용하지 못하게 하셨다. 선악에 대해서도 자유의지를 가지면 사람과 하나님의 차이가 없게 된다. 하나님과 사람이 같으면 사람의 근본이고 원형이신 하나님이 사람 안에서 사라지게 되는 것이다. 하나님과 사람의 차이가 없으면 저마다 신이 되어 마음대로 행동하는 자유의지를 발생시킴으로 그 임의성에 서로가 서로를 죽이는 정녕 죽음을 갖게 된다. 이런 이유로 하나님은 자유의지를 갖되 선악을 알게 하는 나무의 실과만은 임의대로 먹지 말라고 목숨을 걸고 한 일방적 명령이다. 다른 각도에서 설명하면 '하나님에 대해서는 마음대로 먹지 말라. 다시 말해 죽이지 말라.'는 말씀이다. 먹지 말라는 것은 죽이지 말라는 것과도 같은 의미가 있기 때문이다. 하나님은 피조물인 사람에게 '다른 것은 자유의지대로 다스리되 나(하나님)는 임의대로 마음대로 자유의지대로 먹지 말고 죽이지 말라'는 말씀이다. 하나님의 형상과 모양을 하고 있는 사람에 대해서도 마음대로 죽이지 말라는 말씀이다. 사람의 3요소인 정신적 요소와 생물학적 성기능과 사회학적 존재로서의 성 역시 임의대로 변질시키거나 죽이지 말라는 것이다. 그러나 태초의 사람은 뱀에게 속아서 하나님의 말씀을 임의대로 하였다. 현상의 삶과 정신세계 인식에서 하나님을 죽인 것이다. 정녕 죽은 인류를 구원하시려고 오신 하나님의 아들 독생자까지 뱀의 인식의 자유의지대로 십자가에 못 박아 죽였다. 선악과를 임의대로 먹은 것이다. 예를 들어 아버지가 자녀를 낳고 '너는 자유롭게 자유의지를 가지고 살되 나는 네 마음대로 죽이지 말라'고 하는 것은 너무 당연한 것 아니냔 말이다.

이것이 하나님이 인간을 제한하거나 억압한 말인가?

전혀 아니다. 하나님이 사람에게 잡아먹히면 모두 정녕 죽게 되기 때문에 살게 하고자 행위언약을 선언하신 것이다. 사람의 중심은 하나님이시다. 하나님이 없어지면 사람의 생명도 사람다움도 없어지는 것이다. 사람 안에 하나님을 다시 회복시키기 위해 예수님이 세상에 오셨다. 예수님을 믿으면 구원을 받는다. 사람다운 새사람이 나온다는 말이다. 그러나 믿음에 문제가 생겼다. 뱀의 인식으로 예수를 믿기에 죽음이 떠나지 않고 계속 역사하는 것이다. 그러므로 예수님을 믿되 영접함으로 믿으라고 하였다. 영접함으로 믿는다는 것은 자유의지를 하나님의 말씀에 복종시킴으로 믿는 것이다. 자유의지가 성경 말씀에 복종하는 믿음이다. 성령이 임하시면 자유의지가 성령에 의해 다스려지고 복종한다. 성령이 진정한 생명의 영이기 때문에 거짓된 뱀의 영은 다스려지는 것이다. 빛이 임하면 어두움이 물러나는 이치와 같다고 하겠다(고전 2:10-16).

예수를 믿는 것은 사람의 3요소 중 정신적인 요소에서 새로운 정신이 잉태된 것과 같다(마 1:18). 그러므로 하나님이 예수님을 보내 주신 본보기를 따라 성령으로 믿어야 한다. 성령이 자신 안에 들어와 잉태되어서 생각과 행동으로 나타나야 한다. 뱀이 자신 안에 조성한 임의대로의 자유의지가 성령에 의해 지배 받아야 한다. 성령에 의해 통제되고 다스려지는 실제적인 행동이 뒤따라야 한다. 타락의 인식의 자유의지는 성령에 복종하여 하나님의 말씀이 하라면 하고, 하지 말라면 하지 않는 것이다. 사람의 3요소인 정신적 요소와 생물학적 성기능과 사회학적 존재로서의 성에서 정신적 요소가 변질되어 있으므로, 성령이 임하셔서 정신을 바로잡고 다스리면 생물학적인 것과 사회학적인 존재가 바로잡힌다. 만일 그렇지 않고 여전히 자기 마음대로 타락의 인식으로 행동한다면 예수님을 믿는 것이 아니라 믿는 척하는 것이다. 그런 사람에게 속아서는 안 된다. 그 마음속에는 타락의 인식이 사람들을 정녕 죽음으로 끌어가려 도사리고 있다. 이 부분을 부위자강에 적용해 보면 진정한 육신의 아버지가 보이는 부위자강은 성령 하나님의 가르치심으로 본을 보이는 것이다. 하나님 아버지가 창조하신 본래의 본보기를 잃어버린 육신의 아비가 예수를 믿음으로 새로운 아버지가 되고 성령의 깨닫게 하심으로 그 행위가 변화하여 나타내는 본보기라야 진정한 부위자강의 벼리로서 자녀를 이끌 수 있는 아버지가 된다(엡 2:1-10).

한국의 혼과 같은 삼강의 부위자강은 이제 예수 믿는 믿음 안에서 다시 살아났다. 성령의 가르치심으로 하나님 말씀을 깨닫고 보여 주는 육신의 아버지의 본보기는 하나님의 모형으로서 자녀에게 주시는 하나님의 축복의 통로이다. 현상의 아버지는 하나님의 권한을 위임 받은 자이다. 그러므로 아버지의 사랑을 받지 못한 사람은 불행한 사람이다. 이제 아버지도 자신이 누구이고 무엇인지 분명히 알아서 자신도 복된 삶을 이루고 자녀에게 하나님을 설명하는 부위자강의 벼리가 되어야 한다. 육신의 아비를 통해 하나님 아버지의 본보기의 가르침을 받지 못한 아들들이 뱀의 거짓에 잡혀서 정녕 죽음으로 끌려가는 것을 보고만 있어서는 안 된다. 만일 이 글을 읽고도 하나님 아버지가 보이신 부위자강의 본보기를 회복하지 않는다면 뱀의 '결코 죽지 않으리라'(창 3:4)는 거짓말에 속아 정녕 죽음(창 2:16-17)을 영원히 이룰 것이다.
지금 예수를 영접함으로 믿어서 성령 충만한 아버지가 되길 바란다. 그래야 아들이 아버지가 보이는 본보기를 통해서 생명의 성부, 성자, 성령 하나님을 만나게 될 것이다(요Ⅰ 5:4-5).

여전히 세상은 우리 앞에 있다. 현상으로도 있고 정신세계로도 있다. 자신의 마음속에도 있고 타인의 마음에도 있다. 뱀의 거짓 인식에 속아서 갖게 된 자유의지로는 세상을 이길 수 없다. 그러나 이길 수 있도록 하나님 아버지께서 예수님을 성령으로 잉태시키고 사람의 몸을 입혀 세상에 보내셔서, 누구든지 예수 믿으면 구원을 얻게 하셨다(벧전 2:24-25). 죄에 대하여 죽었다는 것은 뱀이 여자를 속여서 갖게 한 타락의 인식의 죄를 예수님이 해결하셨다는 말이다. 정녕 죽음의 문제를 예수님이 홀로 희생양이 되어 십자가를 지고 해결하셨다. 새 생명인 성령으로 예수를 믿으면 구원을 얻게 하셨다(행 16:31). 주의할 것은 타락의 인식에 속아서 예수를 믿으면 안 된다는 것이다. 뱀은 사람이 어떻게 하든지 자신을 위하는 이기적인 마음으로 예수를 믿게 한다. 그렇게 믿으면 뱀에게 또 속는 것이다.

자신을 위하지 말고 하나님을 위하라!
하나님을 위하는 마음이 있다면 성령이 함께하고 있다고 할 수 있다. 뱀의 소욕은 하나님을 위하지 않기 때문이다. 언제든지 자신을 위하는 기복적 신앙으로 이끄는 경향이 있다.
뱀의 인식은 예수님이 성령의 정신과 생물학적 생식기능과 사회학적 존재의 사람으로 세상에 오신 것을 부정한다(요Ⅱ 1:7-8). 인정하면 창세기 3장 1-7절에 기록되어 있는 뱀의 거짓말이 들통 나기 때문이다. 뱀의 거짓말을 기반으로 하는 자유의지로서의 자신이 없어지는 것이다. 사람들은 타락의 인식으로서의 자신이 없어지는 것을 싫어하여 예수님의 성육신成肉身을 부정하는 것이다. 그러나 분명히 알아야 한다. 예수님이 육체로 오심을 부정하면 자신도 영원히 없어진다. 진정한 자신은 예수님이 사람으로 오심을 의심 없이 믿음으로만 나타나기 때문이다. 이 부분을 부위자강에 적용해 보면 예수님이 육체로 오셔서 자신을 대신해 희생양이 되신 것을 믿는 아버지만이 진정한 부위자강의 본보기를 보이는 사람이 된다는 말이다.

왜 예수를 믿어야 하냐고 묻는 사람들이 있다. 또 기독교는 왜 예수만 믿어야 구원받느냐고 묻는다. 예수님만 사람을 구원하셨기 때문이다. 다른 이름을 준 적이 없다(행 4:12). 예수님만이 정신적으로는 성령의 정신을 가지고 있으며 생물학적 성기능으로는 최초의 남자를 대신하고 사회학적 존재로서의 성에서 인류의 존재를 대신하였다. 다른 이름은 없다. 하나님이 한 분이신 것처럼 그분의 독생자도 한 분이다. 한 사람 아담이 뱀에게 속아서 죄가 들어 온 것처럼 한 분 예수를 통해서 더 좋은 생명이 다시 들어온 것이다(고전 15:20). 예수님이 부활의 첫 열매가 되신다. 죽었다가 다시 사신 분은 예수님뿐인 것이다. 죽은 자를 살리신 분도 예수님뿐이다(요 11:43-44). 예수님을 믿고 안 믿고는 여전히 뱀의 거짓에 속아서 갖게 된 사람의 자유의지의 결심에 달려 있다. 그러나 예수를 믿으면 반드시 다시 하나님께서 보이신 부위자강의 생명의 본보기를 보일 것이다. 그리고 하나님의 생명의 본보기인 부위자강을 보이는 아버지는 자녀를 영생의 복으로 이끌게 될 것이다.

부위부강
夫爲婦綱

- 전통적 견해

부위부강은 '남편의 아내는 그물을 당기는 밧줄이 된다'고 하였다. 이 말의 본래 의미는 남편이 아내에게 하나님의 본보기를 보임으로 이끈다는 것이다. 그러나 본래의 의미가 시대의 흐름에 따라 변하여 본보기는 없어지고 '아내는 남편을 섬기는 것이 근본이다'가 되었다. 필자는 군위신강과 부위자강에서 벼리 강綱의 벼리를 '본보기'로 해석하였다. 본보기란 본本(밑, 뿌리, 기초, 근본, 기원, 근원, 바탕, 원형, 소지)과 보기가 합쳐진 말이다. 부위부강에서도 본보기라는 말을 적용하겠다.

남편이 아내라는 밧줄을 당기는데 아내가 말을 듣지 않는다. 오히려 아내 자신의 뜻을 따르라고 주장한다. 본래 남편이 잡아당기게 되어 있는데 아내가 이를 거부하고 도리어 남편을 잡아당기는 현상이 일어난 것이다. 아내의 주장은 강해지고 남편은 그 강력한 요구를 이길 힘이 없다. 아내의 요구를 들어주자니 자신의 정체성이 죽는 딜레마에 빠진다. 아내의 주장은 갈수록 강해져서 이를 다스리려면 강제력이 동원된다. 때로는 완력으로 나타나고 강제로 끌어가는 현상이 있게 된다. 이런 현상은 정치권력을 위해 삼강이 활용되기도 하였다. 삼강을 통하여 국민을 효과적으로 다스리겠다는 의도이다. 이러한 일들은 부위부강의 본래 진의와는 다르게 적용된 것이다. 조상들이 하나님도 모르고 정신적 요소가 타락했다는 것도 몰라 임의대로 조선 500년 동안 본보기를 보인 것이다. 그러므로 이러한 일은 그 행위의 정당성을 갖지 못해서 뭇사람의 비판을 받고 힘을 잃어가고 있으며 변형되어 나타나고 있다. 세상의 모든 일이 그렇듯이 드러난 것의 진의를 몰라서 사람의 마음에 내재되어 임의대로 작동하는 뱀의 인식에 따라 '이것이 본보기니 나를 따르라'고 한다. 전통적 부위부강도 그렇게 발전되었다.

본래 부위부강은 그렇지 않다. 우리 조상들이 삼강을 선택한 것은 인륜을 이루는 사람의 도리, 곧 진리를 닮을 수 있다고 여겼기 때문이다. 부위부강은 진리를 담을 수 있는 윤리와 도덕을 가지고 있다. 도道와 덕德이란 본래적인 본기기를 말한다. 본래적 본보기는 사람을 창조하신 하나님의 형상과 모양에서 알 수 있을 것이다. 도와 덕의 진의는 성경적 견해에서 밝혀질 것이다. 부위부강은 단순하면서도 간결하고 그 진의는 근원의 마음을 담을 수 있는 그릇이라고 생각한다. 그러나 이것을 잘못 사용함으로 정녕 죽음의 죄를 짓는 도구가 되고 사람을 죽이고 괴롭히는 함정이 되었다. 성경이 삼강오륜을 조명하면 인구절벽을 맞은 한국이 위기를 벗어날 수 있다. 부위부강의 진의를 바로 알고 사용하면 남편의 좋은 본보기를 아내가 받아들여 자녀가 생산되고 나라가 살아날 수 있는 것이다. 전통적 부위부강은 다시 한국을 살리는 좋은 그릇이 될 수 있다. 잘못 사용된 부분을 성경 말씀으로 조명하여 본래의 진의대로 사용한다면 인류에 만연되어 있는 정녕 죽음을 바로 잡을 수 있다. 남편이 보이는 좋은 부위부강의 본보기로 아내를 이끌어 행복하고 즐거운 삶을 살게 될 것이다. 아내가 살아나면 남편도 살아나고 자녀가 살아나며 대한민국이 살아난다.

- 현재 상황

현재 대한민국의 부위부강夫爲婦綱은 남편이 아내를 이끄는 것이 아니라 아내가 남편을 이끄는 상황이다. 과거에는 아내가 말을 듣지 않으면 때리고 억압하며 강제하고 제도적으로 공론화하여 다스리기도 했다. 21세기 현재는 그렇게 하면 사회의 비난을 받고 가정 폭력으로 처벌받게 된다. 뱀의 거짓 인식의 주장에 잡혀 있는 아내의 인권이 강화된 만큼 남편은 그 권위가 땅에 떨어져서 자녀도 업신여기고 심지어 애완동물까지도 무시하는 지경에 와 있다. 시간이 흐르고 사회 정서와 법이 바뀌었음에도 불구하고 정신적 요소와 생물학적 성기능과 사회학적 존재로서의 남자라는 성 정체성은 어쩔 수 없는 본능적 성향을 가지고 있다. 본능적 성향의 혼란이란 하나님이 창조해 주신 본래의 본능과 타락의 인식에 잡혀 형성된 본능과의 충돌이 남편 안에서 무의식적으로 나타나고 있다. 이 상황에서 남편은 갈피를 잡지 못하고 불만이 가득하다. 억눌려 있던 불만이 타락의 인식에서 자신을 신처럼 높이고자 하는 욕망으로 작용할 때 그 폭발력은 끔찍한 사고를 만들어 내고 피해는 고스란히 아내에게 돌아간다. 직접적으로든 간접적으로든 아내가 받는다. 전자는 가정 폭력이고 후자는 가정불화나 불륜 내지는 재산적 손실이 발생한다. 폭발력이 가정 밖으로 표출되면 사회문제가 되고 국가 위기가 된다.

이제 아내는 타락의 인식에서 남편 이끌기를 포기하고 함께 살되 재산과 신체의 권리를 서로 간섭하지 않는 쪽을 선택하였다. 사람의 3요소인 정신적인 요소와 생물학적인 성기능과 사회학적인 존재의 성을 뱀의 거짓 정신에서 임의대로 사용하는 것이다. 이기적 필요를 이루기 위한 동거인이 된 것이다. 타락의 인식에서 임의대로 생각해 낸 방법 중 하나이다. 뱀의 인식에서는 언제나 여성이 주가 된다. 타락의 인식에 잡힌 남녀가 자신을 위한다고 생각해 낸 것이 포괄적 차별금지법이나 생활동반자법 같은 것이다.

이러한 임의대로 또는 자유의지대로의 생각은 하나님이 정하신 결혼을 하지 않겠다는 도전으로 나타나기도 한다. 결혼하지 않겠다는 것은 하나님이 창조해 주신 정신적 요소와 생물학적 성기능과 사회학적 존재로서의 성을 없이하겠다는 협박이다. 하나님을 설명하는 것을 막으려는 뱀의 공작이다. 남녀의 결혼은 하나님이 사람을 창조하셨다는 진리를 설명하며 후대에게 가르치고 보존되며 번성하게 하신 하나님의 자기실현이다(창 2:24, 마 19:6, 막 10:6-9). 정신적으로는 하나님과 연합하고, 생물학적 성기능으로는 하나님의 창조를 재현하며, 사회학적 존재로서의 성으로는 하나님이 창조주라는 사실을 남편의 사회학적 존재로 설명하는 것이다. 결혼하지 않으려는 움직임은 영적으로 타락의 인식에서 나타난다. 하나님의 자기실현이 남녀의 결혼을 통해 강하게 나타나는 것을 뱀, 마귀가 여자를 앞세워서 방해하는 것이다. 여성 안에 있는 타락의 인식은 결혼제도가 여성에게 불리하다고 계속해서 속이고 있다. 이 거짓에 속아서 현대의 남자와 여자는 결혼을 기피하는 것이다.

결혼은 여자에게 불리한 것이 아니다. 결혼이야말로 자신의 정신적 요소와 생물학적 성기능과 사회학적 존재로서의 성에서 자기실현을 이루는 것이다. 영적 시각에서 보면 하나님의 신부임을 나타낸다. 생물학적 성기능으로는 자신이 이루지 못한 하나님의 자기실현을 이루는 기회가 된다. 여자나 남자 홀로 하나님의 자기실현을 재현하는 현상적 자기실현을 이룰 수 없기 때문이다. 사회학적 존재로서는 창조주 하나님의 창조 섭리를 자신 안에서 재현하는 현상의 통로가 되어 하나님의 기쁨이 되는 특권을 갖는다.

현재 타락의 인식에 잡혀 있는 남성과 여성은 출산에 대해서도 타락한 자유의지대로 한다. 낳고 안 낳고를 마음대로 결정한다. 혹 타락의 인식의 본능적 모성성이 나타나서 임신하여도 자녀를 위해서 낳는 것이 아니라 자신의 본능 충족을 위해 낳는다. 타락의 인식에는 남편도 없고 자녀도 없고 오직 임의대로의 이기적인 자신만 있다. 성적 충족과 생활 충족 조건만 이루고 살겠다는 것이다. 이 경우는 그래도 결혼을 하는 짝이 있다.
그러나 구매한 정자로 잉태하는 비혼 출산은 결혼도 하지 않고 남편도 없이 아이를 낳는 것이다. 물건을 사듯이 정자를 사서 자기 소유의 아이를 만든다. 뱀의 거짓말에 속아 최초의 여자인 하와가 선언한 일이 이루어지는 것이다(창 4:1). 하나님이 사람의 머리 됨을 설명하는 남편 없이 자신이 임의대로 만들어 낸 생명이라고 생각하는 것이다. 짝이 되는 남자가 없다.

동성애도 많아지고 있다. 제3의 성을 신설해서 성적 지향대로 성을 고치고 있다. 짐승과 성관계를 하는 수간과 부모 자녀 간에 성관계를 하는 패륜도 있다. 남자인지 여자인지 성의 구분이 없어지고 성의 기능과 존재를 몰라서 아버지가 무엇인지 어머니가 무엇인지도 모르는 상황에 와 있는 것이다. 부모가 무엇인지 모른다는 것은 자신의 생물학적 성기능과 사회학적 존재로서의 성이 무엇인지 모른다는 말이다. 심지어 여자인지 남자인지도 모른다. 우리 조상들이 대대로 지켜 오던 인륜이 사라진 것이다. 뱀이 여자를 속여서 갖게 된 거짓 인식이 21세기 2024년에 이르러서도 사람 속에서 역사하고 있는 것이다. 뱀의 거짓 역사는 처음부터 여자를 통해서 이루어진 경우가 대부분이다. 뱀의 인식은 극한 이기심으로 사람의 태어남을 임의대로 선택한다. 타락의 이기적 임의성에서 나타나는 저출산 현상은 나라를 소멸시키는 위기의 상황까지 이르렀다.

뱀, 마귀의 역사를 변형된 공산주의 이념을 가진 정권이 정치적으로 이용했다는 것을 알아야 한다. 새로운 정부가 들어섰음에도 뱀의 후예들이 거대 정치 세력을 이루어서 이 나라를 지옥으로 끌어가려 하고 있다. 그들이 여자를 앞세워서 성 평등, 포괄적 차별금지법, 국가인권정책기본법 같은 것을 추진하려는 의도는 분명하다. 영적으로는 뱀의 거짓 인식에서 대한민국을 정녕 죽음의 나라로 만들려는 것이다. 현실적이고 정치적으로는 변형된 공산주의를 만들어서 백성을 억압하고 통치함으로 대한민국 국민을 북한이나 중국식으로 다루겠다는 것이다. 오늘날에도 온갖 타락의 인식에서의 법을 남발하고 있는데도 그 세력을 지지하는 사람들이 있다.

최근 서울서부지방법원에서는 성전환 없이 성별 정정이 가능하다고 판시判示하는 일이 있었다(출처: 2023년 3월 15일 12MBC뉴스). 판결 이유는 '재판부는 성전환 수술이 아닌 다른 요건에 의해 정체성 판단이 가능하다면, 그에 따라 판단하면 된다며 정신적 요소가 정체성 판단의 근본적 요소이고 생물학적 사회적 요소보다 우위에 두어 판단해야 한다'는 것이다. 이것은 뱀이 여자를 거짓말로 속여서 조성한 타락의 인식에서의 판단일 수 있다. 남성의 생물학적 성기능을 없애지 않고 여자가 되려는 것은 사람의 정신적 요소와 생물학적 성기능과 사회학적 존재로서의 성을 임의대로 마음대로 자유의지대로 하겠다는 생각이기 때문이다. 만일 사람들이 이런 생각과 행동을 한다면 그 자체로 가정과 사회와 나라가 붕괴되고 망하게 된다. 판결 자체로 인륜을 파괴하는 것이다. 판사가 이러한 판결을 한다는 것은 대한민국의 성性 인지능력을 보여 주는 것이라고 할 수 있다.
성별은 정신적 요소에 의해서 판단될 수 없다. 현재 사람들의 정신적 요소의 정체는 뱀이 여자를 속여서 갖게 된 것이기 때문이다. 뱀이 여자를 속인 거짓말에서부터 시작되었기에 성을 구별할 정당성이 없다. 정신이라기보다는 뱀의 거짓말이다.

본래 정신은 하나님이 남녀에게 생기를 불어넣음으로부터 생령이 시작된다(창 2:7). 본래 사람의 성의 3요소는 정신적 요소와 생물학적 성기능과 사회학적인 존재로서의 성으로 이루어져 있다. 정신적 요소는 하나님이 사람을 지으시고 코에 생기를 불어넣으심으로 생령이 되면서부터 시작되었다. 사람은 정신이 이루어지면서부터 생물학적 인간이며 사회학적 존재로서의 성을 가지고 있다. 문제는 현상의 사람의 정신적 요소가 하나님이 창조하여 주신 대로의 인식이 아니라 뱀이 여자를 거짓말로 속인 거짓 인식을 가짐으로부터 시작되었다는 것이다(창 3:1-6). 타락의 인식이 사람에게 들어옴으로부터 사람은 하나님을 부정하며 자신이 임의대로 자신을 정의하는 정신적 상태가 된다. 자신이 곧 하나님과 같은 존재라는 것이다. 이런 인식은 자신의 정신적 요소와 생물학적 성기능과 사회학적 존재로서의 성을 임의대로 마음대로 한다는 것이다. 뱀의 거짓말에 속아서 성 정체성의 정신을 임의대로 갖게 되면 스스로 속는 것이다(창 3:1-6). 그런데 거짓 정신을 사람의 정신이라고 판시하고 그 정신을 사람의 정신적 요소라고 하여 생물학적 요소와 사회학적 요소보다 우위에 두고 정체성의 근거로 삼았다.

정신적인 것이 생물학적인 것과 사회적인 것보다 우선한다면 사람은 어디서 태어났는가?

뱀의 거짓 정신이 생물학적 성기능을 하고 사회학적 존재를 나타낼 수 있는가?

하나님은 생물학적 성기능과 사회학적 존재로 하나님의 자기실현을 이루라고 남녀를 창조하신 것이다. 생물학적으로 남녀의 성이 작동하지 않으면 생명이 태어날 수 없고 남녀가 사회성을 이루지 못하면 사람이라는 존재가 있을 수 없다. 남자, 여자라는 존재가 없어진다. 여자가 뱀의 유혹에 속은 이후 모든 사람이 잘못된 정신을 가지고 있기는 하지만, 정신이 사람을 생물학적으로 만들지 못한다. 정신은 그저 정신일 뿐 성기능과 존재로서의 사람은 하나님이 창조하신 형상과 모양대로 존재하고 있다. 뱀의 거짓 정신이 사람을 탄생시키는 것이 아니다. 하나님이 창조하신 생물학적이고 사회학적인 남녀는 여전히 현상 세계에서 하나님의 창조를 재현하고 있다. 정신이 생물학적인 인간을 만드는 것이 아닌 것이다. 21세기 현재 사람의 정신이라는 것은 뱀에 의해 조성된 거짓 인식이다. 그냥 거짓말일 뿐 생물학적이고 사회학적인 남자와 여자를 만들어 내지 못한다.

정신은 영을 말하는 것인데 뱀이 사람에게 생명의 영을 주었는가?

뱀이 여자에게 준 것은 하나님이 정하신 정녕 죽음을 결코 죽지 않는다고 속인 거짓말뿐이다. 뱀은 사람에게 생명의 정신을 준 존재가 아니고 그냥 피조물이다. 피조물인 뱀은 거짓말할 수는 있지만 생명의 정신이나 생물학적 생식기능이나 사회학적 존재로서의 본래적 사람을 만들지 못한다.

생명은 창조주 하나님이 주셨다(창 2:7). 정신도 하나님에게서 온 것이고 생물학적 요소도 하나님이 만드신 것이고 사회학적 요소도 하나님의 존재를 설명하는 것이다. 사람의 모든 것이 하나님의 형상과 모양을 하고 있다. 그런데 타락의 인식이 정신이라고 판단하다니……. 동식물들을 보아도 생명을 가진 모든 것들이 생물학적이고 사회학적인 집단을 이루고 있으며 암수가 있다. 사람도 하나님에 의해 생물학적이고 사회학적 존재로 태어났다. 사회학적 인간은 하나님이 자기 형상과 모양대로 사람을 창조하심에서부터 시작되었다(창 1:26-27). 삼위 하나님의 사람 창조 계획부터 사회학적 성격을 가지고 있음을 알 수 있다. '우리의 모양대로 우리가 사람을 만들고'라는 말씀에서 사회학적 요소가 소개되고 있다. 뱀이 여자를 속여서 형성된 거짓 인식을 정신적 요소로 우선해야 하기 때문에 하나님의 창조 계획의 사회학적 성격을 무시하는 것은 옳지 않다. 남자를 에덴동산에 두고 동산을 경영하게 하셨다. 에덴을 경영하면서 자신에게 짝이 없다는 사실을 알고 배필을 간절히 원하게 한 후 여자를 창조해 주셨다(창 2:18-25). 그러므로 남자가 먼저이고 그 다음이 여자이다. 여자는 남자의 갈빗대로 창조되었다. 여자는 남자에게서 나왔으므로 남자에게 귀속된다(창 2:22-23). 남자와 여자는 처음부터 한몸체계를 이루도록 창조되었다(창 2:24). 남녀가 연합하여 부부가 되는 것은 하나님의 창조 섭리이며 남자가 여자의 머리이기 때문이다(고전 11:3). 남자와 여자는 처음부터 생물학적으로나 사회학적으로 연합되어 있는 존재이다. 뱀에게 유혹되어 거짓 정신을 갖기 전에는 하나님의 정신으로 연합되어 있어서 하나님의 자기실현을 이루었고 하나님의 기쁨이 되었다(창 1:31).

본래 정신은 사람의 것이 아니요 하나님의 것이다. 영을 떠나면 죽게 되어 있다. 죽으면 생물학적인 육은 흙으로 돌아가고 영혼은 하나님께로 회귀한다(창 4:19). 영혼이 육체 안에 있음으로 살아 있는 사람이라고 한다. 사람의 정신인 영혼은 생물학적인 흙처럼 썩어 없어지는 것이 아니다. 생물학적인 육신은 죽어도 그 영혼은 죽지 않고 하나님 앞에 가서 심판을 받는다. 영혼이 뱀, 마귀의 거짓으로 꾸며져 있기 때문에 타락의 정신이다(창 3:1-6). 뱀의 거짓 정신을 기반으로 발전된 영혼은 하나님과 연합되지 못한다. 그러므로 정녕 죽음의 형벌을 피할 수 없다(창 2:16-17). 그러나 예수를 믿으면 성령이 들어와 성령의 정신이 되기 때문에 하나님의 자녀가 되고 천국에 들어가는 것이다(롬 8:15, 갈 4:6).

창조의 첫 사람은 남성이라는 생물학적 성기능과 사회학적 존재로서의 성을 가지고 있다. 그러나 아직 기능은 부각되어 있지 않다. 생물학적 기능으로서의 여자가 아직 창조되지 않았기 때문이다. 남자는 사람의 대표이다. 하나님은 현상의 삶에서 남자가 하나님의 창조를 재현하길 원하신다. 하나님의 모형인 남자가 하나님을 본보기 삼아 현상 세계에서 창조주 하나님을 설명하고 나타내라는 것이다. 현실에서 육신의 아버지가 아들에게 아버지의 아들로 살라고 하는 것과 같다.

하나님 아버지가 남자에게 하나님의 피조물을 다스리며 하나님을 실현하라고 창조하신 것이다(창 1:28). 생육하고 번성하여 땅에 충만하며 땅을 정복함으로 하나님을 실현하라고 하신다. 자연을 다스림으로 하나님을 실현하라고 하신다. 사람은 현상의 삶에서 하나님을 실현하여 나타내고 설명하며 가르치기 위해 창조된 것이다. 하나님을 설명하지 못한다면 창조 목적에 부합되지 않으므로 하나님으로부터 벗어나 있는 것이다.

하나님은 남자를 에덴동산에 두고 예행적인 삶을 살게 하셨다. 각종 나무의 실과는 임의로 먹되 선악을 알게 하는 나무의 실과는 먹지 못하게 목숨을 걸고 언약을 맺으셨다(창 2:16-17). 하나님의 창조 목적이 예행의 삶을 사는 에덴동산에서 실현되는지 알고자 하신 것이다. 남자가 사람의 대표로 하나님과 언약을 맺었다. 자유의지를 가지고 하나님의 뜻을 실현하는지 아니면 하나님의 뜻을 임의대로 먹어 버리는지 알고자 하신 것이다. 선악과는 자유의지 앞에 있는 하나님의 뜻이다. 선악과를 임의대로 먹지 않아야 사람의 정신 안에서 하나님이 살 수 있다. 하나님은 자신과 사람의 생명을 지키고자 정녕 죽음의 조건을 걸어 놓으셨다. 선악과를 마음대로 먹으면 하나님과 사람의 구별이 없어지고 구별이 없어지면 하나님은 사라진다. 하나님이 없어지니 결국 사람도 사라진다. 절대적인 존재가 없어지니 질서가 무너지고 자신을 높이는 극한 이기심으로 상대를 죽이고 멸망하게 되는 것이다.
사람은 자유의지로 하나님의 명령을 절대 순종해야 한다. 지키면 살고 지키지 않으면 정녕 죽는다. 이것은 실재이다. 선악을 알게 하는 나무의 실과를 임의로 먹는 것은 하나님의 명령과 존재와 생명을 마음대로 먹는 것이 된다. 사람의 정신에서 하나님을 죽이고 없이하는 것이다. 또한 하나님의 형상인 사람을 임의대로 마음대로 자유의지대로 잡아먹는 것이 된다. 하나님의 뜻이 사라지니 사람도 없어진다. 사람이라는 정체성도 없어지고 사람다운 사람도 존재하지 않는다. 남녀의 생물학적 성기능과 사회학적 존재로서의 성 정체성도 자유의지대로 평가된다. 결국 정녕 죽음이 실현되는 것이다. 이렇게 엄청난 내용을 담고 있는 언약이다. 어떤 일이 있어도 이 언약만은 반드시 지켜야 한다. 행위언약은 사람을 살리기 위한 언약이고 사람과 하나님이 영원히 살기 위한 언약이다.

언약을 맺은 후 하나님은 여자(아내)를 남자(남편)의 갈빗대로 창조해 주셔서 최초의 사회학적 요소와 생물학적 요소를 가진 부부가 탄생한다. 사회학적 존재로서의 성만 부각되어 있던 남자(남편)가 이제 생물학적 성기능으로서의 짝을 만나게 된다. 남성의 생물학적 성기능과 사회학적 존재로서의 성에 맞는 여성이 나타난 것이다. 남자는 생물학적으로는 남성이고 사회학적 존재로서의 성은 남자이면서 남편이다. 여자 역시 기능으로서는 여성이고 존재로서는 여자이며 아내이다. 현상에서 성별을 결정하는 중요한 요소는 뱀의 거짓 인식인 정신적인 요소가 아니라 생물학적인 요소와 사회학적인 요소이다. 정신적인 요소는 사람이 임의대로 할 수 있는 영역이 아니다. 그런데도 정신적인 요소를 자유의지대로 하는 것은 뱀에게 속아서 갖게 된 거짓 인식 때문이다. 거짓 정신을 갖게 되었기 때문이다(창 3:1-6).

아내는 뱀의 거짓말에 속아 임의대로 선악과를 먹고 뱀의 거짓 인식의 정신을 가지고 남편에게도 먹였다. 이후 부부는 타락의 인식을 기반으로 하는 정신을 갖고 살게 되었다. 남편과 아내의 삶을 통해 하나님의 자기실현을 이루려는 창조 목적은 이렇게 현상에서 왜곡되어 나타나고 있다. 뱀의 거짓 인식을 주 인식으로 하는 정신세계에서 부부는 자유의지대로 자기들의 뜻을 나타낸다(창 3:7). 삶에서 하나님의 정신을 나타내야 하는 남편과 아내가 타락의 인식의 정신을 실현하기 시작한 것이다. 이 부분을 부위부강에 적용해 보면 여자 아내가 남편에게 선악과를 임의대로 먹인 후부터 벼리의 동아줄을 아내가 잡아당겼다는 사실을 알 수 있다. 아내가 남편에게 뱀, 마귀의 본보기를 보여서 남편을 정녕 죽음으로 이끈다는 말이다. 더 큰 문제는 아내가 먹인 뱀의 인식으로 남편도 아내를 이끌고 다스린다. 남편과 아내는 타락의 인식의 정신을 가지고 서로 잡아당기므로 충돌하며 정녕 죽음을 만들어 낸다. 이것이 뱀이 사람을 속여서 갖게 된 거짓 정신세계이다.
그러므로 판사가 말하는 정신적 요소는 뱀이 여자를 거짓말로 속이고 여자는 자신 안에 있는 거짓 인식을 남편에게 먹이므로 갖게 된 것이다. 정신적 요소가 성별 정체성 판단의 근본적 요소이고 생물학적 요소나 사회적 요소보다 우위에 둔 판결은 진리에 맞지 않고 옳지 않은 것이다. 비록 타락의 인식이 만연되어 있을지라도 이런 판결이 나온다는 것은 21세기 현재 대한민국의 성 인지 능력을 나타내고 있다고 하겠다.

남성의 생물학적 성기능과 사회학적 존재로서의 성은 하나님이 본래 만들어 주신 형상과 모양을 하고 있다. 그러나 뱀의 거짓말에 영향을 받은 정신적 요소는 자신의 형상과 모양을 하나님의 뜻대로 알지 못한다. 생식기능과 존재에 대해 뱀의 거짓 인식에서 임의대로 이해하고 있다. 남성성이 강한 남자도 있고 여성스런 남자도 있다. 본래 여자는 남자의 갈빗대로 창조되었기 때문에 동질성을 가지고 있다. 남자가 여자의 지향성을 가지고 있다고 생물학적 성기능과 사회학적 존재로서의 성을 부정하면 하나님의 창조를 부정하는 것이다. 현대에 와서는 타락의 인식을 기반으로 하는 성 인지 의식이 강화되어 있다. 여성성을 가진 남자는 스스로 여자라고 생각하는 경향이 강하다. 타락의 인식에서 임의대로 자신의 성을 정의하기 때문이다.

자신의 성 정체성을 분명히 알아야 한다. 생물학적으로 성기능이 남성이면 그 존재는 남자인 것이다. 정신세계에서 뱀의 온갖 가설假設에 속지 말아야 한다. 남성성에도 다양한 모습이 있다. 다양성은 저마다 독특한 성질을 가지고 있고 독특함이 그의 장점인 경우가 대부분이다. 성 정체성의 흔들림보다는 자신의 특별함을 부각시킬 필요가 있다. 아무도 그 특별함을 업신여기지 않는다. 타락의 인식에 속아 스스로 그렇게 여길 뿐이다. 하나님 말씀에서 자신의 성 정체성을 확인해야 한다. 진리로서 성 정체성을 확인하면 어떤 가설이나 타락의 정신에 흔들리지 않고 특별한 자기다움을 나타내게 될 것이다. 다른 남자들이 그 특별함을 부러워하고 존경하게 될 것이다. 이 부분을 부위부강에 적용해 보면 남편과 아내에게는 각각의 특수한 성질이 있을 수 있다. 아내는 남편의 특별함을 존중해 주어야 한다. 존중해 주면 남편은 세상을 호령하는 머리가 되어 아내를 왕비로 세울 것이다. 그러나 타락의 인식에서 잡아당기면 남편의 남성성은 아내를 지키고 보호해 주지 못한다. 선악과를 먹인 것과 같은 행동을 반복하고 있기 때문이다. 타락의 정신을 남편과 아들에게 반복해서 먹이면 먹일수록 남자는 남성성을 잃고, 지켜 주기는커녕 도리어 아내에게 의지하여 지켜 달라고 한다. 생명을 주는 남편이 아니라 생명을 달라고 요구하는 여성성을 갖게 된다. 받으려는 남편을 갖게 된 아내는 그 자체로 자신의 머리인 남편을 잃어버린 것이다. 아내를 지키고 보호하며 생명을 주는 남편을 원한다면 남편을 자신의 머리로 존중해야 한다. 남편을 머리로 존중하지 않으면 아내를 위해서 온 힘을 다해 땀 흘리는 남편을 얻을 수 없다. 그 대신 돈 벌어오라고 잔소리하며 강제하는 폭력적인 남편을 얻게 된다. 지금 아내에게 모든 것을 해 달라고 요구하며 잔소리하는 남자가 많아지고 있다. 이것은 아내들이 짊어지지 않아도 되는 십자가를 스스로 지는 꼴이다. 뱀이 아내를 속여서 정녕 죽도록 한 것이다. 창조주 하나님의 특징인 주는 모습을 아내에게 짐 지우려는 뱀의 거짓 인식의 장난이다. 남자의 성전환은 남자가 생명을 주는 특징을 저버리고 받는 자의 모습으로의 변환이다. 현재 영적이고 정신적인 흐름이 이렇게 되어 가고 있다. 성전환을 하지 않고 호르몬 주사를 맞지 않아도 뱀에게 속은 이후 지금까지 정신적인 성전환을 하고 있는 것이다. 21세기 지금 그것을 현상으로 나타내 보이는 것이고 세계적인 흐름이 되고 있다. 현재 대한민국 안에 있는 부위부강의 변형된 모습이다.

이것을 보고만 있다면 어찌 하나님을 믿는 사람이라고 하겠는가? 그래서 필자는 뱀의 거대한 속임수로부터 대한민국을 건져 주고 싶어서 부위부강을 성경 말씀으로 조명하였다. 지금 우리나라는 모든 분야에서 망가져 있다. 지난 정권의 사람들이, 새로운 정부가 들어섰음에도 포괄적 차별금지법 등 제3의 성을 인정하는 법을 지금도 추진하려 하고 있다. 그들이 타락의 인식에서 조성된 국가인권정책기본법 같은 것을 추진하여 성적 지향이 인권이 되게 함으로 국방과 모든 분야를 무너뜨렸고 지금도 계속하고 있다. 변형된 공산주의 이념의 나라를 만들려고 했다. 문제는 그런 사고를 하는 정치인들이 거대 야당이 이루어 입법 활동을 하고 있다는 것이다. 이 부분을 부위부강에 적용해 보면 남편이 하나님의 본보기로 아내를 이끌지 못하게 국가가 방해하는 것이다.

이제 남편과 아내를 통해 나타내기 원하는 하나님의 자기실현을 없이 하기 위해 남성 성기가 있는 상태에서도 호르몬 주사만 맞으면 여성이 되는 판결이 나온 것이다. 남자와 여자라는 성의 벽이 허물어지면 그 피해는 여자에게 고스란히 돌아간다. 여성의 생물학적 성기능과 사회학적 존재로서의 성이 사라지면 가정과 나라와 인류는 망하게 된다. 성적 지향이 인권이 되면 딸이나 아내나 어머니가 강간당하는 일이 있어도 막을 수도 없고 처벌할 수도 없게 되는 것이다. 그의 성적 지향이기에 존중되어야 한다는 것이다. 성적 지향이라고만 하면 되는 세상이 열리기 때문이다. 뱀의 거짓 인식이 인권인 이유이다. 이렇게 잘못된 인식이 대한민국에 만연되게 한 일의 시작은 뱀의 거짓에 속아서 거짓 인식을 가진 변형된 공산주의자들이다.

변형된 성 개념으로서의 여성 인권 운동은 결국 자신을 성폭행하고 죽이는 성적 지향으로 나타난 것이 된다. 페미니즘 또는 여성주의의 역사는 최초의 남편과 아내에서부터 시작되었다. 영적인 시각에서 보면 뱀의 거짓말에서부터 시작된 것이다. 하나님이 정하신 정녕 죽음을 뱀이 결코 죽지 않는다고 속여서 영원히 죽도록 계획한 일이다(창 3:1-6). 뱀이 최초의 여자를 거짓말로 속이면서부터 시작되었고 21세기 지금까지 이어지고 있다. 갑자기 나타난 운동이 아닌 것이다. 타락의 인식에서 여성 자신을 위하면 위할수록 여성 자신과 가족이 정녕 죽게 되는 거짓의 속임수에 잡혀 허우적거리게 된다. 타락의 인식이 만연되어 나라를 장악하면 대한민국은 정녕 죽음의 고통을 받게 되어 있는 것이다. 남자라는 존재 의미가 없어진 대한민국은 뱀의 결코 죽지 않는다는 거짓에 속아 정녕 죽게 되는 나라가 된다(창 3:1-7). 특히 정치적으로 변형된 공산주의 이념을 가진 정권이 타락의 인식에서 나라를 잡아당겨 이렇게 되었다. 변형된 공산주의 이념에 잡힌 정권은 이 문제를 책임지지 않는다. 피해는 고스란히 나라와 힘없는 백성이 감당하게 된다.

이 나라를 다시 세우려면 남자, 남편, 아버지를 다시 살려야 한다. 남자의 권위를 회복시켜서, 죽음으로 달려가는 여자의 발걸음을 멈추게 해야 한다. 타락의 인식에 속은 여자에게 잡혀서 자신의 생물학적 성기능과 사회학적 존재마저 부정당할 것이 아니라 자신이 머리임을 증명하고 여자가 이를 자각하게 해야 한다(고전 11:3). 남자가 여자의 머리가 되지 않는 이상 대한민국의 소멸은 막을 수 없다. 이 문제를 해결하고자 부위부강을 성경 말씀으로 조명한 것이다. 남편이 자신의 생물학적 성기능과 사회학적 존재로서 하나님이 보이신 부위부강의 본보기를 보일 때 대한민국은 다시 살아날 것이다.

- 성경적 견해

하나님은 남편과 아내가 세상의 중심이 되게 창조하셨다. 인류는 결혼한 한 쌍의 남녀에서 시작된다. 남녀를 창조하신 이유는 남편과 아내가 연합하여 만물을 다스림으로 하나님의 뜻을 실현하라는 것이다. 필자는 이것을 하나님의 자기실현이라고 한다. 하나님의 말씀을 순종하고 설명하며 자신들의 삶에서 나타내는 것을 의미한다. 하나님은 남편과 아내가 창조되는 과정을 통해 자신을 설명하신다. 남자를 먼저 창조하고 남자의 갈빗대로 여자를 만들어서 남자에게 이끌어 주셨다. 남자는 여자를 보고 '내 뼈 중의 뼈요 살 중의 살'이라 고백함으로 하나님이 주신 사랑을 나타낸다(창 2:23). 하나님이 사람을 만들고 기뻐하심을 사람 남편이 대리 실현하는 것이다. 하나님은 자신의 형상과 모양대로 만든 사람에게 하나님의 생기를 불어넣어 생령이 되게 하고 심히 좋아하셨다(창 1:31). 남녀가 하나님이 불어넣으신 생기에 의한 생령으로서의 정신적 요소와 생물학적 성기능과 사회학적 존재로서의 성에서 서로에게 하나님의 뜻을 나타내었다. 21세기 지금까지도 계속 진행되고 있다. 남편과 아내에게 하나님이 설명되기 위한 것이다. 하나님의 다스림과 정복이 현상의 남편과 아내를 통해 실현되길 원하신다. 하나님이 천하 만물을 통해 설명됨으로 찬양 받기를 원하시는 것이다. 그래서 남편과 아내를 창조하셨다.

현상 세계에서 사람은 이 일에 중심이고 대표자이다. 하나님이 만물을 창조하여 남녀에게 주면서 충만하고 정복하며 다스리라고 하셨기 때문이다(창 1:28). 다스리면서 하나님의 자기실현을 도우라고 창조하신 것이다. 사람(남여)과 만물 가운데서 하나님을 창조주로 나타내도록 도우라는 것이다. 현상 세계의 남편을 돕는 아내처럼 도우라는 것이다.

첫 사람 아담은 창조물을 잘 다스리며 하나님의 은혜가 표현되고 나타나는 이름을 지어 주었다(창 2:20). 만물 속에 하나님의 창조 실현이 되는 이름을 준 것이다. 하나님의 뜻이 실현됨으로 하나님은 기뻐하셨다(창 1:31). 평생의 소원이 아들에게서 이루어지는 것을 보면서 기뻐하는 아버지의 모습이라고 할 수 있다. 창세기 1장 28절의 말씀을 순종함으로 현상의 삶에서 하나님의 자기실현을 이루어야 한다. 자유의지 속에서 하나님의 뜻을 받아들여 순종함으로 자신 안에 그 뜻이 살아 있어야 한다. 하나님의 말씀이 자유의지 속에서 존중 받으며 인격체로 살아 있는 상태가 하나님의 자기실현 또는 하나님의 발현이다. 사람과 만물 속에서 하나님의 뜻을 이루는 데 남자 남편 아담은 대표 책임자이다. 하나님은 아담과 목숨을 걸고 행위언약을 맺는다. 언약의 핵심내용은 '선악을 알게 하는 나무의 실과를 임의대로 먹으면 정녕 죽음'이라는 것이다(창 2:16-17). 하나님은 사람에게 동산 각종 나무의 실과를 먹을 수 있는 자유의지를 주셨다. 그러나 선악과는 임의대로 먹지 못하게 직접 명령하심으로 목숨을 걸고 언약을 맺었다.

하나님은 사람에게 자유의지를 가지고 만물을 다스리며 정복하라고 하셨는데 왜 선악과를 각종 나무의 실과와 구별하는 예외를 두셨을까? 이 문제를 알기 위해 먼저 살펴볼 것은 에덴동산의 특수성이다(창 2:8-15). 에덴은 남편과 아내가 예행의 삶을 사는 특별한 환경이다. 하나님은 동산에 각종 나무들을 나게 하시고 동산 중앙에는 생명나무와 선악을 알게 하는 나무도 두셨다. 각종 나무의 실과는 임의로 먹되 선악을 알게 하는 나무의 실과는 먹지 못하게 하고 먹으면 정녕 죽음이 이루어지게 하셨다. 남편과 아내는 각종 실과를 마음대로 먹으면서 하나님이 생명을 주신 사실을 자각하며 살았다. 하나님의 말씀과 창조의 역사가 남편과 아내의 인식에 인격적으로 살아 있다는 말이다. 인격이란 사람의 자유의지 속에 있는 하나님의 형상과 모양으로서의 하나님의 자기실현이다. 그러나 동산 중앙에 있는 선악과는 자유의지로 먹지 못한다. 다스리고 정복하고 번성하는 대상이 아니다. 남편과 아내의 필요를 충족시키는 대상이 아닌 것이다. 선악과는 남편과 아내의 통치를 받지 않는 특수하고 절대적인 상징성을 가지고 있다. 이 상징은 결과를 나타내는 실재實在이다. 남편과 아내가 임의대로 먹으면 정녕 죽는다. 그래서 잘 보이는 중앙에 위치한 것이다.

선악을 알게 하는 나무의 실과의 의미가 무엇인지 알기 위해 예외성에 주목하길 바란다. 각종 나무가 각각의 사람이라고 가정해 본다. 각각의 사람을 남편 아담과 아내 하와가 자유롭게 대한다. 생육하고 번성하여 정복하며 다스림으로 그 행위 가운데서 하나님의 자기실현을 한다. 하나님을 본보기로 하는 삶을 산다는 말이다. 과일을 먹는다는 것은 죽이는 것이기도 하다. 그런데 선악과는 이 모든 것을 하면 안 된다. '임의대로 통치하고 다스리며 먹고 죽이면 너도 정녕 죽는다'는 말이다. 각종 나무에 해당하는 사람을 다스리고 통치할 때 '하나님의 뜻과 상관없이 죽이면 너도 죽는다'는 말이기도 하다. 더 쉽게 말하면 '사람을 임의대로 먹고 죽이면 너도 죽는다'는 말이다. 선악과는 하나님의 존재를 설명하고 나타내는 상징성을 가지고 있다. 나무의 형태를 빌려 설명하고 있다. 각종 나무는 사람을 상징하고, 선악과와 생명나무는 하나님을 상징하는 것이라고 하겠다. 만일 선악과를 임의대로 먹으면 하나님과 사람을 임의대로 먹고 죽이는 것이 된다. 남편 아담과 아내 하와가 자신의 행위에서 하나님의 자기실현을 나타내지 못하는 것이기도 하다.

하나님이 창조하신 사람의 인식 속에 임의대로 하는 자유의지만 있다면 하나님의 존재를 찾을 길이 없다. 그렇게 되면 사람의 인식에서 하나님이 사라짐으로 사람도 없어진다. 사람다움의 목적인 하나님의 자기실현이 되지 않아 사람답지 않은 사람이 된다는 말이다. 사람답지 않은 사람이 세상을 이루면 사람은 살 수 없다. 사람답지 않은 사람은 타인에게서 하나님의 형상과 모양을 볼 수도 없고 스스로 알 수도 없어서 서로 죽이고 자동으로 소멸된다. 이것은 남편과 아내가 서로에게서 하나님의 자기실현을 보지 못함으로 자녀 생산을 멈추게 된다는 말이다. 결국 하나님의 창조하신 목적이 사라짐으로 정녕 죽음이 이루어진다. 남편과 아내가 선악과를 임의대로 먹으면, 하나님을 죽이는 것이 되고 서로 죽이는 것이 된다. 그래서 사람의 생명을 조건으로 언약을 맺은 것이다. 이렇게 중요한 행위언약을 남편 아담은 반드시 지켜야 한다. 목숨이 걸려 있는 문제이기 때문이다. 자신뿐만 아니라 아내와 자녀, 더 나아가 인류가 죽고 사는 문제이기 때문이다. 이것은 남편 아담이 사람의 대표로 하나님과 맺은 언약이지만 아내와 맺은 것이기도 하다. 남편이 사람의 대표이기 때문에 아내도 포함되어 있다. 아내가 언약을 맺은 당사자가 아니라고 해서 소홀히 해서는 안 된다. 남편이 언약을 잘 지키도록 온 힘을 다해 도와야 하고 자신도 온 마음을 다해 지켜야 한다. 아내가 이 언약을 어기면 남편도 어긴 것이 된다. 남편이 아내의 머리로서 책임자이기 때문이다.

그런데 아내가 행위언약을 어겼다(창 3:1-6). 뱀에게 속아서 임의대로 선악을 알게 하는 나무의 실과를 먹고 남편에게도 주어 남편도 먹었다. 이후로 남편과 아내는 전인의 삶에서 하나님의 자기실현의 명령을 잊어버렸다. 결과적으로 남편과 아내 안에서 하나님의 뜻을 이루는 정신적 요소가 하나님을 알지 못하는 상태가 되었다. 하나님이 불어넣으신 생기로 인한 생령의 정신적 요소가 변질됨으로 생물학적 성기능과 사회학적 존재로서의 성에서도 잘못 알게 되었다. 남편과 아내의 인식 안에 하나님이 주도하시는 자기실현의 자리에 타락의 인식이 자리 잡았다.

타락의 인식이 자리 잡고 하는 첫 번째 일이 사회학적 존재로서의 남편을 주장하는 것이다. 남편에게 뱀의 거짓 인식을 주장함으로 임의대로 먹게 하는 일을 돕는다. 하나님의 생명의 자기실현을 도우라고 지음받은 아내가 뱀의 거짓 인식으로 주장하여 잘못 돕는 것이다. 결국 남편은 아내의 주장에 잡혔다. 뱀의 거짓 인식에 아내와 남편이 잡혀 버렸다. 겉모습은 하나님의 형상과 모양을 하고 있지만 그 내면의 마음과 정신은 뱀의 인식을 이루고 있다.

하나님은 남편을 먼저 창조하고 그 후에 아내를 남편의 갈빗대로 창조하셨다. 남편은 뼈 중의 뼈요 살 중의 살인 아내가 말하면 잘 듣게 되어 있다. 아내는 이런 성질을 가지고 창조되었기 때문에 남편의 삶에 하나님의 자기실현이 이루어지도록 돕는 능력을 가졌다. 남편 안에서 하나님의 자기실현이 이루어지도록 도우면 남편의 생명이 아내 자신에게 들어갈 수 있다. 아내가 어떻게 돕느냐에 따라 남편의 삶의 방향이 바뀔 수 있다. 도와도 변화가 없다면 아내의 역할이라는 것이 그저 기계적인 인간에 지나지 않을 것이다. 하나님은 남자와 여자를 기계적

인간으로 창조하지 않으셨다. 기계적 인간으로는 하나님의 자기실현이 가능하지 않기 때문이다.

하나님은 자유의지를 가지고 사람을 창조하셨다(창 1:26-27). 사람도 자유의지 안에서 하나님의 자기실현을 나타내고 아내도 남편을 돕는다. 그러나 아내가 뱀의 거짓말에 속아서 남편을 잘못 도와 뱀, 마귀의 자기실현이 시작된다. 하나님 아버지가 보호하려고 언약하셨는데 뱀이 결코 죽지 않는다고 속여서 정녕 죽음이 나타나게 되었다(창 3:7). 하나님을 대리하는 사람의 정신이 변질됨으로 만물과 부분 권한을 위임 받은 통치권까지 모두 사기당한 것이다. 하나님을 위하지 않고 타락의 인식에 잡혀서 자신을 위해 산다. 하나님이 창조하신 사람의 인식 안에 하나님이 없다는 말이다. 자녀가 어느 날 갑자기 부모를 알지 못하는 것과 같다. 아내가 남편을 남편으로 알지 못하는 것과 같다. 현상의 정신세계에서 하나님을 인지하지 못한다. 자신이 스스로 있는 존재이며 하나님이라 착각하는 상태로 살아간다.
사람을 속일 수 있었던 것은, 아내가 하나님과 남편이 맺은 언약의 내용을 정확히 알지 못한 데서 시작되었다. 뱀은 여자가 잘 모르는 것과 남자를 주장할 수 있다는 것을 잘 알고 있다. 하와의 이런 약점을 파고든다. 여자에게 접근하여 선주입先注入적 교육의 거짓 질문을 한다. 하나님의 절대성을 나타내는 '선악을 알게 하는 나무의 실과'를 일반 모든 나무에 포함시키는 물음이다. 질문 자체가 교육이다. 절대적인 상징성을 없이하는 유혹인 것이다. 아내 하와는 선악을 알게 한다는 절대성을 모르고 뱀의 의도에 휘말려 모든 나무 중의 하나인 '동산 중앙에 있는 나무'라고 한다. 절대성이 없어지고 일반화되었다. 아내 하와는 자유의지로 하나님의 절대성을 먹을 수 있다고 인식하는 것이다. 각종 나무의 실과를 임의대로 먹음으로 하나님의 자기실현을 해야 한다는 행위의 목적을 모르고 있는 상태이다. 각종 나무의 열매를 자유의지로 먹는 것이 일반은총에서 하나님의 자기실현을 이루는 환경이라면 선악과는 하나님의 직접적이고 절대적인 자기실현이다. 그런데 여자 하와의 대답에는 하나님의 직접적이고 절대적인 것을 자유의지에 두어 각종 나무의 실과처럼 먹고 죽일 수 있다는 인식이 있다. 자유의지를 그렇게 사용하면 각각의 일반화 속에 있는 하나님의 자기실현도 없이하는 것이 된다. 행위언약에 적용해 보면 하나님의 말씀인 '정녕 죽음'의 절대성이 없어지니 '결코 죽지 않으리라'는 뱀의 거짓말이 세워졌다는 것이다. 그러므로 정녕 죽음이 영원히 지속되게 되어 있다. 이후로 타락의 인식이 주 인식이 된 남편과 아내는 전인의 삶에서 뱀의 뜻의 노예가 되었다. 뱀의 뜻을 이루는 일에 현상 세계에서 아내가 통로가 되어 있다. 뱀은 여자를 앞세워 남자를 잡아당긴다. 이 부분을 부위부강에 적용하면 본래는 남편이 아내를 잡아당겨야 하는데 역으로 아내가 남편을 잡아당기는 모양이다. 사람이 밧줄을 잡아당겨야 하는데 밧줄이 사람을 잡아당기는 것이라고 할 수 있다. 그러면 밧줄에 사람이 딸려 들어가 죽는 것이다. 이런 일이 지금 21세기에서 벌어지고 있다.

남편은 이미 여자에게 사로잡혀서 여자가 이끄는 대로 끌려가고 있다. 하나님이 보이신 부위부강의 본보기를 보이지 못할 뿐 아니라 역으로 뱀이 보인 본보기를 보여 서로 정녕 죽음으로 이끄는 형편이다. 뱀의 거짓에 속은 여자는 남자를 계속 잡아당긴다. 여자는 남편에게 자신을 하나님처럼 높이고 임의대로 마음대로 자유의지대로 먹을 수 있게

(죽일 수 있게) 해 달라고 한다. 현상의 삶에서 남자에게 여자를 섬기라는 요구이다(고전 11:3). 본래는 남자가 여자의 머리이지만 타락의 인식을 한 후에는 여자가 남자의 머리라고 주장한다. 이런 주장은 21세기 현재까지 계속되고 더 심화될 것이다. 타락의 인식을 주 인식으로 하는 여자의 요구는 정당하지 않다. 도둑질한 물건을 자기 것이라고 주장하는 것과 같다. 특별히 자신을 하나님처럼 높여서 남편을 노예처럼 부림으로, 하나님이 사람(남녀)의 머리이고 남편이 아내의 머리인 것을 부정하는 죄를 범하는 것이다. 하나님이 남편에게 주신 것을 뱀이 여자를 앞세워 빼앗으려는 수작이다.

남편은 아내의 그런 요구에 하나님을 대신해 목숨을 다해서 다스려야 한다. 하나님이 부분 위임해 주신 만물통치권을 지켜야 하고 자신과 아내와 자녀를 지켜야 한다. 본래의 부위부강夫爲婦綱인 하나님의 본보기를 보임으로 아내와 자녀가 자신의 삶에서 하나님의 자기실현을 이루도록 이끌어야 하는 것이다. 하나님이 생명을 주신 것처럼 육신의 씨인 정자를 아내에게 주고 아내는 이 생명을 받아 자신의 난자와 연합하여 하나님의 자기실현을 사람 가운데서 영원히 이루어야 한다. 현상의 남편에게서 하나님이 설명되게 하고 아내를 통해 하나님에 대한 사람의 태도를 알게 해야 한다. 남편과 아내는 그 존재 자체로 하나님과 사람의 관계를 설명하고 있다.
뱀이 아내를 속인 후에는 이 모든 설명이 왜곡되어 있다. 모양만 있을 뿐 그 진의를 몰라서 저마다 임의대로 자기 정체성을 갖고 있다. '나는 신이다'라며 스스로를 높인다. 아내는 남편에게 창세기 1장 28절의 내용을 자신을 위해 실현해 달라고 해서 응하지 않으면 잠자리를 하지 않겠다고 한다. 그것은 남자의 생물학적 성기능과 사회학적 존재로서의 성을 없이하겠다는 무서운 협박이다. 아내가 관계를 갖지 않으면 남편은 아내를 통해 자기실현을 할 수 없다. 하나님의 뜻에 순종하지 않으면 사람 안에서 하나님의 자기실현이 되지 못하는 것처럼, 남편도 아내가 동침하지 않으면 자녀가 태어나지 못함으로 생명 단절의 위협인 것이다. 영적으로 하나님의 자기실현을 못하게 하는 뱀의 공격이다. 하나님이 창조하신 사람의 단절은 사람을 통해 나타나야 하는 하나님의 자기실현의 단절이고 피조물을 무용지물 되게 하는 무서운 공격인 것이다. 뱀이 아내를 이용하는 것은 남편의 몸인 까닭이다. 남편의 뼈 중의 뼈요 살 중의 살이기 때문에 아내가 요구하면 머리가 무시할 수 없도록 창조되었다. 한몸체계로서의 아내의 요구를 남편은 들어 줄 수밖에 없다. 뱀은 여자의 생물학적 성기능과 사회학적 존재로서의 성을 이용해 남자를 성의 노예로 사로잡았다.

하나님의 창조하신 은혜의 흐름은 하나님→남자→여자이지만 뱀의 유혹의 흐름은 뱀→여자→남자이다. 하나님은 남편과 아내에게 자유의지를 주신 이후 처음으로 간섭하신다. 사람의 타락을 알고 사람의 대표자인 남자 남편 아담을 부르신다. 하나님의 부르심에 아담과 하와는 숨는다. 하나님의 추궁에 용서를 구하는 것이 아니라 핑계를 댄다. 남편은 아내에게, 아내는 뱀에게 책임을 떠넘긴다(창 3:9-13). 누구 때문이 아니고 자기 자신 때문이다. 타락의 인식을 하고 있는 사람은 언제나 자기 잘못을 남의 탓으로 돌리며 책임을 전가한다. 타락의 인식의 특징이다.

하나님은 책임지지 않는 남편과 아내에게 죄의 유입 순서대로 벌을 내리신다.

뱀은 종신토록 기어 다니며 흙을 먹고 여자의 후손과 원수가 되는 저주를 받는다. 여자의 후손은 하나님으로부터 나타나는 후손이고 뱀의 후손은 타락의 인식을 따르는 사람들이다. 뱀의 인식이 사람의 정신세계를 기어 다니면서 하나님을 알 만한 생각을 먹어 치운다. 타락의 인식은 예수님이 십자가를 지고 죽으심으로 예수님 안에서 저주 받아 함께 죽었다. 주의할 것은 예수님 안에서만 죽었다. 그러므로 예수님을 믿으면 자신 안에 있는 타락의 인식이 함께 죽고 정녕 죽음의 함정에서 빠져나올 수 있다.

아내가 받은 벌은 잉태의 고통을 크게 더한 것이다. 생물학적 성기능의 출생에서도 큰 고통이 따르지만 뱀의 인식에서 성령의 인식으로 거듭나는 출생 역시 큰 고통이 따른다. 새로운 생명을 잉태하고 출산하는 일은 아내에게 평생의 고통이다. 타락 전의 자신 안에 있었던 하나님의 자기실현의 생명을 예수를 믿음으로 잉태하고 태어나게 해야 한다(마 1:18). 생명을 잉태하려면 남편으로부터 하나님의 말씀을 다시 받아야 한다. 아내가 하나님께 직접 받는 것이 아니라 영적으로 남편되시는 예수님을 믿음으로 말씀을 받아야 하나님의 자기실현의 생명이 다시 생긴다. 이렇게 생긴 하나님의 자기실현의 믿음을 온 마음과 온 힘을 다해 이루어야 한다. 그리고 내재해 있는 타락의 인식으로서의 자기다움을 성경 말씀에 복종시키고 다스려야 한다. 마지막 아담 예수가 다시 준 하나님의 말씀으로 타락의 인식을 십자가에 못 박고 늘 다스려야 한다. 이 일은 예수님을 믿어서 생긴 자유의지로 해야 한다. 전에는 뱀이 시키는 자유의지로 하나님이 주신 자유의지를 제압당했다면 예수를 믿은 후에는 성령의 자유의지로 뱀의 의지를 다스려서 몰아내야 한다. 뱀의 자유의지를 다스리는 것은 오직 자신만이 할 수 있다. 새로운 자유의지의 실현은 예수 믿음으로 갖게 된 성령의 인식의 동의에서 발의된 자신의 의지로만 가능하다. 육체의 출산도 힘들지만 예수님을 믿어서 새로운 사람으로 거듭나는 것은 더 힘든 일이다. 다른 사람을 새롭게 태어나게 해야 하는 것은 더더욱 힘들다. 특별히 아내는 남편을 성령의 인식으로 도와야 한다. 뱀에게 속아 타락의 인식으로 정녕 죽음을 갖게 했으므로 누구보다도 먼저 남편이 구원받도록 힘을 다해 도와야 한다. 자신이 할 수 있는 모든 수단을 총동원해서라도 남편이 예수 믿고 성령의 인식을 갖도록 해야 한다. 그래야 자신도 구원의 은혜를 온전히 받을 수 있다. 이 일을 해내는 것이 아내에게 주어진 벌이다. 아무리 힘들어도 뱀에게 속아 지옥 같은 삶을 살다가 영원한 지옥으로 떨어지는 것보다는 나을 것이다. 삼위 하나님이 함께하시면 할 수 있다. 하나님의 자기실현을 이루도록 돕는 사람에게 하나님이 함께하셔서 능력을 주기 때문에 넉넉히 할 수 있다. 남편이 아내의 도움으로 예수를 영접하여 믿게 되면 진정한 부위부강이 이루어진 모습일 것이다. 구원받은 남편은 아내를 하나님이 보여 주신 본보기로 이끌고 아내는 남편에게 하나님의 자기실현의 사랑을 받게 된다. 아내는, 자신도 다시 태어나고 남편과 자녀도 하나님의 생명으로 다시 태어나게 온 마음과 온 힘을 다해 도와야 할 책임이 있다. 왜냐하면 자신이 제일 먼저 뱀에게 속아서 하나님의 말씀을 어기고 선악과를 임의로 먹은 장본인이기 때문이다. 여자가 자신과 자녀 또는 이웃에게서 하나님의 자기실현을 돕는 잉태와 출산을 하면 구원받는다(딤전 2:15). 믿음으로 해산하면 하나님의 거룩한 신부가 되고 영적으로는 하나님 아버지의 아들이 된다. 현상 세계에서는 여자와 남자가 생물학적 성기능과 사회학적 존재로서의 성적 구별이 반드시 있어야 하지만 영적으로는 하나님 앞에 동등한 한 영혼이다. 여자도 예수 믿고 성령을 받으면 영적으로 아들의 신분을 갖게 된다. 예수 믿음으로 하나님의 자기실현이 되어 하나님을 닮은 생각과 행동을 하는 하나님의 아들인 것이다(롬 8:14-15).
남편이 받은 벌은 땅의 저주이다. 땅의 저주는 이마에 땀을 흘림으로 오직 하나님이 생명 주셨음을 알게 하는 수단이다. 하나님이 남편으로 자기실현을 이루어 주신 것임을 알게 하는 저주이다. 하나님을 바로 설명하는 부위부강의 남편은 하나님을 바로 아는 데서부터 시작된다. 하나님은 아담에게 땀 흘려 그 사실을 알아야만 살 수 있는 환경을 주셨다. 남자의 노동은 이런 목적을 띠고 있는 훈련이며 저주이다. 땀 흘려 일한다고 타락의 인식이 다 벗겨지지는 않겠지만 하나님이 주신 은혜가 얼마나 큰지 알게 하는 것이다.

이후 남편과 아내는 동침한다. 성관계를 생각할 때 사람들은 본능적으로 남편이 주고 아내가 받는 줄로 안다. 그러나 타락의 인식에서는 아내가 주고 남편이 받는 관계로 되어 있다. 이것을 부위부강에 적용해 보면 잠자리를 아내의 요구대로 하게 되어 있는 것이다. 타락의 인식에서는 성의 주도권이 아내에게 있다는 것이다. 사정이 이러하니 하나님의 창조하신 본능과 충돌하고 남편과 아내는 다투게 된다. 주는 대로 받으려는 자세가 아니고 자신이 요구하는 대로 주어야 한다는 것이다. 남편이 잠자리를 요구할 때 아내는 뱀의 인식에서 자기 몸을 자기 것이라고 주장하면 안 된다. 아내의 몸은 남편의 것이다(고전 7:4).
아내는 자신의 머리인 남편에게 타락의 인식을 먹였다. 그것을 잊으면 안 된다. 본래 남편은 아내가 타락의 인식에서 임의대로 정의한 존재가 아니다. 타락의 인식의 아내가 바라는 남편상은 자신을 하나님의 위치에 올려 주고 섬겨 주는 남편이다. 그러나 아내가 선악과를 먹여 뱀의 인식을 가진 남편은 아내와 같은 인식을 하고 있다. 아내에게 생명을 주는 것이 아니라 남편 역시 받고자 한다는 것이다. 받으려는 남편은 아내에게 정녕 죽음의 고통만 안겨 준다. 남편은 하나님이 창조하신 일반은총의 남성성이 변질되었다. 타락의 인식에서의 머리 됨의 정당성과 이기성이 연합되어 나타내는 강제성은 아내의 고통이고 슬픔이다. 남편의 이런 다스림은 뼈 중의 뼈요 살 중의 살인 아내에게 정녕 죽음의 고통이 되는 것이다. 하나님이 만들어 주신 아름다운 창조의 연합이 아니라 뱀에게 속은 정녕 죽음의 연합이 되는 것이다. 이것 또한 아내가 받는 벌이다.

남편과 아내는 타락의 인식에서 첫아들 가인을 낳았다. 겉모습은 하나님의 형상을 하고 있는 아들이지만 속은 뱀, 곧 독사의 아들인 것이다. 아내 하와는 남편을 통해 아들을 낳았다고 하지 않는다. '여호와로 말미암아 득남하였다'고 한다(창 4:1). 이 부분을 부위부강의 적용해 보면 이것은 하나님이 보이신 본보기가 아니다. 아내의 선언에는 남편이 없다. 아내 자신이 임의대로 낳았다는 말이다. 남편의 정신적 요소와 생물학적 성기능과 사회학적 존재로서의 성과 상관없이 자기 마음대로 아들을 낳았다는 것이다. 영적 시각에서 보면 타락의 인식으로 낳았다는 말이 된다. 뱀의 거짓에 속은 여자는 남편이 낳은 것을 인정할 수 없다. 인정하면 타락의 인식 체계가 부정되기 때문이다. 말로는 여호와로 말미암아 득남하였다고 하지만 정신으로는 인정하지 않는다. 만일 여호와로 말미암아 낳은 것을 알리고 싶으면 '내가 남편으로 말미암아 득남하였다'고 말하면 된다. 남편을 언급하지 않는 것은 남편을 통해서만 이루어지는 하나님의 자기실현을 부정하고 싶은 것이다.

남편과 아내를 창조하신 하나님은 남편에게 하나님의 권위를 위임하여 하나님을 설명할 수 있도록 가정 질서를 두셨다. 서원誓願 문제에서 알 수 있다. 여자가 미혼일 때는 육신의 아비가 가부를 결정하고 결혼한 경우는 남편이 결정한다. 고아나 과부나 이혼한 경우 하나님께 반드시 드려야 한다. 하나님이 부모가 되시고 남편과 같기 때문이다(민 30:13-15). 남편과 아내가 충돌할 때 양가 가족이 간섭하는 것은 성경 말씀과 맞지 않는다. 부부는 독립된 요소이다. 외부의 어떤 간섭도 허용되지 않는다. 부부가 주체 되어 가정사의 결정권을 갖는다. 이러한 권한은 하나님이 최초의 남편과 아내에게 주신 것이다. 조언할 수는 있지만 다른 사람이 부부의 독립성을 해치는 결정을 할 수 없다는 것이다. 하나님이 짝 지어 준 것을 사람이 나눌 수 없다(마 19:6).

아내를 남편의 갈빗대로 창조하여 주신 분은 하나님이다. 그러므로 자녀를 낳는 것은 남편이다. 하와의 '내가 득남하였다'는 말은 타락의 인식의 임의성으로서 자신을 신의 위치에 두는 거짓 자기실현적 표현이다. 하와의 말이 틀린 것을 확인할 수 있는 말씀이 또 있다. 마리아가 예수를 낳는 과정과 비교해 봄으로 알 수 있다. 남편과 동침하기 전, 곧 성관계를 맺기 전에 성령의 임하심으로 잉태되어 태어났다(마 1:18). 마리아가 낳은 것이 아니라 성령 하나님이 낳은 것이다.

마리아가 어떻게 하나님을 만들어 낼 수 있겠는가?

'낳다'는 말은 아버지에게 해당되는 말이다. 하와의 아들 가인은 여호와로 말미암아 태어난 것이 아니다. 생물학적 성기능에 따라 육신적으로 아담과 동침하여 애기 씨인 정자를 받아 태어났고 영적으로는 하나님의 생기에 의한 생령으로 태어났다. 현상적으로는 뱀의 거짓 인식이 아내 하와를 사로잡음으로 잉태되어 태어났다. 뱀, 마귀로 인하여 하와의 정신적 요소가 변질된 상태에서 가인이 태어난 것이다. 그리고 타락의 거짓 인식으로 교육되어 정신적 요소를 이루었다. 그렇기 때문에 여자 아내 어머니 하와가 여호와로 말미암아 가인이 태어났다고 하는 것은 거짓말이다.

하와는 왜 뱀이나 남편이 아니고 여호와로 말미암아 가인이 태어났다고 했을까?

그 이유는 하와가 타락의 거짓 인식에 잡혀 있는 것과 연관되어 있다. 뱀의 거짓말 중에 하나님과 같이 된다는 내용이 있다(창 3:5). 여자 하와가 자신을 신처럼 생각하고 있다는 것을 알 수 있다. 하나님과 부부관계인 것처럼 말하는 것이다.

하와가 타락의 인식에서 거짓말하는 것은 창세기 4장 25절에서도 밝혀지고 있다. 가인이 죽인 아벨 대신 하나님이 셋째 아들 셋을 주셨다. 셋도 아담과 하와가 동침함으로 태어난다. 그러나 첫아들처럼 아내가 아들을 낳았다고 하지 않고 남편이 아들을 낳았다고 기록되어 있다. 똑같이 부부가 관계해서 태어난 아들인데 첫째는 아내가 낳고 셋째는 남편이 낳았다는 것이다. 이 차이를 분명히 알아야 한다.

세 번째 아들에서부터 하나님이 인식되고 사람의 인식 안에 하나님의 자기실현이 이루어지는 구속사가 나타나기 때문이다. 남편 아담이 낳아야 정상적으로 하나님의 창조 질서에 맞는 일반은총 가운데서 하나님의 자기실현이 나타날 수 있다. 아담과 하와가 동침하여 낳은 첫아들은 아내 하와가 낳고, 둘째 아들 아벨은 첫째 아들 가인이 죽이고, 셋째 아들은 남편 아담이 낳았다. 가인은 타락사의 시작이 되고 셋은 구속사의 시작이 된다. 구속사의 흐름은 하나님→남자 아담→셋이고, 타락사는 뱀→여자 하와→가인으로 흐른다. 하와의 말처럼 여호와로 말미암아 아들을 낳았다면 하나님이 뱀의 뜻을 이루시는 분이 된다. 하와는 이미 타락의 거짓 인식에 잡혀 있기 때문이다. 하나님은 뱀의 뜻을 이루시지 않는다. 하나님의 창조물을 모두 도둑질하고 하나님을 자녀의 인식 속에서 정신적으로 죽인 원수의 뜻을 받들어 그의 아들을 낳아 줄 수는 없는 것이다. 하와는 인류사의 첫 부부가 낳은 첫아들에게 타락의 거짓 인식으로 거짓말을 심어 준 어머니이다. 어머니가 가르치는 타락의 인식의 거짓말 교육은 21세기 지금도 계속되고 인류가 하나님 앞에 심판 받는 그날까지 계속될 것이다.

정녕 죽음의 흐름을 차단해야 산다. 현상의 삶에서 남편 아담은 아내에게서 계속되는 타락의 인식의 주장을 뱀의 인식으로 다스린다. 뱀의 소원인 정녕 죽음을 이루고 있는 모습이다. 그의 다스림은 정당성이 없어서 언제나 제재를 받고 도리어 아내가 이끄는 대로 끌려가는 결과를 낳게 된다. 이 부분에서 부위부강을 적용해 보면 우리 선조들은 타락의 인식에서 남편이 아내를 다스렸다고 생각된다. 우리 조상들이 보인 본보기는 뱀의 인식에서 펼쳐진 본보기이다. 문제는 아내에게서 계속되는 타락의 인식의 주장을 남편 아담은 하나님의 본보기로 다스리지 못했다는 것이다.

이것을 아는 하나님이 세상을 사랑하사 독생자를 보내 주셨다(요 3:16). 예수는 하나님 아버지가 사람 가운데서 이루시는 하나님의 자기실현을 좇아 세상에 왔다. 마음에 하나님의 자기실현을 이룬 사람들이 구속사를 이룬 인물들이다. 구속사의 흐름은 대략적으로 다음과 같다. 하나님→남자 아담→셋→노아→셈→아브라함→이삭→야곱→다윗→예수의 육신적 아비 요셉→예수님이다. 타락사의 흐름은 뱀→여자 하와→가인→라멕→함→가룟 유다→뱀의 인식에 잡힌 사람들로 이어진다. 타락사에 있는 자들은 하나님이 한탄하는 사람들이다(창 6:5-6). 뱀에게 속아 결코 죽지 않는다고 믿어서 영원히 정녕 죽음에 잡혀 있는 인류를 구원하기 위해 예수님이 오셨다. 하나님 아버지는 뱀에게 속은 남편과 아내를 구원하려고 지금까지 열심히 일하신다. 하나님은 타락의 거짓 인식인 정녕 죽음의 흐름을 끊으려고 노아 시대에 물로 심판하여 정화하셨다. 그러나 구속사의 인물들까지 타락의 거짓 인식에 이미 장악되어 있으므로 스스로 자신을 구원할 수 없어서 하나님의 독생자를 세상에 보내신 것이다. 누구든지 예수를 믿으면 정녕 죽음에서 벗어나 영생의 복을 받도록 하나님이 일하신 것이다. 예수님을 믿으면 믿음과 동시에 성령이 임하시면서 타락의 인식을 몰아내기 시작한다. 성령이 임하시면 뱀의 노예로서의 정신적 요소가 하나님을 알아보는 인식이 되어 하나님의 자녀가 되는 놀라운 신분 상승과 하나님의 진리를 가진 인성으로 변화한다(요 1:12-13).

본래 하나님이 사람을 창조하고 생기를 불어넣어 생령이 되게 한 것은 그 안에서 하나님의 자기실현이 나타나 영원히 영광을 받으시기 위함이다. 그러나 뱀에게 속아 거짓 인식을 가진 사람 안에서 거짓 정신이 나타나게 되었다. 정신적으로 정녕 죽음의 상태이다. 그러나 이런 상태일지라도 예수님을 믿는다고 고백하면 성령이 임하시고 새로운 정신이 살아난다. 하나님 입장에서는 잃어버린 자녀를 다시 찾은 것과 같다. 예수를 믿는 사람 안에서는 하나님이 인격적으로 존중 받고 영광 받으시는 상태가 되는 것이다. 그러므로 예수님을 믿으면 가장 좋은 이상적인 남편과 아내를 만날 수 있다. 하나님이 주시는 부위부강의 본보기를 서로에게 보여 주는 남편과 아내가 되는 것이다. 예수를 믿어서 하나님의 본보기로 남편이 이끌고 아내가 따르는 아름다운 부부가 태어나게 된다. 하나님의 말씀대로 남편이 머리이고 아내가 몸인 한몸체계를 이루는 것이다(고전 11:3). 현상의 삶에서 부부가 이루는 하나님의 자기실현의 모습은 하나님의 기쁨이 된다.

어떤 사람은 예수 믿으면 구원받고 행복해지는 줄 알았는데 믿어도 행복하지 않고 힘들다고 한다. 이런 경우 자신 안에서 하나님의 자기실현이 이루어지지 않았다고 보아야 한다. 앞에서 뱀이 여자를 속여 사람 안에서 타락의 거짓 인식의 자기실현을 했다는 사실을 여러 차례 확인했다. 예수님을 믿되 타락의 인식의 자유의지로 믿는 것이다. 타락의 인식이 주체가 되어 그 인식에서 예수를 평가하고 지식적으로 믿는 것이다. 예수를 믿기는 하지만 하나님이 그 사람 안에 직접 들어가서 주인이 되어 하나님의 자기실현을 이루지 못한 상태이다. 믿는 모양만 있고 속으로는 예수님을 믿지 않는 것이다.

믿는 자 안에서 하나님의 자기실현이 이루어져서 영접 받고 존중 받으며 인격적으로 통치권을 돌려받아 직접 하나님의 말씀으로 통치하는 상태가 되어야 한다. 이것이 진정으로 예수님을 믿는 것이다. 영접함으로 믿는 것이다(요 1:12-13). 예수님을 믿으면 성령 하나님이 사람 안에 임하셔서 직접 다스림으로 자기실현을 이룬다. 성령 하나님이 타락의 거짓 인식과 직접 대면하여 거짓말을 다 드러내고 몰아내시는 것이다. 그래야 타락의 인식이 하나씩 나가고 나간 만큼 성령이 하나님의 자기실현을 많이 이룬다. 이를 성령 충만하다고 한다. 믿는 자가 자신 안에서 성령의 가르침으로 자기실현을 이루면 타락의 인식의 함정을 빠져나올 수 있다.

성령은 예수님을 믿는다고 고백했을 때부터 이미 임하신 것이다. 성령이 아니고는 예수님을 구주라고 말하지 않는다(고전 12:3). 타락의 거짓 인식에서는 부러 '예수가 나의 구주'라고 고백하지 않는다. 고백하는 순간 자신 안에 있는 뱀의 인식으로서의 자기실현이 부정되기 때문에 입술을 깨물어 피를 흘리면서도 입을 열지 않는다. 필자는 귀신들린 청년에게서 이런 일을 경험한 적이 있다. 그러나 타락의 인식에서 지식으로만 하나님의 자기실현을 인정하는 경우가 대부분이다. 지식적인 것도 뱀이 허물을 벗듯 벗겨진다. 개인차가 커서 한 번에 변화되는 사람도 있고 대부분은 양파 껍질처럼 하나하나 벗겨져 근본으로 나아간다.

세월이 가도 타락의 인식이 없어지지 않고 양심이 그 인식으로 굳어버린 사람들도 있다. 교회생활 따로, 세상생활 따로 하는 믿음을 가진 경우도 많다. 상황에 따라 임의대로 신앙생활을 하는 사람들이 대부분이다(갈 5:16-17). 거짓 인식이 자기화되어 있다. 여기에 성령이 임하면 대혼란이 일어난다. 컴컴한 곳에 빛이 임한 것과 같다. 그래서 뱀은 이 빛을 예수님에게만 한정시킨다고 앞에서 말한바 있다. 자신 안에는 들어오지 못하게 하고 '예수 안에 생명의 빛이 있다'는 사실을 아는 정도만 믿는 것이다. 자신 안에 예수라는 찬란한 빛이 들어와서 어두움을 물리치면 뱀의 인식에서 지은 죄들이 다 드러나고 죄를 죽여야 하는 희생이 따른다. 그것을 두려워하는 것이다. 타락의 거짓 인식의 자기실현으로 이룬 자기다움을 다 버려야 하는데 버리기 싫어하는 것이다. 그것을 어느 정도 유용하게 써야겠다는 계산이 깔려 있다. 희생은 덜하고 혜택은 많이 받겠다는 지극히 타락의 거짓 인식적인 사고이다. 적당히 타협하고 합리화하여 고착된 상태이다.

과감하게 부수어야 한다. 그것 때문에 하나님께 받지 못하는 은혜가 얼마나 많은지 안다면 그 잔재들을 아끼지 않을 것이다(롬 8:5-8). 사람이 타락함으로 갖게 되는 육신의 생각이 필자가 말하는 육체의 인식이다. 거짓 인식을 몰아내 자신 안에 형성되어 있는 타락의 인식으로서의 자기실현을 무너뜨리려면 성령의 깨닫게 하심이 많아져야 한다. 성경 말씀을 배워서 깨달으면 필자가 말하는 성령의 인식이 많아지는 것이다. 성령의 인식이 많아지면 많아질수록 자신 안에 이루어져 있는 타락의 거짓 인식의 자기실현은 허물어지기 시작한다. 그러나 한 가지 주의할 것이 있다. 뱀의 인식이 순순히 물러가지 않는다는 것이다. 믿는 자의 모든 것을 이용하여 나가지 않으려고 버틸 것이다. 끝까지 버티다가 어쩔 수 없으면 나가는데 그때에도 강력한 의지의 실천으로 끌어내야지 그냥 스스로 나가지는 않는다. 믿는 자가 성령의 인식으로 육체의 인식을 쳐서 때려 부수어 강력히 끌어내야만 끌려 나간다. 믿는 자 안에서 이루어지는 하나님의 자기실현이 이루어지지 못하게 핑계 거리를 들어 끝까지 합리화한다는 것이다.

이것이 무서운 것은 뱀에 인식에 잡히면 성령 충만의 자기실현이 무한대로 미루어져서 죽을 때까지도 이루지 못하게 하는 것이다. 뱀의 유혹을 만만히 보면 안 된다. 냉정하고 단호하게 뱀의 인식을 버려야 한다. 무엇이든 타락의 거짓 인식에서 나타나는 것은 정녕 죽음을 이루는 재료가 된다. 경계하고 또 경계해야 한다. 오직 예수님을 믿음으로 성령 충만을 이루어야만 싸워서 넉넉히 이긴다. 예수님은 친히 세상을 이기셨다(요 16:33). 예수님을 믿는 사람도 이길 수 있다(롬 8:37-39). 예수를 믿음으로 성령이 임하셔서 믿는 자 안에 하나님의 자기실현이 많아지면 많아질수록 평안하고 기쁨이 넘치게 된다. 남편과 아내가 예수 믿고 성령 충만하여 하나님의 자기실현을 이루면 하나님이 축복하시는 부위부강의 부부가 될 것이다. 성령이 가르치시는 믿음을 이루기 위해 성경 말씀을 열심히 배워서 장성한 분량의 믿음을 갖길 바란다. 그러면 자신도 구원하고 가족과 이웃과 나라도 구할 것이다.

성령은 예수님이 이루신 구원의 은혜를 개인에게 적용하시는 사역을 하신다(고전 2:10-16). 성령이 아니면 지금까지 일하시는 성부의 역사와 성자가 이룬 구원의 은혜를 믿는 사람에게 적용할 수단과 방법이 없다. 성경을 듣고 읽고 가르침을 받는 것은 성령의 인식을 이루기 위함이다. 성경 말씀이 아니고는 성령을 가르칠 방법이 없기 때문이다. 성령 받는 것과 성경을 아는 것은 떨어질 수 없는 동전의 양면과 같다. 하나님의 말씀을 떠난 성령의 역사는 없기 때문이다. 남편과 아내가 예수님을 성령의 인식으로 믿어서 하나님의 자기실현이 부위부강의 본보기로 나타나기를 소원한다.

오륜

五倫

부자유친
父子有親

부자유친을 바로 이해한다면 자신과 가정이 살고 나라가 사는 길이 열리게 된다. 진정한 친함은 성경 말씀을 통해 성령의 가르침에서 나타난다. 이 책을 끝까지 읽으면 자신과 가정을 살리는 비밀한 진리의 친함을 알게 될 것이다.

부자유친을 알기 위해서는 친할 친親을 이해해야 한다. 친할 친親을 분석해 보면 설 립立과 나무 목木과 볼 견見이 합쳐져 있다. 설 립立은 무엇이 서 있다는 것이고 누군가 무엇을 만들었다는 것이다. 사람이 존재한다면 누군가 태어나게 한 것이다. 눈앞에 나무(木)가 있다면 자연발생적으로 자랐다고 해도 생명의 씨앗이 땅에 심겨졌다는 것을 의미한다. 그것을 누군가 바라보고 있다. 볼 견見은 사람을 창조하신 창조주 하나님이 본다는 말이다.
하나님은 먼저 자신의 친함을 가진 남자를 창조하셨다. 이 친함을 여자에게 전해 주도록 하였다. 남녀는 부부가 되어 동침함으로 아들을 낳고 부모가 되었다. 육신의 아버지는 아들에게 하나님의 친함을 전해 주라는 이름이다.

하나님과 사람은 처음부터 친한 사이였다. 육신의 아버지가 결혼하여 아들을 낳고 내 아들이라고 한다면 '나는 아들과 친하다'는 말이다. 앞에서도 확인했지만 친함의 시작은 창조주 하나님이시다. 하나님이 사람을 창조하신 그대로 나타났다. '우리의 형상을 따라 우리의 모양대로 우리가 사람을 만들고'와 '나는 내 자녀와 친하다'는 같은 성격을 가지고 있다. 현상 세계에서 하나님이 주신 친함은 사람의 정신적 요소와 생물학적 성기능과 사회학적 존재로서의 성과 연결되어 있다. 육신의 아비가 아들을 낳는 것은 하나님이 최초의 사람을 창조하신 것과 연결되어 있다. 자신과 하나 되어 있는 상태를 친하다고 표현하는 것이다. 영적인 하나님의 친함이 현상의 육신의 아버지와 아들의 관계로 나타나고 설명되는 표현이 친할 친親이다. 하나님의 친함을 육신의 아버지가 아들에게 전달하는 방법은 본보기이다. 하나님 아버지의 친함을 육신의 아버지가 아들에게 본보기로 친절하게 전달해야 한다. 친함을 주되 하나님이 보여 주신 말씀의 본보기에 따라 친절하게 먹이고 입히고 보호하고 사랑함으로 주어야 한다.

하나님은 친함을 주실 때 사람이 보고 배울 수 있도록 친절하게 시청각교육 자료를 미리 보여 주었다(창 2:19). 하나님의 친함을 만물에게 어떻게 표현하는지 아담이 알 수 있도록 선행 학습 자료가 된 것이다. 그런 후에 아내 하와를 남자의 갈빗대로 만들고 이끌어 오시니 아담이 보고 '내 뼈 중의 뼈요 살 중의 살'이라며 하나님의 친함을 친절로 표현했다(창 2:23). 남편 아담의 표현에서 친절이 무엇인지 분명히 알 수 있다. 남자 아담은 여자 하와를 가장 좋은 자신으로 대한다. 자신의 가장 소중한 몸처럼 생명을 줌으로 대하는 것이다. 이것이 현상의 인간세계에서 나타난 친절의 시작이며 표현이다. 최초의 남자 남편 아버지인 아담이 여자 아내 어머니인 하와에게 나타낸 친절은 하나님이 사람을 창조하시고 가졌던 친절을 그대로 본받은 표현이다.

친함을 전달하는 방법으로서의 친절에서 친은 알아보았으므로 절에 대해 살펴보겠다. 정성스러울 절切은 일곱 칠七과 칼 도刀가 합쳐진 글자이다.

친절의 의미를 보면 영적으로는 창조주 하나님이 주신 친함을 사람에게 전달하는 방법을 말하고 있다. 현상의 육신적 사람이 친함을 나눔에 있어서 상대의 상태를 잘 살펴야 한다. 사람은 하나님이 창조하실 때부터 불어넣은 생기에 의한 생령으로서의 자유의지를 가지고 있어서 감정이나 생각이 안 좋을 수도 있기 때문이다. 상황에 맞게 감정을 조절하고 말을 꾸며서 좋게 나누어야 한다. 칼로 벤다는 의미는 친함을 다루는 방법을 의미한다. 하나님이 창조해 주신 친함을 타락한 인식에서 임의대로 전한다면 상대가 좋아하지 않을 수 있다. 잘 받아들일 수 있도록 조절해서 주어야 하는 것이다. 자신의 뜻대로 칼로 다지듯이 요리해 준다고 좋아하는 것은 아니다. 상호 간에 생물학적 성기능과 사회학적 존재로서 정성을 담아 친절히 전해야 한다.

정성의 의미를 알기 위해서 먼저 정과 성을 알아본다. 정성스러울 정精은 쌀 미米와 푸를 청靑이 합해져서 만들어진 글자이다. 쌀은 생명의 에너지가 되는 주식이고 생명이 푸르다는 것은 생동감 있게 살아 있는 것이니 하나님이 만물을 창조하신 창조를 설명하고 있다. 정성 성誠은 말씀 언言(亠+二+口)과 이룰 성成(万+戈)이 합해졌다. 말씀 언言은 머리, 두 눈, 입의 형상을 하고 있다고 생각한다. 머리에서 말이 나온다는 것이다. 이룰 성成은 만 가지 일을 창으로 싸우듯이 이루어 감을 의미한다고 하겠다. 정성 성誠은 창조주 하나님의 말씀을 순종함으로 이루는 것을 의미한다고 생각한다. 창조주 하나님의 말씀을 정성껏 받들어 순종하라는 말이다.

그러므로 앞의 말들을 정리해 보면 다음과 같다. 하나님이 창조하심으로 친함의 말씀을 사람에게 주셨다. 그것을 친절하게 서로 나누어 가지라는 것이다. 절切이 정성이라는 사실을 확인했다. 정성은 하나님의 친함을 각각의 개인의 삶에 적용하여 실천하는 것이다. 이것을 부자유친에 적용해 보면 우리 조상들이 가졌던 부자유친의 윤리는 하나님의 말씀의 친함을 한국인이 가지기 위한 노력의 산물임을 알 수 있다.

- 전통적 견해

전통적인 부자유친父子有親은 하나님이 주신 말씀의 은혜를 타락한 육체의 인식에서 이루려는 조상들의 의지이다. 타락한 정신에서 임의대로 이루려는 것이다. 아버지와 아들이 친해야 한다는 창조적 본능은 사람의 형상과 모양의 이성에 남아 있다. 변질되었지만 본능 속에 있는 부자유친을 이루려는 것이다. 정신이 타락했음에도 생물학적 성기능과 사회학적 존재로서의 성에 이성적으로 남아 있는 아버지 중심적 친함이다. 타락의 인식의 이기성이 자유의지를 통해 나타나는 친함이라는 것이다. 아버지가 자기중심적인 친함을 이루려고 했던 것에는 아버지가 알지 못했던 영적인 비밀이 있다. 이 부분은 성경적 견해에서 자세히 다루고 여기에서는 설명을 위해 대략만 말한다.

전통적 아버지들은 타락의 인식에서의 본능으로 아들과 친하게 지내려고 노력했다. 태어나면서부터 갖게 된 본능이다. 아버지가 아들일 때부터 가지고 있었다. 아버지는 또 그 아버지로부터 친함을 배웠다. 이것은 아버지가 아들을 사랑하는 본래의 사랑의 모양을 하고 있다. 친함의 근원을 찾아보면 최초의 사람에게 다다른다.

최초의 사람은 어디에서 친함을 갖게 되었을까?

사람을 창조하신 하나님에게서 받았다(창 1:26-27, 31). 유교에서는 이것을 천성지친天性至親이라고 한다. 모든 아버지들은 하나님 아버지와 창조된 아들 간에 있는 친함을 본능적으로 가지고 있다. 그래서 아버지들은 자녀를 낳으면 좋아한다. 육신의 아버지가 사랑하는 '뼈 중의 뼈요 살 중의 살'인 아내를 통하여 낳았기 때문에 더욱 좋아한다. 부모를 닮은 자녀가 태어났을 때 아버지는 자기실현의 기쁨을 갖게 되는데 이것이 곧 친함이다. 친함이 부자유친의 기본이다.

본래의 친함이 본능적으로 있음에도 불구하고 육신의 아버지와 아들이 친하지 못한 것은 영적인 이유 때문이다. 현실의 아버지와 아들이 알지 못하는 어쩔 수 없는 이유가 있다. 하나님 아버지가 창조하신 최초의 아버지 아담 안에 있었던 하나님의 자기실현으로서의 친함이 변한 까닭이다. 창세기 1장 31절에 하나님의 친함이 완성되었음을 표현하였다. 하나님이 창조함으로 낳은 자신의 형상과 모양의 자녀를 보시며 심히 좋았다고 기록되어 있다. 자신을 닮은 아들딸이기 때문이다.

그런데 육신의 아버지는 하나님으로부터 받은 친함을 빼앗겨 버렸다. 뱀이 어머니를 속여서 아버지 속에 있는 하나님의 친함을 없애고 타락의 친함을 갖게 하였다. 아버지가 가장 사랑하는 아내는 하나님의 친함을 와해하는 일에 이용당했다. 하나님의 친함을 거짓 인식으로 바꾸는 일에 앞잡이가 된 것이다. 남편 안에 있는 친함을 도우라고 창조해 주셨는데 뱀의 거짓 친함을 도왔다. 뱀의 인식으로 남편을 주장하여 남편도 뱀의 거짓이 주 인식이 되게 하였다. 이후 사람의 겉은 하나님의 형상과 모양이지만 속은 뱀의 인식이다. 아버지의 정신이 타락의 인식이 된 후 그 인식으로 아들을 사랑하고 돌본다. 하나님이 처음 주었던 친함은 없어지고 종잡을 수 없는 아버지의 친함을 아들이 대하게 된다. 사랑을 주다가도 잔인한 뱀의 성질을 나타낸다. 뱀이 어머니를 통해 아버지 안에 거짓의 친함을 이룬 것이 아들에게 쏟아지는 것이다. 타락의 인식에서 아들은 아버지와 정상적인 부자유친을 할 수 없다. 거짓 인식을 기반으로 하는 임의대로의 자유의지에서 변질된 친함을 나타낸다. 임의대로 나타내는 아버지의 겉모습과 속마음은 종잡을 수 없다. 아들이, 어릴 때는 아버지와 친했다가 청소년기에 접어들면서부터 친하지 못하는 문제가 생기기도 한다. 어머니를 따라 들어온 타락의 거짓 인식의 친함이 부모를 통해 자녀에게도 이미 들어와 있기 때문이다.

아비는 본능적으로 하나님 아버지가 주신 친함을 이루고 싶은데 아들이 말을 듣지 않으니 친함을 유지할 방법을 만들어 내야 했다. 그 방법이 삼강오륜이고 효 사상이다. 부자유친은 이렇게 태어난 것이다. 본능의 소원이 타락의 인식으로 변해 있음에도 그 사실을 알지 못하는 현상 세계의 아비는 아들과 친하고자 한다. 친함을 타락의 인식에서 반강제적으로 이루려 한다. 우리 조상들이 행한 부자유친이다. 이것은 하나님이 창조하여 주신 친함이 아니다. 뱀이 사람을 속여서 임의대로 만들어 낸 거짓 친함이다.

육신의 아버지가 타락의 인식의 친함을 아들에게 많이 주면 줄수록 친하기는커녕 도리어 원망이 커지는 역효과가 발생한다. 육신의 아버지가 주는 친함은 하나님 아버지의 생명이 아니라 죄의 소원을 이루는 정녕 죽음이기에 많이 받는 아들일수록 아버지와 친해질 수 없다. 아들 입장에서는 정신적으로 죽을 만큼 힘들고 괴롭다. 그러므로 아들은 살기 위해서 아버지가 주는 사랑의 말과 행동을 싫어하는 것이다. 이미 아들도 타락의 거짓 인식이 들어가서 자리 잡은 청소년기에 들면 거짓 자유의지를 실현하고 싶기 때문이기도 하다.

아들의 행동에 있어서 어머니가 주는 타락의 인식의 주장이 큰 영향을 미친다. 타락의 인식에서의 친함을 아버지보다 더 많이 주기 때문이다. 아버지의 말을 안 듣고 급기야 부자간 원수 되는 일에 어머니가 원인인 경우도 많다. 남편에게 먹인 정녕 죽음을 아들에게도 계속 먹이는 것이다. 이런 이유 때문에 전통적인 부자유친으로는 친할 수 없다. 그러나 남자로 태어났다면 부자유친을 해야 하는 것이 운명과 같기 때문에 이것을 타락의 인식에서라도 이루려고 한 것이다. 아내와 아들의 정신적 요소 또는 영적 상태가 어떻게 되어 있는지도 모른 채 타락의 인식이 자기 정신인 양 온 힘을 다해 부자유친하려고 한 것이다. 그렇게 이루고자 한 것이 조상들의 역사이고 2024년 지금까지도 계속되고 있다. 타락의 인식에서 이루려고 하면 할수록 부자유친은 더욱더 멀어질 것이다.

- 현재 상황

현재의 부자유친은 어떠한가?

한마디로 친하지 않다. 모든 아버지와 아들의 관계가 다 같은 것은 아니지만 대부분 친하지 않고 친할 수도 없는 영적 이유를 가지고 있다. 아버지는 가정에서 친함의 중심이 아니다. 어머니에게로 넘어간 지 이미 오래다. 아니 인류의 시작부터 친함의 주도권을 어머니가 가져갔다(창 3:1-6, 4:1). 어머니는 아버지가 주는 생명을 잉태하고 출산하고 양육하게 하는 일에 직접적인 친함을 가지고 있다. 아들의 정신적 요소와 생물학적 생식기능과 사회학적 존재로서의 성에서 어머니의 친함의 영향력은 비교할 대상이 없다. 어머니가 어떤 영향을 주느냐에 따라 아들의 성질이 나타난다. 어려서부터 아버지가 누구이고 무엇인지 정체성을 가르치지 않는다면 자녀는 아버지를 처음부터 잃어버리게 되어 있다. 어머니가 친함을 주도하는 것은 타락의 인식에서의 친함을 이루려는 것이라고 하였다. 아버지가 빠져 있는 부자유친은 하나님이 빠져 버린 부자유친이다. 사실 부자유친父子有親이 아니라 모자유친母子有親이다. 그런데도 부자유친이라고 하는 것은, 겉모습이 아버지가 낳았다는 본능적 설명을 가지고 있기 때문이다. 어머니는 아들에게 가야 할 하나님의 친함을 육신의 아버지 안에서 없이하였다. 그나마 육신의 아버지 안에 본능적으로 남아 있는 하나님의 친함의 영향이 아들에게 미치지 못하도록 막는다. 하나님이 육신의 아버지에게 주신 친함이 아들에게로 이어지는 것을 훼방 놓는 것이다. 아버지와 아들이 친하도록 도와야 할 어머니가 타락의 정신을 가지고 아버지 자리에 앉아 있다. 하나님의 친함의 흐름을 계속 방해하는 것이다.

본래는 하나님의 친함이 아버지에게서 어머니에게 전해지도록 창조해 주셨다. 어머니는 가감 없이 친함을 자녀에게 전해 주어야 한다. 아들은 친함을 주는 자가 되게 하고 딸은 친함을 받아 돕는 자가 되게 양육해야 한다. 그런데 뱀의 친함을 받아 남편을 주장함으로 거짓 친함을 갖게 했다(창 3:1-6). 어머니가 남편 안에 있는 하나님의 친함을 도와야 하는 이유는 아들이 하나님의 생명의 친함을 가져야 하기 때문이다. 온 마음과 온 뜻과 온 힘을 다해 도와야 한다.

어머니는 아들을 자신이 낳았다고 주장한다. 육신의 아버지가 생명의 씨인 정자를 어머니에게 줌으로 성기능과 존재로서의 아들이 태어났다. 그런데 타락의 정신을 한 어머니는 자신이 낳았다고 선언한 것이다(창 4:1). 육신의 아버지의 친함을 아버지 없이 어머니 홀로 전할 수 없다. 어머니의 친함은 아버지의 친함에 포함되어 있다. 어머니의 친함이 독립되어 있지 않다는 것이다. 사회학적 존재로서의 아버지라는 대표성에 포함되어 있을 뿐 홀로 존재하지 않는다는 말이다. 육신의 아버지가 없으면 아들에게 친함이 있을 수 없다. 여자가 남편 없이 홀로 되면 영적으로는 하나님이 사람의 머리로서 대표성을 갖게 된다. 남편의 원형인 하나님 남편이 영적이고 정신적인 부분에서 육신의 남편을 대신하는 대표성을 가지고 있기 때문이다(민 30:1-16). 그러나 어머니의 정신적 요소가 하나님을 무시함으로 남편도 업신여기는 것이다.

그런데 창세기 4장 1절의 기록에서 아버지 없는 아들이 등장했다. 그와 같은 일들이 현대에서도 일어나고 있다. 어머니 홀로 아들을 낳는 것이다. 비혼 출산이 그것이다. 어머니는 하나님의 친함을 전달하는 머리가 될 수 없다. 그런데 타락의 거짓 정신을 받은 어머니가 아들을 낳았다고 선언한 후에 홀로 아들을 낳는 여자들이 등장한 것이다. 하나님의 친함을 자녀에게 전달하는 것은 아버지만 가능하다. 어머니는 아버지 안에 포함되어 있을 뿐이다. 창조주 하나님이 사람을 창조하실 때 흙으로 남자를 먼저 만들고 그 코에 생기를 불어넣으니 생령이 되었다(창 2:7). 그 후에 남편의 갈빗대로 아내를 창조하셨다(창 2:21-22). 그러므로 하나님의 친함을 전달하는 대표성은 현상의 아버지에게만 있다. 영적으로는 창조주 하나님께만 있다. 어머니는 대표성을 돕는 사람이다. 홀로 사람의 머리가 되어 하나님의 친함을 주는 자가 아니다. 주는 것을 받는 자이다. 그런데 주는 자가 되어 있다. 하나님 입장에서 보면 뱀의 거짓말에 속아 하나님을 사람의 인식에서 죽이는 범죄이다. 요즘엔 정자를 사서 여자 홀로 아이를 낳기도 하지만 이것도 육체의 인식에서 나타나는 행동이다. 하나님의 생명을 사고파는 것은 하나님을 임의대로 사고파는 행위와 같다. 여자가 선악과를 임의대로 먹고 남편에게도 먹인 일과 동일하다. 하나님이 창조해 주신 생명은 주면 받고 안 주면 못 받는 것이다. 주시지도 않은 것을 자기 뜻대로 받아 내는 것은 타락의 속성 때문이다. 비혼 출산은 갑자기 나타난 현상이 아니다. 영적이고 정신적인 부분을 보면 뱀의 거짓말에 속은 여자에서부터이다. 태초에 시작된 일이 21세기 지금까지 계속되고 있는 것이다. 사람의 출생에 있어서 하나님을 설명하는 존재로서의 남자 남편 아버지를 없이한 일이다. 하나님의 정신과 생물학적 성기능과 사회학적 존재를 없이하는 뱀의 속임수이다. 하나님께는 큰 죄이고 사람에게도 하나님의 친함을 전할 수 없는 무서운 일이다. 하나님의 친함이 아들에게로 전달되지 못하게 중간에서 타락의 정신을 한 여자가 차단하는 행위이다. 타락의 거짓 정신이 사람의 근본이 되어 있어서 생물학적 성기능과 사회학적 존재에서 하나님의 정신이 인정되지 않는다. 오직 타락의 정신의 친함만이 인정되는 세상이 된 것이다.

타락의 정신이 법원의 판결에서도 나타났다. 여성 호르몬 주사를 맞으면 남성 성기가 달려 있어도 여성으로 인정되는 판결이 최근에 나왔다. 판사가 남녀를 구분하는 기준이 생물학적 성기능이나 사회학적 존재보다 뱀의 거짓말에 의해 조성造成된 정신적 요소가 크다고 판시한 것이다.

동거인보호법이라는 것도 하나님 아버지의 친함이 육신의 아버지를 통해 아들에게 전달되는 것을 막는 타락의 거짓 인식에서 나온 법안이다. 그 법에는 결혼이 없다. 남편도 없고 아버지도 없다. 그것은 하나님의 친함을 남자를 통해 나타내려는 것을 방해하는 것이다. 그 법에서 동거인이란 한 공간에서 함께 살 뿐 사회학적 존재로서의 사람을 인정하지 않는다. 그저 한 공간에 함께 있을 뿐이다. 생물학적 성기능과 사회학적 존재로서의 성에서 하나님을 설명하고 사람 됨을 나타내는 설명을 모두 없앤 것이다. 결혼을 해야 남편도 있고 아내도 있고 아버지도 있고 어머니도 있는데 이것을 없이함으로 하나님을 설명하는 창조 질서를 파괴하겠다는 것이다.

결혼이란 단순한 것이 아니다. 해도 되고 안 해도 되는 임의대로의 선택 사항이 아니다. 반드시 해야 하는 절대 사항이다. 결혼을 해야 하나님이 사람 가운데서 설명되기 때문이다. 그래서 하나님은 첫 사람 남자와 여자를 창조하실 때 남편과 아내로 창조한 것이다. 사람의 출발은 갓난아이가 아니다.

만일 갓난아이로 창조하셨다면 어떻게 스스로 먹을 것을 구하고 요리하고 살아갈 수 있었겠는가?

그래서 처음부터 성인 남녀인 부부를 창조하신 것이다. 사람은 결혼에서부터 출발한다. 현상에서도 시기가 되면 결혼해서 가정이 시작된다. 이것을 모르는 것은 생물학적 성기능과 사회학적 존재로서의 성을 알지 못한다고 스스로 드러내는 것이다. 결혼은 하나님의 친함이 전달되는 수단이며 하나님의 창조를 알게 하는 설명서와 같다. 이렇게 중요한 결혼을 없이함으로 하나님과 사람의 관계를 설명하는 부자유친을 못하게 하는 것이다. 현재 아버지의 친함은 아들에게 전달되지 못하고 있어 유명무실한 부자유친이다. 아버지와 아들은 이미 원수가 되어 있는 경우가 대부분이다. 인류의 첫 가정에서 그랬던 것처럼 아버지가 하나님의 말씀으로 어머니를 다스리지 못해 벌어지는 일이다.

모든 책임은 아버지에게 있다. 21세기 현재에도 아버지는 어머니가 임의대로 먹이는 선악과를 계속 받아먹고 있다. 하나님의 생명을 주는 것이 아니라 어머니가 먹이는 뱀의 정녕 죽음을 계속 받아먹고 죽어 가는 아버지이다. 사회학적 존재로서의 남자 아버지가 죽어 가고 있으니 사회학적 아들 역시 죽어 가고 있다. 이제 이것을 멈추고 바로잡아야 한다.

- 성경적 견해

전통적 부자유친은 타락의 거짓 인식에서 하나님이 주신 친함을 이루려는 노력이다. 겉으로는 하나님의 친함인 것처럼 흉내 내고 있지만 정신적 요소인 속은 뱀의 거짓말에서 발전된 육체의 인식이다. 뱀에게 속은 여자는 하나님의 창조를 자기가 한 것처럼 인식함으로 뱀의 각본에 의해 연기하는 배우와 같다. 뱀의 거짓 인식에 의해 생각하고 행동하는 사람이 된 것이다. 뱀이 거짓말로 꾸민 각본의 목적은 육신의 아버지를 속여서 뱀에 의해 움직이도록 하는 것이다. 이 일은 성공하였다. 부자유친父子有親을 없애고 모자유친母子有親을 이루어 하나님이 사람의 인식에서 없어지게 하는 것이다. 하나님은 사람을 아버지와 어머니로 창조하고 부부에게서 하나님의 자기실현을 이루길 소원하신다. 뱀은 하나님의 계획이 무산되게 하려 한다. 하나님의 정신과 생물학적 성기능으로서의 모양과 사회학적 존재로서의 성에서 설명하고자 하는 하나님의 뜻을 완전히 없애는 것이 뱀의 목적이다. 여자는 뱀의 목적을 현상 세계에서 실현하는 통로가 되었다. 전통적 부자유친은 현재 모자유친이 되었다. 그러나 겉으로 드러난 모습은 부자유친이다. 하나님의 창조적 친함을 이용하여 뱀의 친함을 이루고 있는 실정이다.

하나님 아버지는 남편과 아내를 창조하셨다. 정신적으로는 하나님의 생기를 불어넣어 생령이 되게 하고 모양으로는 생물학적 성기능에 따라 남성과 여성이 되게 하셨다. 또한 사회학적 존재로서의 성으로는 남자, 남편, 아버지, 할아버지라는 존재와 여자, 아내, 어머니, 할머니라는 존재로 나타나게 하셨다. 이 모든 것을 보기에 심히 좋다고 말씀하셨다

(창 1:31). 창조하실 때 하나님의 친함이 사람에게 그대로 전달되었다는 것을 말한다. 이것이 하나님 아버지가 창조함으로 낳은 첫아들 아담과 이룬 부자유친이다.

하나님은 남자를 먼저 창조하셨다. 남자를 먼저 창조하신 이유는 보이는 현상 세계에서 보이지 않는 하나님을 설명하는 대표적인 형상이 필요했기 때문이다. 그것이 남자이고 남편이며 아버지이다. 남자는 하나님이 불어넣으신 생기로 인해 생령의 정신을 가졌고 기능과 존재로서의 성을 가진 사람으로 창조되었다. 남자는 생물학적인 성기능 관계에서 남성이라 하고 사회학적 존재로서의 성의 관점에서는 남자라고 한다. 존재로서의 남자, 남편, 아버지는 사람의 대표이며 부부의 대표이고 가정의 대표이다. 하나님 아버지가 자신의 형상과 모양을 한 사회학적 존재로서의 남자와 생명을 걸고 행위언약을 맺었다. 언약은 남자와 맺었지만 여자도 포함되어 있다. 여자는 남자의 갈빗대로 만드셔서 남자에게 속해 있기 때문이다(창 2:21-23). 또 남자는 여자의 머리이기도 하다(고전 11:3). 현상적 남자는 사람의 3요소인 정신적 요소와 생물학적 성기능과 사회학적 존재로서의 성에서 하나님을 설명하는 머리이다. 그러므로 남녀의 대표성은 남자에게 있다(엡 5:28). 여자는, 정신적으로는 하나님이 불어넣으신 생기에 의한 생령이 되어 있고 생물학적 성기능으로는 남성이 주는 생명을 받으며 사회학적 존재로는 남편에게 속해 있는 아내이다. 남자와 여자는 서로 떨어질 수 없는 머리와 몸 같은 한몸체계를 이루고 있다(창 2:23). 여자라는 이름은 남자에 의해 선포된 이름이다. 여자의 성 정체성은 남자에 의해 정의되었다. 하나님에 의해 결정된 것이 아니라 남자가 정해 주었다는 것이다. 여자는 남자의 짝이지 하나님의 짝이 아니기 때문이다. 하나님이 여자를 창조하여 남자에게 이끌어 주셨다. 남편을 위한 아내인 것이다. 그 누구도 아닌 오직 남편만을 위한 존재이다. 하나님도 이 관계에 끼어들지 않으신다. 아내에 대한 권한은 남편에게만 있다(민 30:1-16).
여자는 남자를 주장하지 못하고 일절 순종함으로 종용히 배워야 한다(딤전 2:11-15). 타락한 후에 성직(교회의 목회자)과 관련하여 나온 말이지만 일상적인 삶에 있어서도 여자가 가져야 할 자세이다. 여자가 가르치는 것과 남자를 주관하는 것을 허락지 아니하였다(딤전 2:12). 남자는 타락 전이나 후나 여자의 머리이다(엡 5:22-23). 생물학적 성기능이나 사회학적 존재로서의 성에서도 사람의 대표이다. 남자의 대표성을 통하여 하나님이 사람을 창조한 아버지임을 알게 하고자 하심이다. 하나님 아버지가 아들 같은 사람과 부자유친을 이루고 싶으신 것이다.

오륜에서 부자유친이 가지는 의미는 크다. 현상의 아버지의 대표성이 존중되고 계승, 발전하는 것이 정신적으로나 생물학적 성기능으로나 사회학적 존재로서 가장 사람다운 모습이다. 부자유친이 목표로 하는 것은 삶에서 하나님이 인정되는 인식이다. 하나님의 친함이 받아들여져서 하나님과 사람이 친하게 지내길 소원하신다. 현상 세계에서 부자유친이 이루어짐으로 하나님이 사람의 머리이심을 인정하라는 것이다. 세상 모든 사람들에게서 하나님의 말씀에 순종하는 삶이 펼쳐지기를 원하시는 것이다.
아버지의 대표성은 아들에게로 이어진다. 아내 어머니에게로 이어지지 않는다. 사실 친함으로 따지면 아들보다도 아내가 더 친한 관계이다. 뼈 중의 뼈요 살 중의 살이기 때문에 가장 친하다. 어머니는 생물학적 성기능과 사회학적 존재로서의 성에서 아버지에게 포함되어 있다. 따라서 기능과 존재에서 어머니는 아들의 대표가 될 수 없다. 만일 어머니가 아들의 대표가 되면 패륜이 된다. 생물학적 성기능으로서는 어머니와 아들이 성관계를 갖는 것과 같고 사회학적 존재로서의 성에서는 아버지라는 존재를 죽인 것과 같은 행위가 된다. 이것은 창조된 사람이 창조주 하나님의 머리가 되는 것과 같다. 어머니가 남자의 머리가 되면 스스로 자신의 존재를 없이하는 것이다. 그런 일은 아들의 머리 됨을 사회학적 존재로서의 성에서 부정하는 것이 된다.

그런데 그런 범죄가 인류사에 일어났다. 그것도 최초의 사람인 남편과 아내 사이에서 일어났다. 그 일은 간교한 뱀이 거짓말로 여자를 속이면서부터 시작되었다(창 3:1-6). 뱀에게 속은 여자가 선악을 알게 하는 나무의 실과를 임의대로 먹어서 타락의 거짓 인식을 주 인식으로 갖게 되었다(창 3:7). 여자가 사람의 대표가 될 수 있다고 생각한 것은 그때부터이다. 그 인식으로 남편에게도 주어 먹였다.

이후 성 주도권과 대표성이 바뀌어 나타나기 시작했다. 여자가 사람의 대표 자리에 앉은 것이다. 여자가 남자의 머리가 되고 아내가 남편의 머리가 되고 어머니가 아버지의 머리가 되었다. 여성이 사회학적 존재로서의 성적 관계인 가정과 사회와 나라를 이끄는 뱀의 정신적 지향성을 갖게 되었다. 변형된 공산주의 이념을 가진 정권에서 말한 성적 지향이라는 것이 뱀의 정신적 지향성이다. 여자가 지금까지 뱀의 성적 지향성을 남자에게 지속적으로 먹이고 있다. 그 결과 남자는 생물학적 성기능과 사회학적 존재로서의 성의 정당성을 인정받지 못하고 있다.

하나님의 친함을 직접 받은 사람은 남자 남편 아버지이다. 남자는 이 친함을 그 어떤 도전이 와도 지켜야 한다. 그러나 뼈 중의 뼈요 살 중의 살인 여자 아내 어머니를 앞세운 뱀의 거짓 인식의 도전에 잡혔다. 여자의 포로가 되어 버렸다. 이미 타락의 인식에 잡힌 남자는 여자를 다스리지 못하고 하나님이 이 사건에 개입하신다. 하나님은 생물학적 성기능과 사회학적 존재로서의 성에서 자유의지대로 살도록 창조하여 일일이 간섭하시지 않지만 이 경우는 그냥 해결될 문제가 아니기 때문이다. 하나님은 자유의지를 주기도 하고 빼앗기도 하는 전권을 가지신 분이다. 사람과 만물을 다스리라고 부분 위임한 남자 아담을 부르신다(창 3:9). 여자 하와가 아닌 남자 아담을 부르신 것에 주목하길 바란다. 남자가 사람의 대표로서 하나님과 생명 걸고 행위언약을 맺은 당사자이기 때문이다(창 2:16-17). 아담을 부르신 것은 하나님이 주신 말씀의 정신세계에 있지 않은 까닭이다. 남자 아담은 사회학적 존재로서의 대표성을 빼앗기고 정신적으로는 타락하였고 생물학적 성기능으로는 여자의 성을 받는 위치에 떨어져 있다. 하나님이 주신 친함은 온데간데 없고 뱀이 준 정녕 죽음의 친함을 드러내는 상태이다. 하나님은 엉뚱한 모습을 하고 있는 남자를 부르시는 것이다. 왜 거기에 있냐고 하신다. 임의대로 먹으면 정녕 죽는 것을 먹었냐고 확인하신다(창 3:11). 남자 아담은, 하나님이 창조해 주신 여자가 주어서 먹었다고 떠넘긴다. 책임을 맡은 당사자가 여자에게 책임을 전가하는 것이다. 여자는 받는 자인데 이미 타락의 인식이 주 인식이 되어 있어서 주는 자라고 하는 것이다. 하나님이 자신에게 준 대표적 책임성을 여자에게 넘겨준 상태이다. 여자는 뱀이 꾀어서 먹었다고 한다(창 3:13). 사실이다. 뱀이 여자를 꾀었고 여자는 그 유혹을 남자에게 먹였다.

하나님이 최초의 남자에게 준 생기에 의한 생령의 정신과 생물학적 성기능과 사회학적 존재로서의 부자유친은 없어졌다. 그 대신 뱀이 여자에게 준 거짓 정신인 모자유친母子有親이 살아나서 부자유친父子有親으로 위장하고 있다. 남자 남편은 땅의 저주를 받았다. 여자 아내는 잉태의 고통을 크게 더하고 남편을 사모하며 남편의 다스림을 받는 벌을 받았다. 뱀은 종신토록 기어 다니고 여자의 후손과 원수가 되는 저주를 받았다. 이후 남녀는, 생물학적 성기능과 사회학적 존재로서의 겉은 하나님의 형상과 모양이지만 속은 타락의 인식을 하고 있다. 그래서 여자가 기능과 존재로서의 성을 주도하고 있는 상황이다. 타락의 정신을 가진 남자는 여자의 성적 지향에 대해 뱀의 소원인 정녕 죽음으로 다스린다. 이것이 여자가 받는 벌이다.

뱀의 정신적 정체성을 가지고 있는 남자와 여자는 동침한다(창 4:1). 남녀의 성관계 역시 하나님이 사람을 어떻게 창조하여 주셨는지 알게 하는 행위적 설명서와 같다. 하나님의 대표성을 가진 남자가 생명의 씨인 정자를 여자에게 주는 모습에서 그 설명을 가지고 있다. 동물도 암수의 성적 기능을 보여 줌으로 설명을 보강하고 있다. 혹시 성 정체성이 흔들려도 일반은총의 설명을 알아볼 수 있게 한 것이다. 시청각교육의 보충 자료이다. 남자와 여자가 성 정체성을 잃지 않게 하는 장치이다. 성 정체성을 잃으면 사람의 인식 속에서 하나님을 알아볼 수 없게 되기 때문이다. 그러면 사람이 서로 알지 못하는 문제가 발생해서 사람 안에서 하나님의 자기실현이 이루어지지 못하게 된다. 남녀의 생물학적 성기능과 사회학적 존재로서 자신이 누구인지 모르는 대혼란이 일어남으로 그것을 예방하기 위해 하나님이 동물에서도 동일한 암수의 생물학적 성기능과 무리의 사회학적 존재를 설명하고 있다. 남녀의 성

관계는, 하나님이 사람을 흙으로 창조하고 코에 생기를 불어넣어 생령이 된 과정을 재현하는 것이다. 하나님이 사람의 머리라는 사실을 현상의 남자와 여자, 남편과 아내, 아버지와 어머니, 할아버지와 할머니의 성행위적 모양에서 설명하는 것이다.

그러나 최초의 부부가 동침하여 아들을 낳고 하와가 '여호와로 말미암아 득남하였다'고 한다. 말 그대로 해석하면 하나님과 성관계를 하여 아이를 낳았다는 것이다. 아내의 인식에 육신의 남편이 없어졌다. 하와의 선언은 대단히 큰 사건이다. 말로는 여호와로 말미암아 득남하였다고 하지만 내용적으로는 사람을 창조하신 하나님이 사람의 인식 가운데서 지워지는 선언이다. 하나님의 형상과 모양을 하고 하나님의 대표성을 나타내는 남자 남편 아버지를 사라지게 함으로 사람의 인식에서 하나님을 없이하려는 뱀의 목적을 드러낸 것이다. 분명 남편이 아이를 낳았다. 그런데 아내가 낳았다고 한다. 타락의 정신을 주 인식으로 가지고 있어서 자신을 하나님의 위치에 올려놓은 상태이다. 여호와로 말미암아 자녀를 낳았다는 말은 하나님과 자신이 부부 관계라는 뜻이기 때문이다. 부부 관계란 눈앞에 보이는 남편 아담이 대상이지 하나님이 아니다. 하나님도 이 부분을 분명히 하셨다. 창조할 때부터 여자를 남자에게 이끌어 아내로 주셨다(창 2:21-23). 그리고 남편의 권위 아래 두셨다(민 30:1-16). 정신적으로 뱀과 연합되어 있는 사실을 숨기기 위해 여호와와 부부라고 한 것이다. 여호와를 앞세워도 명백한 거짓말이고 사기이다. 여자는 하나님을 원형으로 하는 대표성을 가진 모형의 남편을 없이한 것이다. 여자에게 현상의 남편은 뱀의 인식을 이루는 수단이다. 생물학적 성기능과 사회학적 존재로서 도구일 뿐 머리도 아니고 대표도 아니라는 것이다.

하나님이 생기를 불어넣어 생령이 된 여자는 남편의 기능과 존재로서의 성을 도와야 한다. 남편을 통해 하나님의 친함을 받아 자기 안에서 실현되고 나타나게 해야 한다. 남편이 주는 하나님의 창조를 설명하는 얘기 씨인 정자를 여자 아내가 받아서 자녀가 태어나게 해야 한다. 하나님이 친함이 자녀에게서 실현되게 해야 한다. 그러나 여자 아내가 타락의 거짓 인식에 잡혀서 정신적인 문제를 일으키고 있다. 아들을 자신이 낳았다고 선언한 것은 여자의 인식 안에서 남편을 죽인 것과 같다. 종국에는 하나님의 독생자인 예수를 십자가에 달아 죽이는 행위로 나타났다. 현상의 남편을 없이함으로 남편의 존재 목적이 되는 하나님의 친함을 없이한 것이다. 아내 하와의 인식 안에 남편이라는 사회학적 존재가 정신적으로 죽어 없어져서 그를 창조하고 세상에 나타나게 하신 하나님도 죽었다. 정신적으로는 아내의 인식 안에 현상의 남편이 없어졌지만 생물학적 성기능과 사회학적 존재로서의 성인 남편은 여자 눈앞에 그대로 있다. 눈앞에 있는데도 아내의 정신이 타락하여 존재의 진의를 알지 못하는 것이다. 뱀의 인식이 자의식이 되어 있다. 그 선언은 뱀이 준 거짓말이고 자신과 사람과 하나님을 속이는 일이며 뱀의 소원인 정녕 죽음을 이룬 말이다.

하나님은 생물학적 성관계로 사람과 연합하지 않으신다. 하나님이 뱀의 거짓말과 연합되면 하나님 스스로 자신을 부정하는 것이 된다. 정신적으로나 생물학적 성기능으로나 사회학적 존재로서의 성에서 성관계를 하지 않으신다는 말이다. 하나님은 창조주이시고 사람은 피조물이라는 것을 인정해야 한다.

뱀이 속여서 여자의 입으로 그런 선언을 하게 한 것은 뱀이 하나님 되겠다는 야심을 드러낸 것이다. 뱀의 야망은 여자에게서 선언되고 그 정신은 인류에게 바벨탑을 쌓게 하였다(창 11:4). 정신적으로 하늘이라는 영역을 차지하겠다는 욕망이다. 땅인 현상 세계뿐만 아니라 이상 세계까지 점령하겠다는 야욕인 것이다. 이것은 결국 임의대로 마음대로 자유의지대로 하나님의 절대성을 죽이겠다는 도전이기도 하다. 그러므로 여자 아내 어머니의 선언은 단순한 일회성 선언이 아니다. 인류 역사가 끝나는 순간까지 사람이 사는 세상에서 하나님과 사람 관계를 설명하는 부자유친이 되지 못하게 하겠다는 선언이다.

하나님께 도전하는 타락의 정신의 수단이 된 여자의 거짓 인식의 공격은 하나님까지 이기려 한다(겔 28:2). 하나님의 자리에 앉겠다는 두로왕의 생각은 뱀이 여자를 속여서 갖게 된 타락의 정신이다. 하나님을 죽이고 그 자리를 빼앗아 앉겠다는 도전이면서 공격이다. '여호와로 말미암아 득남하였다'는 여자의 말은 이렇게 무서운 선언이다. 이것을 현실의 아내와 남편에게 적용해 보면 아내가 남편을 죽이고 남편의 모든 것을 빼앗겠다는 선언이다. 그러나 여자가 생물학적 성기능으로나 사회학적 존재로서의 성에서 남자의 뼈 중의 뼈이고 살 중의 살이기에 죽일 수도 없다. 여자를 죽이면 남자 자신이 죽는 것이기 때문이다.

문제는 여자 안에 있는 타락의 거짓 인식의 정신이다. 현재적 인식에서 여자는 창조주가 되었다고 생각하는 상태이다. 이것을 때려잡아야 기능과 존재로서의 여자가 온전해진다. 타락의 인식에 잡힌 이후 모든 사람이 가지고 있는 일반 인식이기도 하다(겔 29:3). 타락의 인식에 잡혀서 거짓된 정신을 가지고 있기 때문이다.

여자 아내 하와의 선언이 무엇인지 깨닫기를 바란다. 깨닫지 못하면 영원히 자신이라는 뱀의 거짓 자아정체성에 잡혀서 정녕 죽음을 이루게 되어 있다. 여자가 낳았다는 아들 가인은 현상적으로 생물학적 성기능과 사회학적 존재로서의 성에 있어서 육신의 아버지 아담이 낳았다. 정신적으로는 어머니 하와가 타락의 인식으로 남편을 주장하여 낳은 자식이다.

세례 요한은 세례를 받고자 나아오는 사람들을 향해 '독사의 자식들'이라고 외쳤다(눅 3:7). 예수님도 그들을 독사의 자식들이라고 하셨다(마 12:34). 뱀의 정신적인 요소를 가지고 있기 때문이다. 뱀에게 속은 사람들은 그 마음에 타락의 거짓 인식을 가득 채우고 있어서 입만 열면 악을 쏟아 낸다. 그것을 들으면 영혼이 정녕 죽음의 영향력을 받아 힘들고 괴롭다. 예수님은 서기관들과 바리새인에게도 독사의 새끼들이라고 하셨다(마 23:33). 예수님 시대의 서기관과 사두개인과 바리새인들은 뱀의 인식이 시대를 따라 고도화된 모습이다. 여전히 타락의 거짓 인식에서 여자 아내 어머니가 낳은 정신을 유전 받은 사람들이다.

살모사殺母蛇라는 뱀이 있다. 새끼가 태어나자마자 본능적으로 물기 때문에 어미가 죽어서 붙여진 이름이라고 한다. 독사라는 비유는 살모사를 말씀하시는 것 같다. 타락한 자녀는 타락의 정신의 영향으로 어머니를 물게 되어 있다. 실제로 어머니가 주는 사랑이라는 것이 타락의 인식의 이기적 사랑이기 때문에 많이 받아먹으면 먹을수록 부모의 말을 듣지 않고 자신을 위해 부모가 죽으라고 요구한다. 뱀이 거짓으로 속인 임의대로의 이기성의 혹독함이다. 정신적으로 남녀는 모두 뱀의 독을 먹고 사는 것과 같다.

그래서 의인이 없다고 로마서 저자가 말하는 것이다(롬 3:10-18). 자신이 사는 시대에 국한된 것이 아니라 사람으로 태어난 모든 자 중에 의인이 하나도 없다는 뜻이다. 하나님이 사람을 창조하여 주신 친함이 없다는 말과 같다. 창조주 하나님 아버지와 사람 사이의 부자유친이 없다는 의미이기도 하다. 인류의 전 시대를 걸쳐 예수님 외에는 의인이 없다(시 14:1-3). 뱀이 여자를 속이고 거짓 인식을 갖게 한 후 사람의 인식 안에 하나님이 없어졌다. 이러한 인간의 상태에 대해 하나님은 한탄하셨다(창 6:5-6). 이제 생물학적 성기능과 사회학적 존재로서의 성을 가진 육신의 아버지와 아들 사이에 친함은 없고 겉모습만 있다. 그럼에도 겉모양을 보고 타락의 인식의 이성으로서 친함의 진의를 찾고자 노력한다. 친함이 없는 것을 극복하고자 인위적으로 만든 것이 유교의 부자유친이다. 이러한 노력은 한국인의 혼이 되었다. 그러나 노력으로 해결될 수 있는 문제가 아니다.

어머니가 낳은 첫아들은 타락의 인식에서의 모성적 사랑을 독차지하였다. 둘째 아들도 태어났는데 이상하게도 아내가 첫째와는 다르게 아무 말이 없다. 둘째 아벨에 대해서는 양을 친다는 것뿐 다른 관심의 기록이 전혀 없다. 첫아들 가인의 출산과 비교되는 부분이다.
하나님은 사람을 창조하고 현상의 삶에서 얻는 것 중 처음 익은 열매를 구별하여 하나님께 드리라고 명하셨다. 그 의미는 사람의 자의식 속에 하나님을 인지認知하고 있는지 확인하는 행위적 고백이다. 하나님이 생명 주신다는 사실을 아는지 확인하기 위한 것이다. 모든 만물 중에 처음은 하나님이 사람의 머리임을 설명하는 대표성을 가지고 있다. 하나님은 첫 결실을 받고 다 받은 것으로 여기신다. 십일조 헌금이 대표적이라 할 수 있다. 첫 열매는 모든 것을 대표한다. 타락의 인식을 가진 어머니 하와는 자신을 신의 위치에 올려놓아서 첫아들을 자신의 것으로 받았다고 생각한 것 같다. 신으로서, 피조물인 가인에게서 하나님처럼 임의대로 자기실현을 이루고 자신이 받기도 한 것이다. 가인은 엄마의 사랑을 받는 좋은 환경에서 농사를 하고 아벨은 목축업을 하였다(창 4:2). 세월이 흘러 가인은 농사한 것을 제물로 드리고 아벨은 양의 첫 새끼를 하나님께 드렸다.

가인이 드린 제물에는 첫 수확으로 드렸다는 기록이 없다. 처음 익은 열매로 제사를 드리는 것은 모든 결실을 하나님이 주셨다고 고백하는 행위이다. 하나님이 기후 조건을 맞춰 주셔서 수확하였다는 사실을 인지하는 것이다. 그런데 가인의 제사에는 하나님이 창조해 주고 자라게 하셨음을 인정하는 인식이 나타나고 있지 않다. 자신의 자유의지와 능력으로 가꾸어 낸 결과물로 알고 있다. 뱀의 인식으로 농사를 지었고 그와 같은 인식의 연장선상에서 제사를 드린 것이다. 뱀이 여자 어머니를 속이고 심어 준 정신적 타락의 인식이 어머니의 사랑으로 아들 안에 그대로 전해져서 하나님께 제물로 드려졌다. 하나님은 그 제물을 받으실 수 없다. 아니 드리지도 않았다. 드리는 형식을 빌렸을 뿐 자신이 받는 제사이고 제물이다. 하나님 같이 된다(창 3:5)는 뱀의 거짓말을 가인이 제사를 통해 나타내고 있는 것이다.

둘째 아들 아벨은 어머니에게서 관심을 받지 못한 것 같다고 앞에서 말하였다. 그냥 버려진 아들과 같다. 악천후와 싸우며 짐승의 위협과 온갖 어려움을 당하고 자신의 생명이 하나님의 보호하시는 은혜에 있다는 사실을 자연으로부터 배우게 된다. 그런 환경을 견딘 아벨은 하나님이 창조주이며 생명의 근원이심을 알아서 첫 소산물인 양의 새끼로 제물을 드리는 것이다. 첫 것을 구별함으로 하나님이 창조주이심을 아는 능력이 있다.

그러므로 하나님은, 가인의 제물은 받을 수 없고 아벨의 제사와 제물은 받으신 것이다. 슬프게도 육신의 어머니의 사랑을 받지 못한 것이 타락의 인식을 피하고 자신의 마음을 하나님께 드리는 결과가 되었다. 첫아들 가인은 뱀이 어머니를 속여서 정녕 죽음을 이루게 하는 거짓 인식인 죄의 소원을 갖게 되었고 둘째 아들 아벨은 하나님과 연합되는 영적 부자유친을 이루게 되었다. 가인과 아벨은 한 부모에게서 태어난 형제이다. 생물학적 성기능과 사회학적 존재로서의 성에서 동일하게 육신의 아버지의 정자를 받고 어머니 난자의 도움을 받은 한 핏줄이다. 그러나 정신적인 부분에서 형 가인은 어머니에게서 타락의 정신을 받았고 동생 아벨은 하나님의 자연 계시를 통한 일반은총의 은혜에서 하나님의 정신을 받았다. 일반은총은, 하나님이 사람을 흙으로 창조하고 그 코에 생기를 불어넣으심으로 생령이 된 은혜를 말한다. 아벨의 제사는 받아들여지고 가인의 제사는 거부된 것이 증거이다(히 11:4). 그것은 영 또는 정신의 다름을 말한다. 뱀의 거짓말 정신과 하나님의 신령한 정신의 차이이다. 하나님은 하나님의 영이 아니면 함께할 수 없다(고전 6:17).

가인은, 자신의 제사가 하나님으로부터 거절됨으로 분노가 차올라 안색이 변한다(창 4:6-7). 타락의 정신인 여자 어머니로부터 사랑을 독차지한 가인은 하나님과 합하지 못하는 영적 문제를 가지고 있다. 자신을 신의 위치에 올려놓아야 하는데 하나님이 인정하지 않으므로 자신이 이루기 원하는 뱀의 자기실현이 좌절되었기 때문이다. 그 상태를 하나님이 지적하신다. 가인 안에는 죄의 소원이 있다. 그 정체는 바로 하나님이 아담과 생명을 걸고 맺은 행위언약의 핵심인 '선악을 알게 하는 나무의 실과를 임의대로 먹으면 정녕 죽음'이다. 뱀이 여자를 속여서 선악과를 임의대로 먹고 남편에게도 먹여서 사람으로 정녕 죽음을 이루게 하였다. 정녕 죽음을 어머니가 아들에게도 먹여서 죄의 소원이 이루어지게 한 것이다. 어머니 하와에게 온 맘과 온 뜻을 다해 뱀의 인식으로 신처럼 떠받드는 이기적 사랑을 많이 받았기 때문에 자유의지로 그 인식을 넘어설 수 없는 상태이다. 가인은 어머니로부터 받은 타락의 인식을 가지고 있어서 하나님과 사람에게 죄의 소원을 드러내고 있다. 본래 정녕 죽음은 에덴동산에서 예행적 삶을 살아 봄으로 사람의 임의성이 하나님의 절대성을 순종하는지 확인하기 위한 수단이다. 사람의 자유의지가 하나님의 절대성을 죽이면 자신도 죽기 때문에 장치를 둔 것이다. 사람을 지키기 위한 조건이다. 그런데 뱀이 이것을 속여서 죄의 소원이 되게 한 것이다. 결국 가인은 자신 안에 있는 죄의 소원을 다스리지 못하고 동생을 죽였다(창 4:8).

타락의 인식을 한 사람은 하나님의 친함이 있는 사람을 영적으로 싫어한다. 서로 원수가 되어 있다(갈 5:17). 아벨 안에는 하나님의 친함이 있었다. 가인은 아벨을 대적하고 결국 죽였다. 남자와 여자, 남편과 아내, 아버지와 어머니가 대적하는 것은 영적인 문제임을 이 사건에서 알 수 있다. 이것은 단순한 일이 아니다. 죽느냐 사느냐의 문제이다. 이것을 심각하게 받아들이지 않으면 어느 날 갑자기 사랑하는 사람에게 죽임을 당할 수 있고 죽일 수도 있다. 이 부분을 부자유친에 적용해 보면 친하다는 문제가 단순한 것이 아님을 알 수 있다. 아버지와 아들이 각각 영이 다를 수 있기 때문이다. 가인과 아벨이 형제임에도 불구하고 정녕 죽음을 이루듯 혈육도 영이 다르면 믿을 수 없는 존재이다. 가인이 현상 세계에서 죽인 아벨은 영적으로 하나님의 아들이다. 하나님 아버지와 영적 부자유친이 되지 못하게 죽인 것이다. 하나님의 뜻이 실현되지 못하게 뱀이 가인을 앞세워 패륜적 살인을 저지른 것이다.

하나님도 뱀의 자식들에게 당할 수만 없어서 새로운 아들을 주셨다(창 4:25). 아담의 셋째 아들 셋이다. 셋은 아담이 낳았다고 선언한다. 하와는 아무 말이 없다. 첫째 아들은 '내가 여호와로 말미암아 득남하였다'고 하였던 하와이다. 뱀이 여자를 속여 낳은 아들이 가인이라면 하나님이 아담을 통해 낳은 아들은 셋이다. 뱀의 거짓 인식에 대응함으로 셋을 낳았기 때문이다. 첫아들 가인은 뱀의 정신을 가지고 태어났고 셋째 아들 셋은 하나님의 영의 간섭으로 태어났다. 셋은 하나님이 사람의 머리이심을 설명하는 육신적 아버지가 대표성을 가지고 낳은 아들이다. 정상적으로 낳은 아들이라는 것이다. 셋은 하나님이 창조하신 사람의 본래적인 모습을 한 아들이다. 셋도 아들을 낳고 그때부터 사람들이 여호와의 이름을 불렀다고 기록되어 있다(창 4:26). 하나님을 인식하는 정신을 가진 정상적인 사람이 태어난 것이다. 뱀에게 속아서 하나님을 잊어버렸던 사람이 드디어 창조주 하나님을 알아보게 된 것이다. 셋은 생물학적 성기능과 사회학적 존재로서의 성에서 하나님의 정신을 낳은 사람이다.

셋을 통해서 하나님은 사람을 구원하는 구속사를 시작하신다. 하나님→아담→셋→노아→셈→아브라함→이삭→야곱→다윗왕→예수로 이어지는 구원의 역사가 펼쳐진다. 이에 반해 타락의 역사는 뱀→여자 하와→가인→라멕→함→으로 이어진다. 그러나 뱀이 여자를 통해 이미 아담을 뱀의 인식으로 사로잡았기 때문에 구속사를 이루는 인물들 속에도 죄의 소원인 정녕 죽음이 흐르고 21세기 지금도 계속되고 있다. 다만 구속사에 든 사람들은 죄를 짓기도 하지만 하나님을 아는 인식이 있어서 돌아설 수 있다. 하나님이 특별히 주시는 부자유친이다. 타락사에 있는 사람들은 하나님을 아는 지식이 없어서 은혜를 주어도 받지 못한다.
이 문제를 해결해 주고자 하나님 아버지는 독생자 예수를 중보자로 세상에 보내 주셨다. 타락사에 있는 사람들은 예수를 믿음으로 하나님 아버지와 부자유친을 이룰 수 있게 되었다(요 1:12-13). 특별한 은혜가 적용되어 뱀의 인식을 벗어나 하나님께로 돌아설 수 있는 것이다. 어두움이 빛에 의해 물러가듯이 뱀의 거짓 인식이 사라진다. 하나님의 진리가 들어가면 거짓된 뱀의 인식은 없어지고 새로운 인식이 생기면서 새사람으로 변화된다(롬 10:9-13).

사람이 말을 하는 것은 영이 하는 것이다. 만일 예수님을 구주로 영접한다고 했다면 거짓으로 한 말일지라도 그의 영에 엄청난 영향력이 있게 된다. 사람은 영적인 존재이기 때문이다. 뱀의 영은 예수님을 구주로 영접한다는 말을 하지 않는다. 뱀의 영이 공격을 받는 것과 같은 이유이다.
전도할 때 '예수님을 구주로 영접합니다'라고 말하게 하는 것은 매우 중요한 영적 전도의 시작이다. 하나님의 말씀을 듣는 것은 뱀의 인식의 자유의지가 허용한 것이다(롬 10:17). 하나님의 말씀을 듣고 안 듣고의 결정을 자유의지가 한다. 자유의지는 뱀의 거짓말이 들어오는 통로가 되기도 하지만 하나님의 말씀이 들어가는 기회가 되기도 한다. 타락한 자유의지는 하나님이 창조하신 뜻대로 다시 하나님께 나아갈 수도 있는 것이다. 허공에 대고 큰 소리로 '예수님을 믿겠습니다'라고 외쳐 보시길 바란다. 그러면 자기 안에 있는 죄의 소원이 정녕 죽음을 꾸미고 있다가 도망가기 시작할 것이다. '마귀야! 내 안에서 거짓말을 멈출지어다. 예수님의 이름으로 내가 너에게 명령한다. 나가라.'고 외치면 마음이 변화되기 시작할 것이다.

예수님을 믿는 사람들이 대부분 믿음에 대해 잘 모른다. 뱀의 거짓 인식이 주 인식이 된 사람은 예수를 의심 없이 믿는다고 말하기 어렵다. 의심 없이 믿는다면 특별한 은혜를 받은 사람일 것이다. 대부분 의심을 가지고 믿게 된다. 타락의 거짓 정신은 자기다움을 한순간에 내려놓기 어렵다. 그러나 타락한 사람이 예수를 믿으면 성령이 임하므로 새로운 정신이 생겨 문제를 해결할 수 있다. 새 정신이 생기면 의심하지 않고 믿게 된다.

베드로의 믿음도 처음에는 온전치 못했다. 베드로는 물 위를 걷다가 의심하여 물에 빠졌다. 뱀의 인식을 가지고 있어서 주님을 보지 않고 순간적으로 바람을 보았다. 예수님을 믿는 것은 바람 속에서도 주님을 보는 것이다. 예수님을 믿기 전에 보았던 바람과 믿은 후에 보는 바람은 영적으로 다르다. 뱀의 인식에서 보는 것과 예수를 믿음으로 생성된 성령의 인식에서 보는 시각이 다르다는 것이다. 이것은 믿음이 자라서 성령의 가르침으로 확신에 이르는 성화의 과정을 통해 이루어진다.

믿음이 적은 것과 많은 것은 큰 차이를 낸다(마 14:31). 중요한 것은 예수님을 믿는다면 적은 믿음일지라도 주님이 즉시 붙잡아 주신다는 것이다. 쉽게 말해 어린 아기가 실수하면 즉시 부모가 돌봐 주시는 것과 같다. 예수님을 믿는 것은 하나님의 자녀가 된 것이기 때문이다(요 1:12-13). 믿음이 자라려면 성령 하나님의 가르침에 의한 깨달음이 많아야 한다. 뱀의 인식이 전 인격을 장악하고 있는데 성령의 인식은 아이 같다면 뱀의 인식에게 늘 당하게 된다. 하나님이 돌봐 주시지만 자유의지 안에서 뱀의 인식에 당하는 것을 다 막아 줄 수는 없다. 믿음의 선조들인 노아, 아브라함, 이삭, 야곱, 다윗이 뱀에게 당한 일을 기억하길 바란다. 믿음이 적으면 자신 안에서 역사하는 뱀의 인식에 언제나 당하고 눈물을 흘리게 된다. 성장해야 한다. 날마다 새로워지고 발전해야 한다. 자기 자신을 보호할 수 있을 정도까지는 자라야 한다. 그래야 가족을 돌볼 수 있다. 자신도 못 추스르면서 가족을 보살필 수는 없기 때문이다. 믿음이 성장하기까지 온 맘과 온 뜻을 다하여 노력해야 한다. 믿는 자가 아버지라면 아내와 자녀의 생명이 달려 있으니 어떤 일보다도 우선적으로 믿음을 키워야 한다. 믿음이 많아지면 하나님과 친밀해져서 영적 부자유친이 됨으로 육신적 부자유친이 되는 복을 받게 된다. 아버지라는 이름에는 아들과 부자유친을 이루라는 의미가 담겨 있다.

사람은 태어나면서부터 이미 뱀의 거짓 인식에 잡혀서 정녕 죽음을 이루게 되어 있다. 사람이 태어난 목적은 다른 것이 아니다. 오직 예수님을 믿어서 의심 없는 믿음까지 자라는 것이다. 뱀의 인식의 정신인 정녕 죽음에서 벗어날 수 있는 유일한 방법이 예수를 믿는 것이다(히 11:1-3). 그러므로 예수 믿음은 그의 생명이기도 하다. 보이는 것은 생물학적 성기능과 사회학적 존재로서의 성에서 인식되지만 사실은 하나님의 말씀으로 된 것이다(창 2:7). 예수님은 영적인 문제를 해결해 주려고 오셨다. 뱀의 정신을 다스리기 위해 성령으로 잉태되어 육신을 입고 오셨다(마 1:18). 뱀의 거짓에 속아서 하나님을 거역하는 임의대로의 모습으로 저주받은 모든 사람을 대신하여 십자가에 달려 죽고 부활함으로 뱀의 사망 권세를 이기셨다(눅 24:36-43). 부활 후에 나타난 예수님은 의심하는 제자들을 책망하셨다. 제자들이 예수님을 성령의 인식으로 믿지 못하고 있다. 제자들 입장에서는 타락한 자유의지 속에 있는 자기다움이 해를 받을까 걱정하는 것이다. 그러므로 제자들의 마음 안에서 의심이 본능적으로 일어나게 되어 있다.
야고보 사도는 조금도 의심을 허용하지 말하고 하였다(약 1:5-8). 처음 예수를 믿으면 한 사람 안에 두 마음이 공존하는 상태가 된다. 뱀의 거짓 인식에서의 마음과 성령으로 생성된 새 정신으로서의 자유의지가 있게 되는 것이다. 이것은 한 사람의 마음속에 서로 상극인 두 마음이 공존하고 있는 상태이다. 두 마음이 서로 충돌하면 힘이 강한 쪽이 이긴다. 임의성, 곧 자유의지를 처음부터 주셨기 때문에 사람이 선택하는 편에 힘이 쏠리게 되어 있다. 뱀의 인식을 붙잡으면 그것이 우세하고 예수님을 믿음으로 성령을 붙잡으면 성령이 이긴다. 예수님을 믿는 사람은 뱀의 인식을 완전히 버리는 결단이 있어야 한다. 뱀의 편에 섰다 예수님 편에 서기를 반복하면 주님이 토해 버린다고 하였다(계 3:16). 라오디게아교회의 차지도 않고 덥지도 않은 믿음을 예수님이 책망하시는 말씀이다. 예수님을 믿기 전에는 이미 뱀의 인식에 잡혀 뱀의 거짓 정신을 본능으로 갖고 있어서 때때로 넘어질 수 있다.

뱀의 인식에서 예수님의 구원을 이용하여 자신을 위하는 일도 많다. 십자가는 예수님이 짊어지게 하고 자신은 예수님의 본보기를 따라 십자가를 지지 않으려 한다. 영적으로는 예수님을 믿지 않는 모습이다. 예수님을 믿는다는 사람들 속에서 일어나는 의심의 형태는 헤아릴 수 없이 많다. 그 문제를 해결해 주기 위해 예수님은 성령을 보내 주셨다(요 20:22). 성령 받고 예수를 믿으면 타락의 정신이 성령 하나님의 능력을 대면하는 것과 같아서 꼼짝 못하고 물러갈 수밖에 없다. 본래의 주인이신 하나님이 성령으로 오셨으니 거짓이 들통 나서 자리를 내어 줄 수밖에 없는 것이다. 타락한 자유의지에서 믿는 것과 성령이 마음속으로 들어와서 믿는 것은 큰 차이가 있다. 타락의 인식으로 진리를 아는 것은 많은 의심의 방해를 받는다. 성령이 직접 들어오셔서 알려 주는 믿음은 방해 없이 깨닫고 기억 속에서 잘 지워지지 않는다. 성령 하나님이 자유의지에 직접 간여하시는 것이 예수님을 믿는 것이다. 뱀이 여자를 거짓으로 속여 사람을 정녕 죽게 함으로 처음에는 창조주 성부 하나님이 자유의지에 관여하셨다. 다음에는 성자 예수님이 사람의 죄를 대신 지고 속량함으로 홀로 구원을 이루셨다. 예수님은 성령으로 잉태되어 태어나면서부터 자유의지에 참견하셨다. 성령으로 잉태됨과 십자가에 죽고 부활하심이 그러하다. 예수님의 구원은 타락한 정신과 생물학적 성기능과 사회학적 존재로서의 성의 동의 없이 예수님 단독으로 이루신 것이다. 이것을 오해하지 말아야 한다.

예수 믿는다는 말은 예수님 안에 자신의 구원이 있다는 사실을 의심하지 않고 안다는 말이다. 구원이 예수님 안에만 있다. 사람을 타락시킨 뱀과 예수님 사이에서 이루어진 것이다. 구원이 예수님 안에만 있고 개인 안에 있지 않은 상태이므로 의심도 계속 일어나게 되어 있다. 예수님 안에 있는 구원을 개인에게 적용하는 일을 성령 하나님이 하신다. 타락한 자유의지에 성령 하나님이 개입하신다. 각 시대에 따라 성부, 성자, 성령 하나님이 타락한 자유의지의 사람에게 관여하신 것이다. 이 시대에는 하나님 아버지의 창조의 사랑과 독생자 예수님의 구원의 은혜를 각 개인에게 성령 하나님이 직접 또는 간접적으로 적용하신다. 삼위 하나님이 사람의 자유의지에 개입하시는 것은 정당하다. 왜냐하면 여자를 속여서 하나님의 자녀들을 빼앗고 정녕 죽음에 들게 하였으며 사람에게 주신 만물을 도적질한 주범이 뱀의 정신이기 때문이다. 뱀의 인식이 사람의 자유의지를 장악했기에 그 함정에서 구출하려면 하나님도 성령으로 간섭할 수밖에 없는 것이다.

그러므로 예수를 바로 믿으려면 성령의 인식으로 믿어야 한다(요 14:26). 성령 하나님이 믿는 자에게 하나님과 예수님의 구원과 세상의 현재 상황과 자신과 가족과 이웃의 상태에 대해 통합적으로 알게 하신다. 뱀이 여자를 거짓으로 유혹할 때에도, 여자를 통해 남자를 꾈 때에도 통합적으로 속였다. 정신과 생물학적 성기능과 사회학적 존재로서의 성에 대해 총체적으로 사기를 쳤다는 것이다. 하나님도 예수님 안에서 통합적으로 구원을 이루셨다. 예수님은 십자가에서 현상의 삶을 마감하면서 이 사실을 고백하셨다(요 19:30). '다 이루었다'는 말처럼 빠진 것이 없다. 뱀이 여자를 속여서 갖게 된 거짓 인식의 모든 영역에서 구원을 이루셨다. 다 이루신 구원을 적용함에 있어서도 통합적이어야 한다. 성령이 역사하기 전에는 뱀의 인식의 자유의지가 동의해 주어야 알 수 있던 구원의 사실이 성령께서 직접 동의 없이 강권적으로 적용하시는 은혜가 있게 되었다. 뱀 역시 여자와 남자에게 동의 받고 뱀의 거짓 인식을 주입한 것이 아니다. 거짓말로 속여서 마음을 장악했다. 성령은 이미 뱀의 인식에 잡혀 있는 사람의 자유의지에 동의를 필요로 하지 않는다. 하나님의 정당한 권리를 행사하는 것은 지극히 당연하다. 성령의 인식이란 성부와 성자의 은혜를 믿는 자에게 성령이 통합적으로 맞춤 적용하시는 은혜이다. 성령의 인식을 이루는 방법은 따로 있지 않다. 성령의 감동으로 기록된 성경의 진의를 깨우치고, 기도하며 지속적으로 깨달음을 가져야 한다. 삶에서 어려움을 당하면서 자각하고, 어떤 일을 겪으면서 깨닫고, 뱀의 인식의 현재성과 성령의 역사로 뱀이 다스려지는 과정을 통해 통합적으로 앎을 이루는 상태를 말한다. 성령의 통찰과 유사하다고 하겠다.

사람은 하나님의 창조하심으로 지음 받고 영적 부자유친을 이루었는데 뱀이 끼어들어 여자를 속이고 거짓의 영으로 정신세계를 장악하여 남자를 주장하고 하나님이 인지되지 못하게 철저히 파괴하였다. 하나님도 아담을 통해 구속사를 이루는 아들 셋을 태어나게 하고 노아→셈→아브라함→이삭→야곱→다윗왕→예수로 이어지는 구원을 완성하셨다. 예수님을 믿는다고 고백하면 그 사람 안으로 구원이 들어가서 자라게 하는 일을 성령 하나님이 하신다. 그의 자유유지 안에서 성령이 직접 가르치고 구원을 적용하시는 것이다. 뱀의 인식은 반론을 펼 수 없다. 그의 자유의지가 예수님을 영접함으로 성령을 맞이했기 때문이다. 성령의 인식 앞에서 뱀의 인식은 벌거벗은 알몸으로 드러날 수밖에 없다. 자신을 꾸민 모든 것들이 거짓으로 세워진 것이므로 다 무너지게 되어 있고 그렇지 않으면 더욱 큰 고통이 되며 정녕 죽어 지옥에 떨어지는 조건이 된다.
성령의 인식에서는 뱀의 거짓이 다 드러나지만 뱀의 인식에서는 성령의 인식의 사람을 알아볼 수 없다. 뱀의 인식은 뱀의 거짓말 하나뿐이기 때문이다. 성령의 인식을 이루면 뱀의 거짓 역사가 사람 가운데서 그 생각과 행동으로 기어 다니는 것을 볼 수 있다. 그래서 그것을 피하기도 하고 때려잡기도 함으로 넉넉히 이길 수 있다(롬 8:37-39).
여자가 뱀의 거짓에 속아서 뱀의 인식의 통로가 되어 하나님을 설명하는 남자의 대표성을 없이하였다. 그러나 하나님이 사람을 창조한 사실은 뱀이 없이하지 못한다. 그 어떤 피조물도 하나님의 사랑에서 사람을 끊을 수 없다. 하나님의 사랑을 받는 사람을 끊으려고 도전하는 세력이 뱀이며 뱀의 인식을 따르는 사람들이다. 그 도전은 성공할 수 없다. 물 심판으로 노아 홍수 이전의 사람들이 어떻게 되었는가를 생각해 볼 일이다. 당시의 인류가 의인인 노아와 그 가족만 남기고 다 수장되었다.

예수님은 뱀과의 결전에서 승리하셨다(요 16:33). 뱀은 결국 예수님을 이기지 못했다. 그러므로 예수님을 믿는 사람에게는 '예수'라는 권세의 이름이 있다. '내가 예수 이름으로 너에게 명하노니 뱀, 마귀야! 내게서 나가라'고 외치면 뱀의 거짓 영은 꼼짝없이 나갈 수밖에 없다. 이렇게 뱀의 거짓을 다스리면 아들에게 창조주 하나님과 구원자 예수님과 성령의 적용하심의 은혜를 가르칠 수 있다. 아들이 예수님을 믿으면 그때서야 비로소 아버지가 무엇인지 바로 알게 된다. 그러면 생물학적 성기능과 사회학적 존재로서의 성에서 아버지를 존경하며 하나님이 육신의 아버지에게 주시는 친함을 나누게 된다. 영적 부자유친이 이루어짐으로 육신적 부자유친이 정상적으로 이루어지는 것이다.
행복한 아버지와 아들이 되기를 예수 이름으로 소원한다.

군신유의
君臣有義

군신유의를 바로 알기 위해서는 먼저 의義에 대해 알아야 한다. 의는 '옳다, 바르다'의 의미를 가지고 있다. '옳다'의 의미는 사리에 맞고 바르다는 뜻이다. 사리事理란 진리에 맞게 사는 것을 말한다. 창조주 하나님의 뜻에 맞게 생각하고 행동하는 것이다. 의는 하나님의 뜻을 현상의 사람이 나타낸 상태를 말한다. 그러므로 하나님의 정신과 형상과 모양을 가지고 하나님의 뜻을 현실의 삶에서 나타내는 것이 의이다.

의義의 대한 사전적 의미는 사람으로서 행하여야 할 바른 도리道理이다. 도리는 사람이 마땅히 행하여야 할 바른길이다. 우리 조상들은 도라는 말을 많이 사용했고 지금도 많이 한다.

도道는 쉬엄쉬엄 갈 착辶과 머리 수首가 합쳐진 말이다. 도는 하나님의 정신으로 하나님의 형상과 모양을 따라 현상에서 그대로 실천하며 사는 것을 말한다. 그러나 생물학적 성기능과 사회학적 존재로서 하나님이 본래 창조하여 주신 모양은 있지만 정신은 뱀에게 속아 선악과를 마음대로 먹고 정녕 죽음을 이루고 있다. 뱀에게 속은 이후엔 뱀의 거짓된 도를 이루고 있는 상태이다. 이 부분에 대해서는 성경적 견해에서 자세히 설명하겠다.

종교에서 도道는 이치理致를 깊이 깨달음을 말한다. 도가 더 높은 경지에 다다른 상태이다. 본래 하나님이 창조해 주신 대로 순종하여 살면 도가 이루어져 의가 된다. 그러나 여자가 뱀의 거짓말에 속아 선악과를 임의대로 먹고 남편에게도 먹임으로 남녀는 타락하였다(창 3:1-6). 사람의 정신 안에 하나님의 도가 없어지고 대신 뱀의 거짓 도를 갖게 되었다. 거짓 인식의 도는 사람이 임의대로 만들어 내는 것이므로 끝없고 종잡을 수도 없다. 뱀이 거짓말로 속여서, 스스로 도를 창조한 하나님이 되었다고 착각하는 임의성인 자유의지를 갖게 되었기 때문이다. 뱀이 사람을 속인 거짓의 정신에서 임의대로 정의한 도를 이루기 위해 이치를 발전시킨다.

이치理致에서 다스릴 리理는 임금 왕王과 마을 리里가 합쳐서 만들어진 글자이다. 이를 치致는 이를 지至와 칠 복攵이 합쳐졌다. 두 글자의 의미를 살펴보면 어떤 목표에 이르도록 계속해서 독려하는 모습을 가지고 있다. 타락의 인식의 정신으로 임의성 또는 자유의지대로 생물학적 성기능과 사회학적 존재로서의 자신에게 계속 뱀의 도를 이루어 정녕 죽음의 목표를 향해 나가게 하는 것이다. 그러므로 이치는 타락의 거짓 정신으로 하나님이 되려는 도전이다. 영적인 시각에서 보면 노력을 하면 할수록 더 깊은 수렁에 빠지고 헤어날 수 없는 거짓의 자기 함정에 떨어지게 된다. 타락의 인식에서의 신적 성취는 가장 뜨거운 지옥 밑바닥에 이르는 것이다. 현상의 삶에서는 타인과 자신을 속인 상태이기 때문에 뭇사람의 우러름과 존경을 받고 스스로 인간의 신적 성취를 이루었다고 자아도취에 빠질 것이다. 자신을 임의대로 정의하는 것은 자유이지만 결과는 자유가 아니다.

이미 하나님은 최초의 사람 남자를 창조하고 그와 생명을 걸고 언약을 맺으셨다. 하나님이 주신 자유의지의 임의성을 가지고 하나님의 말씀을 어기면 정녕 죽게 된다고 말씀하셨다(창 2:16-17). 그러나 아내 하와가 뱀에게 속아서 임의대로 먹고 주는 선악과를 최초의 사람 아담은 받아먹고 말았다. 그 결과 그들은 타락의 거짓 정신을 갖게 되었고 그 정신에서의 이치는 결국 정녕 죽음을 더욱더 활발하게 이루는 행위가 되었다. 이러한 행동을 하는 각자는 타락의 인식에서 극한 이기심을 이루는 자기 위함의 노력으로 뱀의 거짓 도에 다다르고 거짓 의를 이루고 있다. 현상의 도라는 것이 종교적으로나 일상에서의 깊은 깨달음의 이치라고 했을 때 그것은 뱀의 거짓 도일 수 있다. 그 도를 이루기 위해 이치를 가하는 것이 현대인들의 현실이다.

이치는 타락의 인식의 도를 노력하여 발전시킨다는 말이다. 전통적 군신유의는 뱀의 거짓말에 속아 타락한 도를 이루기 위해 온갖 노력을 다하였고 할 수 있다. 군신유의가 정신적 요소에서는 타락의 인식에서의 도이지만 생물학적 성기능과 사회학적 존재로서의 모양에서 하나님의 도를 설명하는 모양을 가지고 있다.
그러나 지금 21세기 대한민국에 조상들이 이룬 도가 남아 있는가?
다 변형되고 온전한 도는 없다. 도가 없으니 이치도 없다. 그나마 도를 이루기 위해 노력했던 형태마저도 다 무너지고 없는 처참한 현실이다. 이렇게 된 이유는 조상들이 자신 안에 있는 정신이 사람을 타락시킨 인식의 정신이라는 것을 알지 못했기 때문이다. 이제 정신적인 문제가 예수님 안에서 해결되어 있으므로 정신과 생물학적 성기능과 사회학적 존재에 대한 바른 정체성을 확립하면 대한민국은 다시 살아날 수 있다.

정신적인 문제가 해결되어 있지만 2024년 현재 한국인들은 이 은혜를 자신 안에 적용하지 못하고 있다. 또한 변형된 공산주의 이념을 가진 정권하에서 하나님이 주신 본래의 정신 위에 세운 생물학적 성기능과 사회학적 존재에 대한 성을 왜곡함으로 그나마 남아 있는 남녀 성에서의 하나님에 대한 설명마저도 없이하였다. 그들은 포괄적 차별금지법과 같은 것을 만들려 하고 공산주의의 변형으로서의 성 개념을 모든 사람에게 주입하고자 영화나 드라마나 각종 매체를 통해 교육을 강화하고 있다. 현재 거대 야당을 앞세워서 법으로 국민을 선동하고 압제하여 끌어가려 한다.
이상으로 도를 살펴보았다. 도가 겉으로 나타나는 모습이 의이기 때문이다.

이제 의에 대하여 알아본다. 옳을 의義는 양 양羊과 나 아我가 합쳐진 말이다. 양羊과 아我가 합쳐졌다는 것은 사람이 순한 양의 성질을 가져야 한다는 의미가 있다고 하겠다. 또한 사람의 성질이 양처럼 순하지 않으며 타락의 거짓 인식에서 나타나는 사나운 정녕 죽음을 가지고 있다고 하겠다. 그러므로 양이 목동을 따르는 모습처럼 순종적인 사람이 되어야 한다는 뜻을 내포하고 있는 말이 의이다. 사람을 창조하신 하나님의 말씀에 복종하고 따르는 형태이다. 현상 세계에서 하나님의 말씀에 순종하여 그 말씀대로 삶을 살아가는 것이다. 양은 목자의 뜻에 잘 따르는 성질을 가지고 있다. 그래서 털을 깎거나 잡을 때 반항하지 않는 특징이 있다고 한다. 나 아我는 손 수手와 창 과戈가 합쳐진 글자로 타락의 인식에서 자신을 위해 스스로 자유의지를 발동하여 손에 창을 들고 도道를 이루는 모습이다.

의는 어떤 사람이 되어야 하는지에 대해 말하고 있다. 의를 설명할 수 있는 것이 도이다. 도에 다다르는 노력이 도리이다. 도리는 사람으로서 마땅히 행하여야 할 길이라고 하였다. '마땅하다'의 사전적 의미는 '어떤 조건에 어울리게 알맞다, 마음에 들다, 그렇게 하거나 되는 것이 옳다'이다. 도에 맞다는 말이다. '마땅히'가 없으면 삶이 괴롭고 힘들 수밖에 없다. 도리가 없으면 정상적으로 살 수 없다는 말이다.

도 또는 '마땅하다'는 자신을 낳은 부모에게서 그 출처의 시작을 찾을 수 있다. 현상의 사람은 부모가 낳음으로부터 시작되었다. 부모는 아이를 도에 맞게 낳았을 것이다. 정신적으로는 하나님이 사람을 창조할 때 불어넣으신 생기로 인한 생령의 정신을 가지고 태어났고(창 2:7) 생물학적 성기능으로는 남편의 성기를 통해 정자가 주입되었고 아내의 성기를 통해 정자를 받아 난자와 연합하여 태어났다. 사회적 존재로서는 부모로부터 태어나 아들딸이 되었다. 그러므로 자신을 낳은 부모를 알아보는 것이 도이고 의의 시작이라고 하겠다. 도와 의는 사람의 시작과 과정과 결과를 동시에 가지고 있는 말이다. 사람이라는 존재가 시작된 원인이고 과정이며 결과적으로 이루고 완성해야 하는 목표이다. 곧 사람의 존재 이유인 것이다.

사람은 왜 사람일까?

도道와 의義를 행하기 위해 사람이라고 답할 수 있다.

왜 사는 것일까?

도와 의를 행하기 위해 사는 것이라고 말할 수 있다. 사람됨의 목적이 도와 의를 이루기 위한 것이다.

도와 의의 끝은 어디인가?

현상의 사람(남녀)이 이룬 하나님의 자기실현이다. 정신적 요소로는 하나님이 사람을 창조하시면서 불어넣은 생기에 의한 생령의 상태이어야 하고 이 정신에서 발전된 생물학적 성기능과 사회학적 존재로서의 성이 나타난 상태를 말한다. 그런데 하나님이 창조하신 최초의 사람은 뱀의 거짓말에 속아 정신적 요소가 하나님의 말씀을 거역하는 인식을 갖게 됨으로 생물학적 성기능과 사회학적 존재로서의 성까지 변질되었다.

필자는 하나님의 말씀인 성경을 통해서 도, 의를 설명하고자 한다. 성경의 관점에서 도를 보면 하나님이 불어넣으신 생기에 의한 생령의 정신과 생물학적 성기능과 사회학적 존재로서의 남녀가 본래 하나님이 창조하신 형상과 모양 그대로 유지되는 것을 말한다(창 1:26-27). 하나님의 창조하심이 도의 시작이고 하나님이 창조해 주신 것을 그대로 실천하는 방법이 도리이다. 도리의 실천으로 나타난 현상이 의이다. 자신을 표현하는 나 아我를 살펴보면 손(手)에 창(戈)을 잡고 무엇을 하고 있다. 하나님이 짐 지어 준 노동을 하고 있다고 볼 수 있다. 또한 노동의 연장선상에서 노동의 결과물인 곡물, 곧 경제를 지키기 위해서 손에 창을 들고 있다. 창을 들되 서로 찌르지 않고 방어하며 서로의 영역을 존중하고 하나님이 정해 주신 대로 순종하며 사는 모습이 의이다. 하나님이 사람을 창조하시고 말씀하신 대로 그 뜻을 이루며 사는 것이 도이고 의인 것이다.

그러면 하나님이 창조하신 대로 순종하며 살면 되지 왜 도를 찾아야 되고 의를 이루는 수고를 해야 하느냐는 의문이 든다. 그것은 첫 사람이 뱀에게 속아서 거짓 정신을 갖게 된 일과 연관되어 있다. 하나님이 첫 사람 남자를 흙으로 만들고 생기를 불어넣으심으로 생령이 되었다.

정신적으로는 하나님의 정신을 가지고 있고 생물학적 성기능과 사회적 존재로서는 하나님의 말씀에 순종함으로 순한 양처럼 아름다우며 행복한 모습이었다. 하나님은 먼저 남자를 창조하고 그 남자와 행위언약을 맺으셨다(창 2:16-17). 언약의 내용은 동산에 있는 각종 나무의 실과는 임의대로 먹되 동산 중앙에 있는 선악을 알게 하는 나무의 실과는 먹지 말라는 것이다. 만일 임의로 먹으면 사람의 자유의지가 하나님을 먹는 것과 같이 되어 하나님을 죽이는 결과를 가져오기 때문에 절대로 먹지 말라는 것이다. 사람이 하나님을 잡아먹으면 사람과 사람이 서로 잡아먹는 결과를 낳기 때문에 자유의지로 하나님을 먹지 못하게 하신 것이다. 하나님의 일방적이고 선언적인 언약이다. 자유의지를 가지고 살되 도, 의를 이루며 살라는 말이다. 그러므로 도는 하나님의 속성이며 의는 도가 사람의 삶에서 실현되어 나타나는 결과이다. 도는 하나님의 말씀이며 의는 하나님의 말씀을 순종하는 행위의 결과이다. 의롭게 산다는 것은 하나님의 말씀을 순수하게 따르며 거역하지 않고 복종하는 모습이다. 타락하기 전 최초의 사람 아담은 이렇게 살았다. 하나님은 이런 모습을 보고 심히 좋아하셨다(창 1:31). 첫 사람 남자 아담은 하나님이 창조하신 만물에게 이름을 지어 주는 과정에서 자신에게 부족한 도를 발견한다. 자신에게 자신을 실현할 짝이 없다는 것이다. 창조주 하나님도 사람의 독처하는 것이 좋지 못함을 보고 남자의 갈빗대 하나를 취하여 여자를 창조해서 남자에게 주신다. 최초의 부부이다. 사람으로서 부족한 도가 완성되었다. 이때부터 부부의 도리가 시작되었다. 부부의 도리는 군신유의의 시작이기도 하다. 정신적으로는 창조주 하나님의 도를 그대로 실천하는 것이 사람의 도이고 부부의 도리이다. 군신 간에도 하나님 말씀의 도를 나누는 것이 현상의 도리이다.

그러나 하나님 말씀의 도가 여자에게는 확실하게 새겨져 있지 않았다. 그 사실을 안 뱀이 하나님을 대적할 목적으로 여자를 속였다(창 3:1-6). 뱀의 목표는 하나님 말씀의 도를 뱀의 거짓 도로 바꾸어서 하나님의 말씀이 사람에게서 실천되지 못하게 하는 것이다. 특별히 사람에게 있는 자유의지를 이용하여 하나님의 절대성을 먹어 버림으로 하나님을 죽이는 일을 계획하고 있다. 결국 뱀은 하나님 말씀의 도가 분명하지 않은 여자를 속여서 뱀의 도를 갖게 하고 그 여자를 통해 남자를 뱀의 도로 사로잡아 사람의 정신 속에 자리 잡게 하였다. 이후로 사람은 뱀의 목적인 정녕 죽음이라는 도를 갖게 되었다. 겉모습은 하나님이 창조하여 주신 그대로이지만 정신적으로는 뱀의 도를 가지고 있는 것이다. 그리하여 사람은 뱀의 거짓 도로 삶을 이루는 거짓 의를 갖게 되었다. 여자는 먹지 말라는 선악과를 임의대로 먹고 남편에게도 먹여서 거짓 도, 의를 이루고 사회학적 존재로서의 삶을 시작한다(창 4:1). 이것이 현재 인류가 가지고 있는 도와 의의 실체이며 시작이다. 사람들은 뱀의 거짓 도를 가지고 살고 있다. 그 결과 남편과 아내는 서로를 정녕 죽게 하는 죽음의 도를 나누게 된다. 그 문제를 뱀의 거짓 정신에서 다스리고 해결하려 노력한 것이 유교에서의 도이고 의이다. 그러므로 우리 조상들이 이루기를 원했던 군신유의는 타락한 거짓 도를 가지고 이루려는 의이다.

현상의 사람들은 이런 영적인 환경을 알지 못하기 때문에 하나님이 창조하여 주신 말씀의 도를 갈망하는 본능이 있다. 생물학적 성기능과 사회학적 존재로서의 성의 형상과 모양은 하나님이 창조해 주신 그대로의 본능으로 하나님의 도를 갈망하지만 타락의 거짓 정신을 이루고 있어서 하나님 창조의 도를 거역하는 생각과 행동을 한다. 사람들은 자신이 임의대로 정의한 도를 열심히 이루어 보지만 결과적으로는 정녕 죽음을 맞게 된다. 노력한 결과가 언제나 좋지 않음으로 더 노력하여 임의대로 정의한 도에 다다르려 해도 정신적이고 영적인 문제를 해결하지 못하므로 한순간에 무너지는 허무한 결과를 갖게 된다. 그럼에도 불구하고 노력한 결과물이 삼강오륜이다. 군신유의가 타락의 거짓 정신에서 발현되긴 했지만 의를 이루고자 하는 선조들의 노력은 하나님의 도道와 의義를 이루려는 한국인의 혼을 갖게 하였다. 그러므로 선조들의 노력에 의해 조성된 혼은 세계에서 유례를 찾아볼 수 없는 대한민국의 경제 발전과 한국 교회의 부흥을 낳는 밑거름이 되었다. 그러나 모양이 좋은 군신유의는 타락의 정신 위에 세워져 있기 때문에 한국인의 정신세계에 많은 아픔과 슬픔을 낳기도 했다. 우리 조상들은 좋은 그릇을 가지고 있었지만 그 안에 타락의 거짓 영 또는 정신을 담고 있었기에 결과적으로 나타나는 것은 거짓으로 꾸며진 의였다. 이제 한국인의 혼에 하나님의 정신인 성령을 불어넣음으로 다시 세계 민족 위에 뛰어난 민족이 되기를 소원한다. 예수님을 믿고 성령을 받아 성경 말씀을 바로 배운다면 각 사람 안에 있는 타락의 거짓 정신이 물러가고 하나님의 생명의 영이 들어옴으로 진정한 도道와 의義를 이루게 될 것이다. 그러면 신명기 28장의 복이 한국인의 복이 되어 모두가 잘 사는 나라와 국민이 될 것이다.

- 전통적 견해

군신유의君臣有義의 전통적인 모습은 임금이 명령하면 신하는 따르는 것이었다고 볼 수 있다. 물론 임금이 일방적으로 자신의 도를 다 이루지는 못했다. 신하들이 가지고 있는 임의대로의 도와 충돌함으로 임금이 가지고 있는 임의대로의 도가 무시되고 신하들의 도가 실현되는 경우도 있었다. 그러나 겉모양은 임금의 도가 실현되는 것처럼 보였다. 임금과 신하가 각각 임의대로 나타내는 도에 의해 겉으로 드러나는 의는 백성들에게 적용되어 백성들 간에도 강자가 약자를 억압하고 다스리는데 이용되었다. 백성들 간에도 힘 있는 자가 타락한 거짓 인식의 도에서 나타내는 의는 자기들의 잘못을 정당화하는 수단으로 활용되고 더 많은 잘못과 정녕 죽음을 이루는 결과를 낳게 되었다. 좋은 그릇으로서의 도道와 의義가 사람들을 괴롭히고 죽이는 수단이 된 것이다. 하나님이 창조해 주신 생명의 도와 의가 뱀의 거짓말에 속아 정녕 죽음을 이루게 되는 죄악의 도구가 된 것이다. 본래 임금은 백성의 아버지와 같아서 하나님이 자신에게 준 정신과 생물학적 성기능과 사회학적 존재로서 하나님 말씀의 도를 실천해야 한다. 임금의 정신과 행위를 통해 백성들 안에서 하나님의 자기실현을 이루어야 하는데 뱀의 정신을 가지고 뱀의 거짓 의를 나타내는 것이다. 그러므로 백성들은 정녕 죽음의 고통에서 죽음의 곡소리를 내는 생지옥이 되었다. 이러한 현실을 보고 반성한 사람들은 진정한 의를 이루고자 노력하였지만 뱀의 인식을 이룬 다수에 의해 업신여김을 당하고 무시되었다. 타락의 거짓 인식이 정신세계를 장악하여 현상의 사람을 사로잡으므로 짐승만도 못한 사람이 되는 지경에 이르렀다. 하나님이 최초의 남자에게 선악을 알게 하는 나무의 실과를 임의대로 먹지 못하게 한 일이 임금과 신하와 백성에게서 마음대로 행하여지는 것이다.
가정을 예로 들어 설명하겠다. 육신의 아버지가 큰아들에게 말하기를 '너는 이 가정 안에서 먹고 싶은 대로 먹고 하고 싶은 대로 할 수 있다. 그러나 너를 낳은 아버지와 어머니를 잡아먹거나 죽여서는 안 된다. 너의 동생을 마음대로 때리고 죽여서도 안 된다. 내 이웃들 역시 임의대로 잡아먹거나 죽여서도 안 된다.'고 일방적으로 선언하는 명령형 언약을 맺었다고 하자. 큰아들은 성장하여 결혼하였다. 큰아들의 아내는 육신의 아버지의 명령을 직접 받지 않은 사람이다. 어느 날 큰아들의 아내 마음속에 부모와 형제를 없이하면 모든 재산이 자신의 것이 되겠다는 생각이 들어왔다. 그 생각을 남편에게 말하고 여자의 말을 들은 큰아들은 아버지와 어머니와 동생들을 다 잡아먹고 말았다. 여자는 거기서 그치지 않고 남편과 자녀까지 잡아먹고 자신도 정녕 죽었다.
이것은 창세기 3장 1-6절과 4장 1절의 뱀의 거짓말에 속아서 갖게 된 사람의 정신적 요소의 변질에 의한 상황을 가정한 것이다.

타락 후 모든 사람의 정신은 이와 같은 뱀의 거짓 인식에 사로잡혀 현재까지 이르고 있다. 우리 조상들의 정신세계 역시 타락의 영향을 벗어나 있지 않은 것이다. 이것은 무서운 일이다. 하나님이 에덴동산에 선악을 알게 하는 나무의 실과를 두시고 임의대로 먹지 말라고 하신 것은 위에서 설명한 내용과 같은 정녕 죽음을 막기 위한 명령이다. 에덴동산은 하나님이 사람을 창조하시고 예행의 삶을 살아보게 하는 것이었다. 동산 중앙의 선악과나 생명나무는 하나님을 상징하는 나무이다. 사람에게 주신 임의성인 자유의지가 자신을 창조함으로 낳은 부모인 하나님을 죽이는지 안 죽이는지 시험하신 것이다. 결과적으로 사람의 자유의지는 뱀의 거짓에 속아 하나님을 죽였다. 현상의 사람은 서로 죽일 수 있는 정신적 성질을 가지고 있다. 우리 조상들도 타락의 정신에 잡혀 고통당하고 있었으므로 불의에서 벗어나고자 노력하였지만 그 역시 타락의 정신으로 하는 것이어서 노력하면 할수록 사회적 피해가 많아졌다. 임금과 신하가 임의대로 행하는 의는 뱀의 소원인 정녕 죽음을 이루는 것이 되었다. 겉은 도를 행하는 사람으로 포장하고 속은 타락의 거짓 인식으로 하나님인 체하는 표리부동의 상태였다. 그나마 한국인에게 도를 흉내 내려는 노력이 있었다는 것만으로도 한국인의 혼을 이루는데 기여한 부분이 있다. 그러나 그것보다는 위장된 의에 의해 피해를 보고 죽어 간 사람들이 너무 많다. 21세기 지금도 한국인에게는 거짓 도, 의가 남아 있어서 언어와 정신 또는 생활상에서 군신유의가 피해를 일으키고 있다. 그럼에도 불구하고 우리 조상들이 이루기를 원했던 도와 의라는 그릇이 잘못된 것은 아니다. 이런 노력들이 한국인의 혼을 이루었다. 군신유의의 진의를 성경 말씀으로 다시 옷 입히면 한국인에게 하나님이 주시는 큰 복이 될 것이다.

- 현재 상황

2024년 현재 대한민국 군신유의君臣有義의 의義는 임금의 힘을 나누어 가지고 있는 행정부의 수장인 대통령과 입법부, 사법부, 행정부에 의해 파괴되었고 지금도 무너지고 있다. 특히 지난 변형된 공산주의 이념에 잡힌 정권하에서 허물어진 의는 자연 치유의 한계를 넘어서 하나님의 특별한 개입 없이는 살아날 수 없는 지경에 이르렀다. 자유 민주주의 정권이 들어서서 새로운 변화를 주고 있는데도 변형된 공산주의 이념에 잡힌 거대 야당의 입법 독재로 인해 의를 행하는 일에 큰 방해를 받고 있는 것이 현재의 상황이다. 입법부와 사법부가 타락의 거짓 인식에 잡혀서 정치적 편향성을 이루고 하나님이 사람 안에 창조해 주신 본능의 도道와 의義를 무너뜨리고 있다. 하나님의 일반은총에서 나타나는 도와 의에서 벗어난 법을 만들어 그것이 민주, 민생이라 하며 선동을 일삼고 있다. 그들의 면면을 보면 변형된 공산주의 사상을 가지고 뱀의 정신적 극한 이기심을 이루는 자들이다. 그들이 타락의 거짓 인식으로 국가 전체의 도와 의를 파괴할 수 있는 것은 따르는 자들이 있기 때문이다. 민주주의의 원리에 따라 국민의 지지를 얻는 사람이 권력을 갖는 제도를 악용하고 있는 것이다. 이것이 민주주의의 단점이기도 하다. 그렇다고 해서 민주주의 원리를 없이할 수도 없는 노릇이다. 하나님이 사람을 창조하실 때 처음부터 국민이 주인인 민주주의를 창조해 주셨기 때문이다. 사람에게 임의성을 주신 것은 자유의지를 준 것이고 오늘날의 민주주의를 주신 것이다(창 2:16-17). 민주주의의 원형인 자유의지를 잘 사용해야 하는데 현대인들은 타락의 거짓 인식에 잡힌 정신세계를 이루고 있기 때문에 불의를 따른다. 선악과를 임의대로 먹으면 정녕 죽는다고 언약하신 말씀을 현재에도 계속하여 어기고 자유의지대로 먹고 있는 것과 같다. 하나님을 마음대로 죽이고 부모와 형제를 죽이고 서로가 서로를 죽이는 행동을 자유롭게 하는 것과도 같다. 자유의지로 불의한 자를 지지함으로 인해 사람들을 죽음으로 이끄는 자를 대표 삼아 국가를 훼손하고 있는 것이다. 그런데도 이런 자들을 좋아하는 국민들이 있어서 도둑질을 더욱더 부채질하고 있는 형국이다. 나라의 지도자라는 자가 대한민국의 정신을 훼손하고 선진 기술을 공산주의자들에게 주고는 민주주의를 이루었다고 거짓말한다. 도를 행하고 의를 이루었다고 국민을 속인다. 그러므로 이런 자들을 따르고 지지하는 사람은 일반은총에서 나타내는 도道와 의義를 잘못 이루는 것이다. 짐승들도 자신을 정녕 죽음으로 이끄는 우두머리는 따르지 않는다. 개나 돼지도 생물학적 성기능으로서 하나님이 일반 창조의 도, 의를 설명하고 있다. 하지만 그들은 타락의 인식에 잡혀서 자신의 생물학적 성기능과 사회학적 존재로서의 성을 부정하고 자신이 임의대로 정의한 자기다움을 신의 자리에 세우고 있는 자들이다. 뱀의 정신이 낳은 자들인 것이다.

그들이 행한 많은 불의 중 가장 큰 불의는 사람의 성性을 가지고 장난쳐서 하나님의 정신과 형상과 모양으로 창조하신 생물학적 성기능의 도道와 사회학적 존재로서의 의義를 파괴한 것이다. 지금도 그 불의는 계속되고 있다. 그러한 불의를 대표하는 것들이 바로 포괄적 차별금지법과 같은 것들이다. 성적 지향에서부터 시작되는 남녀 성性의 왜곡은 하나님 창조의 도와 의를 송두리째 파괴하는 행위이다. 그들이 잘못 보이는 도와 의는 자신들만 정녕 죽음을 맞게 하는 것이 아니다. 온 나라와 백성이 고통당하는 것이다. 그리고 국가라는 공통체가 송두리째 망하는 결과를 맞을 수 있기 때문에 단순한 문제가 아니다. 현재 인구 절벽 상태가 된 것도 그들의 사상과 무관하지 않다. 그들은 타락의 거짓 인식에 잡혀 자신을 부정하면서도 자기들의 사상은 선진적이고 훌륭하다는 착각에 빠져 있다. 젊은이들은 성 정체성에서 도道와 의義를 잃어버려서 결혼하지 않으려고 한다. 결혼을 해도 늦게 하거나 아이를 낳지 않음으로 지구상에서 대한민국이 사라질 위기에 처해 있다. 자기다움이 타락의 인식에서의 자신이기 때문에 이런 행위 자체가 영적으로는 하나님을 임의대로 먹고 죽이는 것이다. 서로가 서로를 죽이는 정녕 죽음을 이루게 되는 것이다. 그렇게 대한민국을 사라지게 하려고 한 것이 지난 변형된 공산주의 이념을 가진 정권하에서 행한 일들이다. 그런데도 그를 지지하는 자들은 뱀의 거짓 도로 대한민국을 소멸시키려 깃발을 들고 국민을 선동하는데 열을 올리는 것이다. 이것이 한국의 군신유의의 현재 상황이다.

그러므로 대한민국은 극히 위태로운 형편이며 거짓의 도를 외치는 자들을 그 권력에서 퇴출시키고 진리를 가진 사람들을 세워야 한다. 또한 죄 있는 자들을 하루속히 잡아야 한다. 그들이 행한 죄악을 빠짐없이 자세히 밝혀서 그에 상응하는 벌을 주어야 한다. 자비를 조금도 베풀어서는 안 되며 엄정하고 신속히 해야 한다. 불쌍히 여기면 안 되는 것은 하나님의 도, 의를 세우는 일이기 때문이다. 이 일은 세상을 창조하신 하나님의 도와 의의 문제이다. 최초의 사람 남자 아담이 여자의 말을 듣고 임의대로 선악과를 먹음으로 갖게 된 뱀의 인식에서의 자의식으로 결정할 일이 아니며 하나님의 말씀에 기초하여 절대 순종하는 자세로 판단해야 할 문제이다. 지금 대한민국의 군신유의는 일반은총의 도와 의조차도 갖추지 못한 자들에 의해 사라지고 있다. 국민들은 깨달으시길 바란다. 현재 타락의 거짓 인식에 속아 선출한 정치인들이 나라와 가정을 파괴하고 있다는 것을 아시길 바란다. 여러분의 남편과 아내 자녀를 정녕 죽음의 수렁으로 끌어가는데도 알지 못하고 그들을 지지하고 있다. 그것은 자해 행위이다. '결코 죽지 않으리라'는 뱀의 거짓말에 속은 것이다(창 3:4). 대의 민주주의 원칙에 따라 국민을 대변한다면서 거짓말로 국민을 속이는 자들을 이제 다스려야 가정과 나라가 산다.
국민의 혈세를 받고 온갖 특혜를 누리며 국민 위에 군림하면서 국민을 무시하는 자들을 언제까지 용납할 것인가?
심지어 불체포특권까지 가지고 있어서 죄를 지어도 죄를 물을 수도 없다. 만일 저대로 방치하면 국민들이 그들의 정신과 행위에 대한 책임자로서 그 대가를 받게 된다. 그들의 변형된 공산주의 사상에 의해 주권이 도둑맞아 국가의 주인으로서의 권리가 상실되는 것이다.

이제 그들을 다스려야 한다. 국가의 주인으로서 주권을 가진 국민의 이름으로 그들의 죄를 다스려야 한다. 군신유의는 하나님의 말씀인 성경을 통해서 다시 태어나야 한다. 그러면 대한민국에 의가 충만하여 모두 행복한 삶을 살게 될 것이다

- 성경적 견해

군신유의君臣有義를 바로 알기 위해서는 의義를 바로 알아야 한다고 하였다. 의를 알기 위해서는 도를 알아야 한다. 도는 천지를 창조하신 하나님으로부터 나왔다고 하였다. 하나님은 천지를 창조하셨다(창 1:1). 하나님은 만드신 만물을 사람에게 다 맡기셨다(창 1:27-31). 하나님이 사람의 코에 생기를 불어넣은 생령의 정신으로 생물학적 성 기능과 사회학적 존재로서의 성에서 하나님의 자기실현의 뜻을 행하게 하셨다(창 2:7). 도道란 하나님의 말씀이며 그 말씀에 순종하여 사는 방법이 도리道理이고 도리로서 나타낸 결과가 의義이다. 나(我)라는 사람이 양羊처럼 목동에게 순종하듯이 하나님의 도에 순종하는 모습이 의라고 한 것이다. 하나님이 만드신 만물에는 하나님의 도가 설명되고 있다. 뱀에게 속아 타락하지 않았다면 꽃, 나무, 풀 등 각종 식물과 새와 짐승과 곤충과 물고기들을 보면서 하나님의 도를 지속적으로 배우고 자신의 자유의지에서 발휘되는 지성과 감성으로 하나님의 도에 순종하였을 것이다.

그러나 안타깝게도 하나님 말씀의 도를 잃어버렸다. 뱀이 여자를 속임으로 하나님 말씀의 도를 왜곡하였다. 하나님이 사람과 함께 살고자 맺은 행위언약의 내용을 속여서 사람으로 정녕 죽음의 도를 갖게 하였다. 하나님이 주신 말씀의 도는 하나님을 아는 정신인데 이것을 거짓말로 바꾸어 알 수 없도록 속인 것이다. 그리고 하나님을 알 수 있는 정신의 자리에 뱀의 거짓 도를 심어 사람의 정신세계를 장악하였다. 겉모습은 하나님의 형상을 하고 있지만 속은 뱀의 정신인 거짓 도를 가지고 살게 되었다(창 3:1-6).
이후로 생물학적 성기능과 사회학적 존재로서의 성에서 자신이 무엇인지 왜 남자인지 여자인지 모르는 상태가 되었다. 자신에 대한 도를 잃어버린 것이다. 사람의 원형인 하나님을 잃어버림으로 현상 세계의 자신을 잃어버린 것이다. 부모와 같은 하나님을 잃어버린 것이다. 타락의 정신을 가지고 있어서 스스로 존재하는 절대자처럼 생각하고 행동하는 영적 이상異常 상태와 같다. 영적 이상 상태란 하나님이 주신 생기에 의한 생령으로서의 자유의지가 뱀에게 속아서 거짓 자유의지가 되어 있는 것이다. 뱀의 거짓말에 속아서 뱀의 거짓 자유의지로 도를 세웠다. 거짓 도道로서의 이성적 성향을 가진 남자는 여자를 다스리려 하고 여자는 감성적 성향으로 남자를 주장한다. 타락의 인식에서의 이성과 감성이 남녀의 현상의 삶을 정녕 죽음으로 끌어간다. 시간이 지날수록 여자의 감성적 성향은 남자의 이성적 성향을 없이하고 남자를 지배하며 감성적 이성을 주장한다. 감성적 이성이라는 것은 모든 것을 감성적으로 판단하고 결정하는 것이다. 여자는 남성성을 인정해 주지 않는다. 타락의 인식에서의 사람은 거짓된 이성理性과 감성感性의 성향으로 지성知性을 이루었다. 이러한 지성으로 자유의지를 이루고 극한 이기심으로 자신의 위하는 현상의 상태이다. 현재는 타락의 거짓 인식으로서의 도를 가지고 여자는 남자를 주장한다. 선악과를 임의대로 먹은 결과이다. 하나님이 창조해 주신 남녀의 도는 남자가 주는 것을 여자가 받게 되어 있는데 변한 남녀의 도 또는 정신은 역으로 여자가 주고 남자가 받게 된 것이다.

하나님이 남자를 먼저 창조하셨으므로 사람의 대표가 되어 하나님과 행위언약을 맺었다. 이것은 하나님의 도가 남자를 통해 여자에게 전해지게 했다는 사실을 설명하고 있다. 남자가 전해 주는 하나님의 도를 받아들여 그대로 이룰 수 있도록 여자를 돕는 배필로 창조해 주신 것이다(창 2:20-24). 그러나 여자가 하나님 말씀의 도를 돕지 않고 자신을 속인 뱀의 거짓 도를 도와서 자기와 자신의 머리인 남편으로 정녕 죽음을 먹게 한 것이다. 이것은 아내가 정신적으로 외도한 것과 같은 일이다. 여자가 뱀에게 속아서 정신적인 불륜을 저지른 것과 같다. 그 정신을 남편에게도 먹여서 남편도 영적인 불륜을 저지르게 하였다(창 3:1-6). 이 일은 남편을 통해 이루어야 하는 하나님 말씀의 도를 여자가 정신적인 요소와 생물학적인 성기능과 사회학적인 존재로서의 성에서 없이한 불의 중에 불의요 패악 중에 패악이다. 문제는 한 번이 아니라 뱀의 거짓 도를 여자가 계속 준다는 것이다. 거짓 도를 여자로부터 받은 남편 역시 이제 하나님의 도를 가지고 있지 않다. 여자에게서 받은 뱀의 거짓 도를 자신의 것으로 갖게 되었다. 남편도 뱀의 인식으로 자기실현을 이루는 자유의지를 가지고 자신을 위한 도를 행사하기 시작하였다. '이것이 옳으니 나를 따르라'고 외치며 아내의 감성을 뱀의 인식에서의 이성으로 다스리는 것이다. 여자가 남편에게 뱀의 도를 주고 남편은 이것을 받아 여자에게 다시 주는 역설적인 일이 지구 종말의 최후 심판 때까지 계속되는 악순환의 영적 정신적 환경을 갖게 된 것이다. 이것은 여자가 뱀에서 속아서 뱀의 도를 남편에게 먹인 죄에 대한 형벌 중의 하나이다. 이제 여자와 남편은 타락의 거짓 인식에서의 도를 가지고 불의를 행하면서도 의롭다고 생각하며 한정된 삶을 살게 되었다.

행위언약 중에 선악을 알게 하는 나무의 실과는 하나님의 절대적인 말씀의 도의 상징이다. 에덴동산은 남편과 아내의 시험적인 삶이다. 하나님이 창조한 최초의 남자와 여자가 어떻게 사는지 확인하기 위한 시간이다. 그곳에는 각종 나무의 실과가 있었고 잘 보이는 동산 중앙에는 선악을 알게 하는 나무의 실과와 생명나무가 있었다. 하나님은 사람을 창조하되 처음부터 하나님의 속성인 자유의지를 가진 사람으로 창조하셨다. 하나님의 생기를 불어넣어 생령이 된 정신을 주고 육신으로는 생물학적 성기능을 갖게 해서 생육하고 번성하는 생식 능력을 갖게 하고 사회학적 존재로서의 성으로 남자와 여자, 남편과 아내, 아버지와 어머니, 할머니와 할아버지라는 존재를 창조해 주셨다. 이 모든 것에는 하나님을 알 수 있는 설명으로 하나님 말씀의 도道가 있어서 도를 잘 다스림으로 의義가 나타나게 하였다. 도리道理를 행함으로 하나님의 옳음이 나타나게 한 것이다.

그런데 뱀, 마귀가 하나님과 사람 사이에 끼어들어 여자를 속이고 정신적인 요소에 뱀의 거짓말을 주입하므로 생물학적 성기능과 사회학적 존재로서의 성은 하나님의 모양인데 정신적인 부분이 바뀐 것이다. 정신적으로 고장 난 상태이다. 뱀의 정신에서는 선과 악을 임의대로 인식하기 때문에 하나님도 마음대로 판단한다. 이것은 사람의 정신에서 하나님이 죽은 것과 같다. 남편과 아내가 서로에게 죽음을 이룬다는 말이기도 하다.

자신을 창조한 하나님도 임의대로 죽이는데 서로 잡아먹지 않는다고 보장할 수 있는가?

없다. 타락의 인식을 하고 있는 현대 부부들은 서로를 잡아먹듯이 괴롭히고 이해가 충돌하면 서로 죽이는 일들이 수없이 반복되고 있다.

에덴동산에서의 시험적 삶에서 여자는 하나님의 말씀의 도로 남자를 도와야 했다. 남편이 선악과를 임의대로 먹지 못하게 바로 도와야 한다. 이것을 돕지 못하면 남편이 자신을 잡아먹을 수 있기 때문이다. 하나님의 말씀의 도가 남편과 아내를 지켜 주고 보호하는 수단인 것이다. 그런데 여자는 뱀에게 속아서 먼저 임의대로 선악을 알게 하는 나무의 실과를 먹고 남편에게도 먹임으로 남편이 자신에게 정녕 죽음을 이루도록 도운 것이다. 이것이 여자의 어리석음이다.

여자가 그러는 동안 남편은 무엇을 하였는가?

여자가 한 모든 일의 결과에 있어서 남편이 책임지는 모습이 하나님의 도이다. 여자와 뱀의 대화에서 남자는 등장하지 않는다. 여자가 뱀의 논리에 대응하는 말은 남편이 여자에게 준 것이다. 그 말들을 살펴보면 하나님이 남편에게 주신 말씀(창 2:16-17)과 맞지 않은 것이 많다. 그 중에서도 핵심적인 내용이 여자의 인식에 없다. 그것은 선악을 알게 한다는 내용이다(창 3:1-6). 여자는 죽을까라고 불확실하게 말한다. 동산 중앙에 있어서 선악을 알게 하는 절대적인 의미의 나무 실과가 일반 나무의 실과와 구분 없이 일반화되어 있다. 하나님이 남편에게 준 절대적인 성질의 상징과 도가 빠져 있는 것이다. 뱀이 여자의 그런 허점을 파고들었고 여자는 뱀의 거짓말에 잡혀 버렸다. 여자는 타락의 정신을 한 여자 아내 어머니가 되었다. 남편 역시 타락의 정신이 주는 것을 받아먹고 뱀의 도를 따르는 남편이 되었다. 그러므로 여자만 탓할 수 없다. 여자의 잘못은 남자의 책임이다. 최초의 남편과 아내는 하나님의 절대성의 상징인 선악을 알게 하는 나무의 실과를 임의대로 먹었다. 그 결과 사람의 3요소 중 정신적 요소가 잘못되어 생물학적 성기능과 사회학적 존재로서의 성에서 하나님을 나타내지 못한다.

하나님을 자기의 필요를 이루는 이익의 대상으로 여기는 것이다. 타락의 거짓 인식의 자유의지는 남편과 아내 사이에도 끼어들어 서로를 자신의 이기심을 이루는 대상으로 여긴다. 뱀이 거짓말로 속여서 갖게 된 임의대로의 이기심을 이루기 위해 남편은 아내를, 아내는 남편을 죽음으로 내모는 안타까운 영과 육의 환경을 갖게 되었다. 그러나 사람의 이성 속에는 하나님의 도가 아주 없어지지는 않아서 타락의 거짓 인식 속에서도 하나님을 찾고자 몸부림치는 본능의 모습이 있다. 이런 노력의 한 부분이 유교의 군신유의이기도 하다. 그러나 타락의 인식에서는 아무리 노력해도 정신적 요소인 영이 바뀌지 않으면 하나님의 도를 온전히 회복할 수 없다.

하나님은 그 일로 사람의 자유의지에 개입하신다. 먼저 남자를 찾으신다. 사람의 머리인 아담을 부르신다(창 3:9-10). 남자는 행위언약의 당사자이며(창 2:16-17) 사람의 대표이고 여자의 머리이다(고전 11:3). 그런데 행위언약을 임의대로 파기하였다. 여자를 앞세운 뱀의 거짓에 속아서 뱀의 정신의 도를 행한 것이다. 이렇게 변한 남자는, 하나님이 부르시니 두려워 숨는다.
하나님이 입혀 주시지 않은 나뭇잎으로 꾸민 남자와 여자는(창 3:7), 생물학적 성기능과 사회학적 존재로서는 하나님의 형상과 모양을 하고 있지만 정신적으로는 뱀의 거짓 인식의 모습이다. 하나님은 죄의 책임자인 남자에게 먼저 땅의 저주를 내리고 평생 동안 땀 흘림으로 생명 주신 하나님을 알도록 하신다. 여자 아내에게는 잉태의 고통을 크게 더하고 남편의 다스림을 받는 벌을 주신다. 뱀에게는 일생 동안 땅에 기어 다니며 여자의 후손과 원수가 되는 저주를 내리신다. 아담과 하와는 시험적 삶을 살았던 에덴동산에서 쫓겨난다(창 3:24).

그 후 남편과 아내는 동침하여 아들을 낳는다. 그런데 이상한 일이 벌어진다. 여자 하와가 여호와로 말미암아 득남하였다고 선언하는 것이다(창 4:1). 하와는 생물학적 성기능과 사회학적 존재로서의 남편과 성관계를 하여 아이를 낳고선 여호와로 말미암아 낳았다고 하는 것이다. 하나님은 생물학적 성기능과 사회학적 존재로서의 사람과 성관계를 하지 않으신다. 아내 하와가 타락의 정신에 잡혀서 자신을 하나님의 위치에 올려놓기 위해 하나님과 연합한 부부라고 하는 것이다. 뱀의 거짓을 기반으로 하는 감성적 이성이다. 뱀의 인식이 온 인류를 장악하기 위해 하는 거짓말이다. 여자 아내는 타락의 거짓 정신을 주 인식으로 가지고 있어서 현상의 남편은 아예 무시하고 하나님과 연합된 존재로 자신의 신분 세탁을 꾀하는 말이다. 이렇게 여자는 현상의 삶에서 뱀의 도를 이루는 통로가 되어 있으며 뱀의 정신이 현상 세계에서 자기실현을 이루도록 돕는 상태이다. 뱀의 도가 여자를 통해 남자를 장악하고 무시함으로 눈앞에 있으나 없는 것 같은 존재가 된다.
이렇게 여자가 낳은 아들 가인은 어머니가 주는 모성의 사랑을 많이 받는다. 어머니가 주는 타락의 인식의 도를 독차지한다. 본래는 아버지를 통해 주시는 하나님의 도를 받아야 하는데 어머니를 통해 뱀의 도를 받은 것이다. 이후 아담과 하와는 둘째 아벨을 낳는다. 그런데 둘째 아벨에 대해서 어머니 하와는 전혀 관심을 보인 기록이 없다.
왜 이럴까?
가인이 첫아들이라는 것과 관련되어 있다. 첫아들은 아들의 시작이다. 하나님이 남자 아담을 처음 창조한 것과 부부가 낳은 첫아들과 연관이 있다. 첫 것은 모든 것을 대표하는 상징성을 가지고 있다. 타락의 인식을 가지고 있는 하와 어머니가 첫아들 가인에게 집착한 이유이다. 첫아들을 타락의 인식으로 낳아 자기 아들이 되게 하면 모든 아들을 자신의 아들로 삼을 수 있다고 생각하는 것이다. 하나님에게 돌아가야 할 첫 것의 상징을 자기 것으로 삼은 타락의 인식의 결과이다.

두 아들은 장성하여 각각 자기 생업의 소산물로 하나님께 제사를 드린다. 하나님은, 아벨의 제사는 받으시고 가인의 제사는 받지 않으신다. 아벨은 양의 첫 새끼와 기름을 제물로 하나님께 드리고 가인은 자신의 농작물 중에서 드린다. 가인의 제물에는 첫 것의 구별이 없다. 첫 수확물을 드린다는 것은, 하나님이 주신 것임을 인지하여 드리는 것이고 첫 것이 구별되지 않는 것은 소산물이 자신의 것이라는 인식으로 하나님과 연관성이 없는 제물이다. 이것은 가인의 마음속에 하나님의 도가 없고 뱀의 도가 자리 잡고 있음을 나타내는 것이다. 타락의 인식에서 드리는 제사는 자신을 위한 것이다. 어머니의 사랑 속에 있는 뱀의 이기성이 만들어 낸 제사이다. 이렇게 타락의 인식을 한 사람의 정신은 오직 자신만 위하는 자유의지를 가지고 있어서 하나님도, 부모도, 형제도 없다. 오직 자신만 있을 뿐이다. 그런 인식으로 드리는 제사를 하나님은 받으실 수 없다. 드린 적이 없기 때문이다. 제사의 형식만 갖추고 드리는 흉내만 낸 것이기에 받을 수 없는 것이다. 하나님이 마땅히 받아야 할 제사를 뱀이 정신적으로 도둑질해 간 것과 같다. 이 부분을 군신유의에 적용해 보면 조상들은 이상적인 신적 도를 이루려 했지만 결과적으로 임금과 신하가 타락의 인식의 도를 서로 나누는 것이 되었다. 가인의 제사는 뱀의 도로 드리는 불의한 제사이다. 가인의 정신과 현상의 제물과 행위가 다 뱀의 도를 이루고자 드린 제사인 것이다. 하나님이 받아야 할 마땅한 제사는 하나님의 도로 하나님의 의가 나타나게 드려야 한다.

가인은 제사가 거부되자 분이 일어 안색이 변한다(창 4:7-8). 하나님은 죄의 소원을 다스리라고 하셨으나 가인은 타락의 정신인 뱀의 도를 다스리지 못하고 하나님의 도가 실현되는 동생 아벨을 죽인다. 아벨의 죽음은 뱀이 여자를 속여서 에덴동산에서 시험적으로 살 때에 선악을 알게 하는 하나님의 절대적 상징물을 임의대로 먹은 사건과 연결되어 있다. 뱀의 인식이 여자를 통해 가인을 낳고 타락의 정신을 유전시켜서 하나님의 도를 실현한 동생을 죽인 것이다. 그것은 하나님을 임의대로 죽인 것이다. 선악을 알게 하는 나무의 실과를 임의대로 먹은 사람은 하나님도, 부모도 죽이고 남편과 아내도 서로 죽이고 부모가 자녀를 죽이는, 정녕 죽음을 이룰 수밖에 없는 영적이면서 현실적인 문제를 가지고 있다. 하나님은 뱀의 정녕 죽음의 도를 다스리고자 사람의 임의대로 행하는 자유의지에 개입하신다.

하나님은 남자 남편 아버지가 아이를 낳게 하신다(창 4:25). 본래 하나님이 사람을 창조하신 과정을 보면 남자가 아이를 낳는 모양을 하고 있다. 흙으로 만드신 것은 생물학적 생식기능을 할 수 있게 만들었음을 알게 한다. 코에 생기를 불어넣어 생령이 되게 하신 것은 정신적 요소를 말한다. 그리고 사회학적 존재로서 하나님의 형상과 모양을 한 남자를 먼저 창조하셨다. 그 후에 남자의 갈빗대로 여자를 만들고 남자와 연합을 이루어 주셨다. 아이는 남성이 낳는 것이고 여성은 낳는 것을 도와주는 역할이다. 정자가 여성에게 주어져야 생명이 생기고 여성은 생명이 태어나는 것을 돕기 위해 창조되었다(창 2:18). 그러므로 남자는 사람의 대표이고 여자의 머리이다(고전 11:3, 엡 5:22-33).

창세기 4장 1절의 '여호와로 말미암아 득남하였다'는 하와의 말은 거짓된 뱀의 선포와 같다. 남편 아담과 아내 하와는 이미 뱀의 거짓 도가 장악하고 있기 때문에 불의를 선포하는 것이다. 이에 하나님은 사람을 뱀의 거짓 도에서 구원하기 위해 아버지가 낳은 아들을 태어나게 하셨다. '셋'이다. 창세기 4장 1절에는 여자 아내 어머니가 낳은 가인이 있고 25절에는 남자 남편 아버지가 낳은 아들 셋이 있다. 표면적으로는 셋도 아버지 아담과 어머니 하와가 동침하여 낳은 아들이다. 가인과 동일하게 생물학적 성기능에 의해 성관계를 행함으로 잉태되고 태어났으며 사회학적인 존재로서 아들이라는 호칭을 받은 것이다. 한 부모에게서 태어났지만 두 형제는 차이가 있다. 가인은 타락의 거짓 정신을 받은 어머니에 의해 태어난 아들이라면 셋은 가인이 죽인 아벨 대신에 하나님이 다른 씨로 주신 아담 아버지가 낳은 아들이다. 정신적인 요소에서 가인은 뱀의 인식을 받아 태어났다면 셋은 하나님의 정신을 받아 태어난 아들이다. 가인은 타락의 정신을 한 어머니가 낳았고 셋은 하나님의 은혜로 아버지가 낳았다. 가인은 뱀의 도가 실현되는 아들이라면 셋은 하나님 말씀의 도가 실현되는 아들이다. 드디어 '셋'이라는 아들을 통해서 하나님의 자기실현이 이루어진 것이다(창 4:26). 뱀의 거짓말에 속은 여자 아내 어머니가 낳은 아들은 타락사의 조상이 되었고, 하나님의 은혜를 받은 남자 남편 아버지가 낳은 아들 셋은 구속사의 조상이 되었다. 뱀→여자 하와→가인→라멕→함→으로 이어지는 타락사가 있다면 하나님→남자 아담→셋→노아→아브라함→이삭→야곱

→다윗→예수님으로 이어지는 구속사가 있다. 우리 조상들이 이루기를 원했던 군신유의는 타락의 인식 속에서 하나님 말씀의 도를 찾아 그 도를 이루고 의를 나타내려 했다. 많은 노력을 했음에도 이것은 사실 불가능한 일이다(롬 3:10-18). 그러나 역설적으로 의를 이루려는 노력만으로도 자랑스러운 도전이다.

뱀이 준 타락사의 후예로서 변형된 공산주의 이념에 잡힌 자들이 나라의 인륜을 파괴하고 있다. 계속해서 타락사의 흐름을 따라간다면 정녕 죽음을 이루고 망할 수밖에 없을 것이다(시 14:1-3). 타락의 인식은 구속사를 이루는 인물들 속에도 동일하게 역사했다. 인류의 시작인 아담이 여자 안에서 역사하는 뱀의 거짓 도에 잡혀서 선악을 알게 하는 나무의 실과를 임의대로 먹는 불의를 행하였으므로 사람 속에는 누구나 뱀의 거짓 도가 역사하고 있다. 뱀의 거짓 도의 목적은 사람으로 하여금 하나님을 없이하는 것이다. 뱀이 하나님의 자리를 차지하기 위해, 사람을 창조하심으로 낳은 하나님을 죽이도록 속인 것이다. 선악과를 임의대로 먹는 것은 사람이 자유의지로 하나님을 죽이는 것과 같은 것이다. 무엇을 먹을 때는 죽여야 먹기 때문이다. 그런데 여자는 임의대로 먹고 남편에게도 먹였다(창 3:1-6). 여자는 남편을 돕는다고 선악과를 먹였지만 정녕 죽음을 준 것이다. 영적으로는 사람이 하나님을 죽인 것과 같은 행동이다.

이 부분을 가정을 비유로 설명해 보겠다. 어느 가정에 장성한 아들이 있는데 결혼할 때가 되어 아내를 맞아들인다. 아내는 남편의 뼈 중의 뼈이고 살 중의 살이기 때문에 아내가 요구하는 것을 남편은 들어 줄 수밖에 없다(창 2:23). 어느 날 아내의 마음에 뱀이 기어들어와 아내를 유혹한다. 뱀이 여자의 마음을 사로잡고 시부모의 재산권을 행사하기 위해 속이자고 한다. 재산을 마음대로 사용하자는 것이다. 남편은 그 말에 속아서 부모를 죽인다. 하나님 앞에 있는 아담과 하와가 그런 일을 행한 것이다. 예행의 삶인 에덴동산에서의 일이지만 사람의 자유의지가 이렇게 변해서 정녕 죽음을 이루게 된 것이다. 아담과 하와가 행한 일은 자녀가 부모를 죽이는 패륜을 저지른 것과 같다.

부모를 임의대로 죽이는데 형제자매는 죽이지 않겠는가?
가인은 동생 아벨을 죽인다. 계속해서 뱀의 거짓 도는 사람 가운데서 하나님을 설명하는 상징들을 없애고자 한다. 하나님을 알게 하는 대표적인 설명서와 같은 남자 남편 아버지의 권위도, 어머니의 권위도, 스승의 권위도 없이한다. 사람의 성이 설명하는 생물학적 성기능과 사회학적 존재 자체를 파괴함으로 뱀의 거짓 도를 이루는 불의의 세상을 만들었다. 그 상태를 한탄하신 하나님이 뱀의 거짓 도를 가지고 불의를 일삼는 인류를 대대적으로 정화하는 심판을 단행하신다(창 6:5-7). 당세에 완전한 자로 평가 받는 노아와 가족들만 남기고 물로 심판하신다(창 7:1-24). 그러나 이미 사람의 정신 속에 들어와 주 인식이 되어 있는 뱀의 거짓 도는 노아 안에서도 역사한다. 노아는 홍수 심판 이후 포도주를 마시고 취해 하나님이 입혀 준 옷을 벗은 것이다. 그 모습을 본 둘째 아들 함이 형과 동생에게 말하고 아버지의 허물을 선전, 선동하는 뱀의 도를 드러낸다. 뱀의 도는 구속사의 인물 속에서도 영향력을 행사하며 노아→셈→아브라함→이삭→야곱→다윗왕 안에서도 역사하였다.

뱀의 거짓 도의 흐름을 끊으신 분은 오직 예수님뿐이다. 예수님은 뱀의 도의 흐름을 끊기 위해서 성령으로 잉태되어 사람의 몸을 입고 오셨다(마 1:18). 예수님은, 정신적인 요소로는 성령으로 잉태되었고 생물학적인 성기능에서는 남성이고 사회학적 존재로서의 성에서는 남자로 태어나셨다. 최초의 사람인 아담이 하나님의 생기가 코에 들어가 생령이 된 것과는 다르게 성령 하나님이 직접 임하심으로 태어난 것이다. 하나님은 예수를 통해서 사람의 정신 속에 성령 하나님으로 직접 임하신다. 뱀의 거짓말이 최초의 여자 하와에게 들어갈 때 하와는 구속사를 이루는 자의 아내이고 남편과 동침하기 전이었다. 그러므로 예수님은 생물학적 성기능과 사회학적 존재로서의 여자이면서 동정녀이고 구속사를 이루는 남자의 아내라는 하와와 같은 조건의 마리아에게서 태어나셨다. 타락은 뱀이 여자가 하와를 거짓말로 속여 들어왔다면, 성령은 구속사의 후예인 요셉의 아내 마리아가 영접함으로 임하셨다(눅 1:38). 성령을 마리아가 영접함으로 예수님이 태어나셨다. 남자 남편 아버지의 원형인 하나님이 낳은 아들이다.

이제 예수님을 믿음으로 정신적인 문제를 해결할 수 있게 되었다. 뱀의 거짓에 의해 하나님을 임의대로 죽임으로 사람이 서로 죽이는 정신 상태에서 벗어날 수 있는 길이 열린 것이다. 예수님을 믿으면 정신 속에 있는 뱀의 거짓 도가 사라지고 하나님의 성령의 도가 세워진다. 성령의 도가 세워지면 하나님의 생명의 말씀을 순종함으로 새로운 사람이 나타나게 된다. 정상적인 생각과 행동을 하는 구원받은 사람이 된다. 생물학적 성기능과 사회학적인 존재로서의 겉모습도 정신적 요소의 내면이 변화함으로 새 창조의 사람이 된다. 정신적인 요소가 타락의 거짓 정신에서 하나님의 성령의 정신으로 바뀌는 것이다. 예수님을 믿는다고 입으로 시인만 하면 변화가 시작된다(롬 10:9-10). 그러나 뱀의 거짓 도는 끈질기게 사람의 정신을 붙잡고 놓아주지 않는다. 어떻게든 정녕 죽음을 이루고자 하는 것이다. 그러므로 하나님이 구원을 사람에게 맡기지 않고 직접 이루신 것이다(요 1:12-13). 타락의 거짓 정신은 구속사를 이루는 인물들 속에서도 그랬던 것처럼 예수님을 믿는 성도들 속에서도 역사하고 있다. 자신의 입으로 예수를 구주라고 시인해서 뱀의 역사가 끝난 것이 아니다. 타락의 거짓 정신은 사람의 마음과 생각 속에 기어 다니면서 유혹하기를 계속한다.

사람 속에서 은밀하게 사람을 속이는 뱀의 거짓 도를 잡기 위해서는 성령의 가르치심이 아니고는 불가능하다(요 16:7-8). 예수님이 현상 세계에서 떠나야 하는 이유이다. 떠나지 않으면 예수님이 육신을 입고 있는 동안 이루신 구원이 예수님 안에만 있게 된다. 떠나면 성령이 각 사람에게 임하셔서 예수님의 구원을 적용할 수 있다. 그러므로 예수님이 떠나는 것이 유익이다. 예수님의 구원이 현상의 예수님의 육신에 갇혀 있으면 전 인류를 구원하신 예수님의 은혜가 사람들에게 적용되지 못하기 때문이다. 예수님이 타락의 인식의 사람들에 의해 십자가에 못 박혀 죽으신 것은 역설적이게도 모든 사람들이 새로운 생명을 얻는 기회의 시작이다. 원수들은 뱀의 거짓 도道로 예수님을 십자가에 못 박아 죽임으로 승리한 줄 알겠지만 예수님의 죽음은 새 창조의 시작이다. 뱀의 거짓말에 속아 정녕 죽음을 벗어날 수 없었던 사람들이, 예수님이 십자가에 못 박히는 순간부터 새사람으로 거듭나는 기회를 갖게 되었다. 뱀, 마귀는 자기 꾀에 빠졌다. 죄 없는 예수님을 죄인으로 모함해 죽여서 모든 사람의 죄 값을 예수님이 대신 지불하신 결과를 갖게 되었다. 이제 예수님을 믿는 사람은 누구든지 뱀의 정녕 죽음의 함정에서 빠져 나오게 되었다.

예수님을 믿는데도 아직 뱀의 거짓 도를 벗어나지 못하고 괴롭힘을 당하고 있다면 성령의 가르치심으로 예수님을 믿어야 한다(요 14:25-26). 예수님을 믿는 자들이 육신의 부모에게 태어나면서부터 가지고 있는 타락의 인식의 본능에서 벗어나려면 반드시 성령을 받아야 한다. 성령의 가르치심으로 예수님을 아는 것이 바로 믿는 것이다. 타락의 인식에서 예수님을 가르치고 배우면 뱀의 정녕 죽음의 함정에서 빠져나올 수 없다. 보혜사 성령이 임해서 하나님이 세상을 어떻게 창조하셨는지, 뱀의 거짓 도가 사람 속에 어떻게 자리 잡고 있는지, 정녕 죽음이 어떻게 이루어지는지 깨닫게 한다. 성령은 또 뱀이 주는 죽음에서 예수님이 어떻게 자신을 구원해 주셨는지 알 수 있도록 각 사람에게 적용하여 가르친다(고전 2:10-16). 그러므로 예수님을 믿되 성령의 가르치심을 받아 하나님의 말씀의 도를 깨달은 믿음을 가져야 한다. 자신의 모든 것이라도 바쳐서 알아야 한다. 이것이 믿음을 갖는 것이고 생명을 갖는 것이기 때문이다. 새로운 자신은 이 믿음으로 태어나기에 성령으로 믿음을 갖기 위해 온 힘을 다해야 하는 것이다. 성령의 가르치심으로 예수를 믿으면 현상의 삶에서도 구원의 은혜를 누리며 뱀의 정녕 죽음의 괴롭힘에서 벗어나지만 영적으로 육신의 죽음을 넘어서는 영생의 세계로 들어간다는 사실을 믿어야 한다(요 3:16). 우리 조상들이 그렇게도 이루길 소원했던 군신유의는, 예수 믿고 성령의 가르침을 받아서 하나님이 말씀으로 창조하신 도를 깨달아야만 이룰 수 있는 것이다. 우리 조상들은 뱀의 거짓 도에 속아서 뱀의 정신으로 하나님의 도를 이루려고 노력한 것이 삼강오륜이다. 그러나 이제 하나님의 말씀을 순종하면 진정한 인륜의 꿈을 이룰 수 있다(신 28:1-14). 우리 조상들은 사람을 창조하신 하나님 말씀의 도를 알지 못해 뱀의 거짓 도에서 군신유의를 이루려고 노력했지만 결국 실패하였다. 의를 이루려는 조상들의 노력과 도전은 한국인의 혼이 되어 성경을 만나는 밑거름이 되었다. 예수를 믿음으로 성령이 주장하는 한국인의 정신이 되면 세계 위에 뛰어난 대한민국이 될 것을 확신한다.

부부유별

夫婦有別

부부는 구별되어야 한다. 남편과 아내는 다르기 때문이다.

창조주 하나님은 남자를 먼저 만들되 정신적인 부분과 생물학적인 생식기능과 사회학적인 존재로서의 성으로 창조해 주셨다(창 2:7). 하나님은 남자를 창조한 후 에덴동산에 두고 창조하신 만물을 맡기며 생명을 걸고 행위언약을 맺으셨다(창 2:16-17). 각종 나무의 실과는 임의대로 먹되 선악을 알게 하는 나무의 실과는 먹지 말라 명령하시며, 먹으면 정녕 죽으리라고 하셨다. 선악과를 임의대로 먹으면 하나님이 준 자유의지로 자신을 창조한 하나님을 잡아먹고 자기들끼리도 서로 잡아먹는 정녕 죽음이 이루어지기 때문에 먹지 못하게 언약을 맺으신 것이다. 이후 남자의 독처하는 것이 보기에 좋지 않아 남자의 갈빗대 하나로 돕는 배필을 창조해 주셨다. 남자는 자신의 뼈 중의 뼈요 살 중의 살이라며 여자라고 이름을 지어 주었다. 이들은 처음부터 성인으로 창조되었다. 하나님이 창조하심으로 짝지어 준 관계이다.

두 사람은 연합하여 한 몸을 이룬다. 결혼하여 부부가 되는 것이다. 정신적으로는 하나님의 정신을 가지고 있고 생물학적 생식기능과 사회학적 존재로서의 성은 남편과 아내이다. 남자 남편은 사람의 대표이고 여자 아내의 머리이며 주인이다(창 18:12, 고전 11:3, 엡 5:22-33, 딤전 2:11-15). 남편이 아내의 대표이고 머리됨을 인정하는 인식이 부부유별의 의미이다. 현상의 남편의 모습이 설명하는 하나님의 자기실현의 모습을 알아보고 그 권위를 존중하는 모습이다. 남편과 아내를 창조하여 주신 분이 하나님이라는 진리를 현상의 남편과 아내가 알기 위해서 부부유별을 잘 지켜야 한다. 자유의지의 인식에서 부부유별을 지키지 않으면 남편의 모습에서 하나님을 보지 못함으로 아내의 정체성을 알지 못하게 된다. 남편과 아내가 다르다는 것을 앎으로 하나님과 사람이 다르다는 것을 알게 되는 것이다.

부부가 현상의 삶에서 구별되지 못하면 자신이 왜 남편이고 아내인지 알 수 없다. 부부유별이 남편과 아내가 무엇인지 알게 해 주기 때문이다. 남편과 아내가 부부유별을 바로 알아야 가장 건강한 부부가 된다. 정신적 요소와 생물학적 성기능과 사회학적 존재로서의 성에서 자아정체성을 바로 안다는 것은 개인으로서의 자신을 분명히 아는 것이기도 하다. 하나님의 창조물 중 가장 간교한 뱀이 남편과 아내 사이에 끼어들기 전까지는 부부유별이 잘되었다.

그러나 뱀의 거짓말에 속아서 선악을 알게 하는 나무의 실과를 임의대로 먹은 아내는 남편에게도 먹임으로 부부는 타락하였다(창 3:1-6). 이후 남편과 아내는 부부유별을 하지 못하게 된다. 본래는 남편이 주는 것을 아내가 받게 되어 있는데 타락함으로 아내가 주는 것을 남편이 받게 된 것이다. 생물학적 성기능과 사회학적 존재로서의 성에서 남편은 생명을 주는 아내의 머리인 것을 설명하고 있지만 아내는 이를 인정하지 않고 남편을 주장하고자 억지를 쓴다. 타락의 인식을 한 남편은 아내의 주장에 대해 정녕 죽음으로 다스린다. 그러므로 부부는 정녕 죽음의 고통이 일생 동안 반복되며 부부유별을 못하게 된다.

우리 조상들은 남편과 아내가 반드시 구별되어야 한다는 사실을 인식하고 이를 실천하기 위해 노력했지만 하나님이 창조해 주신 본래의 부부유별을 이루는데 있어서 처음부터 한계를 가지고 있었다. 그럼에도 불구하고 이러한 노력을 했다는 것은 참으로 훌륭한 일이라고 생각한다. 부부유별의 질서는 개인과 나라가 잘되게 하고 현재 대한민국이 잘되는 정신적 기반이 되었다. 그러나 21세기 현재 대한민국에서 부부유별이 실종되었다. 결국 타락의 인식에서의 노력은 정녕 죽음을 이루기 위한 또 다른 방편일 뿐이다. 타락의 인식에서의 노력이 결과적으로는 실패하였다. 그럼에도 불구하고 노력의 모양과 흔적이 지금의 대한민국을 이루는데 밑거름이 된 것이다.

지금 한국 가정의 남편과 아내는, 하나님이 창조해 주신 본래의 형상으로 구별되지 못하고 있다. 아내가 사람의 대표가 되고 남편의 머리가 되어 있다. 뱀이 여자를 속여서, 하나님이 먹지 못하게 한 선악을 알게 하는 나무의 실과를 임의대로 먹고 정녕 죽음을 이룬 일이 계속된다는 말이다. 아내는 선악과를 임의대로 먹이는 일을 계속하며 남편은 그것을 받아먹고 죽음을 쏟아 내는 것이다.

부부유별은 단순한 것이 아니다. 개인적으로는 사람이 죽고 사는 문제이고 가정적으로는 부부와 자녀의 행복과 미래가 달려 있는 일이다. 국가적으로는 나라의 존폐와도 연결되어 있다. 성경의 조명을 받아 부부유별을 해야 한다. 우리나라뿐만 아니라 세계적으로 해야 하고 한국은 이 문화를 가르쳐 주어야 하는 사명이 있다. 모든 남편과 아내가 부부유별을 바르게 함으로 남녀와 가정과 나라가 보존되고 행복해질 수 있다.

부부유별을 더 자세히 알기 위해서 각 글자의 그 의미를 확인해 본다.
지아비 부夫는 한 일一과 큰 대大가 합쳐진 글자이다. 하나님이 남자를 만들고 그 후에 남자의 갈빗대 하나로 여자를 지으신 일과 연관되어 있다. 현상에서 남편이 아내의 머리 됨을 설명함으로 하나님이 사람(남녀)의 머리이심을 나타내는 모습이다. 현상의 삶에서 하나님의 뜻을 말씀하신 대로 이루는 큰 사명을 가지고 있다는 의미가 지아비 부夫에 담겨 있다. 남편은 하나님이 불어넣어 주신 정신을 가지고 있어야 하고 생물학적 성기능과 사회학적 존재로서의 성에서 하나님의 의를 이루는 일에 전체적이고 대외적으로 특화된 모양으로 구별되어 있는 것이다. 머리 된 남편이 하나님의 말씀에 맞는 뜻을 정하여 일을 추진하면 아내가 도와서 일을 이루는 것이 부부의 모습이다. 이 관계를 영적으로 하나님과 연결시켜 적용해 보면 사람인 남편과 아내가 하나님을 머리로 하는 몸의 형태로서 하나님의 뜻이 현상의 부부의 삶에서 실현되게 순종하는 모습이다. 그러므로 현상 세계의 남편과 아내는 하나님과 사람의 관계를 육안으로 직접 보면서 알 수 있게 하는 대표적 시청각 설명서인 것이다.
지어미 부婦는 계집 녀女와 비 추帚가 합해서 만들어졌다. 이 글자에서 알 수 있는 것은 아내가 부부의 삶에 있어서 실무 책임을 짊어지고 있다는 것이다. 남편은 밖에서 돈을 벌어 아내에게 주고 아내는 그 돈으로 남편의 뜻을 실현하는 삶을 가꾼다. 남편과 아내는 정신적인 요소와 생물학적 요소와 사회학적 요소가 구별되어 있어서 남편은 가정을 전체적이고 대외적인 대표성을 가지고 있고 아내는 대내적인 가정 실무 책임을 맡고 있다. 부부의 모습은 현상의 삶을 통해서 창조주 하나님을 설명하는 것이다. 영적으로는 창조주 하나님이 사람(남편과 아내)의 남편과 같은 형상과 모양을 하고 있다는 것이다. 그러므로 현상 세계에서 하나님이 창조하신 대로 부부유별을 잘한다면 눈에는 보이지 않아도 부부의 삶을 통해 하나님과 사람 관계를 잘 설명하는 것이다. 현상의 삶에서 나타나는 부부유별이 이상 세계인 영적 세계와 연결되어 있어서 하나님이 영광을 받으시는 것이다. 그러므로 부부는 현상 세계에서 부부유별을 반드시 해야 하는 것이다.

하나님은 사람(남편과 아내)을 창조하여 에덴동산에 두고 하나님이 주신 자유의지로서 하나님의 자기실현을 이루는지 알고자 하셨다. 사람의 자유의지가 하나님의 말씀에 순종하는지 확인하려는 것이다. 사람은 선악과를 임의대로 먹음으로 이 시험을 통과하지 못했다(창 2:16-17, 3:1-6). 뱀의 거짓 정신의 자기실현을 이루고 있다. 타락 후 남편은 여자의 머리가 아니며 가정과 부부의 삶에 있어서 전체적이고 대외적 대표성을 갖지도 못하고 아내의 주인이 되지도 못하는 형편이 되었다. 역으로 아내가 전체적이고 대내외적 대표성을 가지고 있으며 가정의 실무에 있어서도 남편에게 그 역할을 분담하도록 지시하는 현실이 되었다. 남편은 하나님이 창조해 주신 권위를 잃어버렸다. 대신 아내가 준 타락의 거짓 정신에서 정녕 죽음의 권위를 임의대로 갖게 되었다. 뱀이 준 권위로 다스리니 아내는 남편의 다스림에 대항하고 부부는 가장 가까운 원수가 되어 있는 것이다. 뱀에게 속아서 갖게 된 타락의 인식에서는 아무리 많은 노력을 기울여도 하나님이 창조해 주신 본래의 부부유별을 할 수 없다. 그 정신에서는 하나님의 자기실현이 이루어질 수 없다는 것이다.
그러므로 하나님은 타락의 정신을 몰아내기 위해서 구속사의 인물들을 태어나게 하고 독생자 예수를 세상에 보내 주셨다. 누구든지 예수님을 마음으로 영접하면 하나님의 성령의 정신을 갖게 되었다. 하나님의 자기실현이 현상의 남편과 아내에게 이루어지는 것이다. 이제 뱀의 거짓에 속아서 정녕 죽음을 이루는 부부가 될 것이 아니라 예수를 믿음으로 새로운 생명의 부부가 되어야 한다.

다를 별別은 입 구口와 쌀 포勹와 칼 도刀가 합쳐진 글자이다. 부부의 연합과 분별을 설명하는 말이다. 하나님은 남자를 흙으로 창조하시고 그 코에 생기를 불어넣어 생령이 되었다(창 2:7). 생물학적 성기능은 남성이며 하나님의 형상과 모양을 하고 있다. 그 후 남자의 갈빗대 하나로 여자를 만들고 남자에게 이끌어 주신다(창 2:21-22). 생물학적 성기능은 여성이고 남편을 위한 아내이다. 남자와 여자는 처음부터 하나님과 사람의 관계를 설명할 수 있도록 계획되어 구별된 모양으로 창조되었다(창 2:23-24). 육신의 남편은 하나님을, 아내는 사람을 설명한다는 사실을 알게 하려고 남녀가 다르게 창조된 것이다. 부부유별은 하나님과 사람이 다르다는 것을 알리기 위한 목적을 가지고 있다. 현상의 부부가 하나님과 똑같은 존재라고 생각한다면 부부의 정체성을 잃어버리게 된다. 자신의 출생을 알 수 없게 되는 것이다. 아이가 부모에게서 태어난 사실을 모른 채 스스로 존재한다고 생각하는 것과 같다. 자기 존재의 뿌리를 알지 못하면 현재의 자신을 알지 못하고 정체성을 잃어버려서 정녕 죽게 되는 것이다. 그래서 하나님은 사람의 자유의지가 하나님의 절대적 상징성을 가진 선악과를 임의대로 먹지 못하게 죽음을 걸고 행위언약을 맺으신 것이다(창 2:16-17). 이것은 현상의 부부유별에서도 동일하게 적용되는 부분이다. 남편에게 있는 하나님의 형상과 모양의 정신과 생물학적 생식기능과 사회학적 존재를 아내가 임의대로 못하게 하신 것이다. 남편을 아내가 임의대로 못함으로 하나님을 사람이 임의대로 못하게 설명하고 가르치는 모습이다. 남편의 남성성은 아내에게 있어서 에덴동산의 선악과와 같은 성질을 가지고 있다. 하나님의 절대성의 상징인 남성성을 자유의지대로 하면 사람 가운데서 하나님이 설명되지 못하고 죽어 없어진 것과 같기 때문에 부부는 반드시 부부유별의 인식을 가지고 있어야 한다. 눈앞에 보이는 남편이 하나님을 상징하는 존재임을 알아야 하는 것이다. 본래 하나님은 남편을 사람의 대표로 먼저 지으신 후 남편의 갈빗대로 아내가 창조되었으므로 아내에 대한 권한은 남편에게만 있다. 남편은 아내의 머리이고 주인이다(고전 11:3). 이 권위를 인정해 주는 부부유별이 반드시 있어야 한다. 하나님은 남편과 아내를 연합체이면서 질서와 분별이 있게 창조해 주셨다.

간교한 뱀이 연합의 질서와 부부유별을 파괴하였다(창 3:1-6). 뱀이 여자를 속여서 먹게 한 선악을 알게 하는 나무의 실과는 하나님을 상징하는 것으로서 임의대로 먹으면 하나님을 잡아먹고 죽인 것과 같은 인식의 상태가 된다. 여자는 선악과를 임의대로 먹고 남편에게도 먹여서 뱀의 거짓말을 이루었다. 현상의 남편에게 있는, 생물학적 성기능과 사회학적 존재로서의 성에서 설명되는 하나님의 상징까지도 임의대로 없이하고 있다(창 4:1). 아내는 지금까지 임의대로 먹고 남편에게도 계속 먹이고 있다. 그러므로 현재 대한민국은, 가정은 파괴되었고 결혼은 중단되었으며 국가는 소멸될 위기에 직면해 있다. 이제 정녕 죽음의 악행을 멈추어야 한다.

예수님을 믿으면 그 안에 있는 타락의 인식이 진리의 성령에 의해 그 정체가 발각되고 쫓겨나게 된다. 그리고 하나님이 창조하면서 넣어 주신 생기에 의한 생령보다도 더 좋은 성령 하나님의 적용에 의한 성부, 성자, 성령 하나님의 정신이 들어와 새사람으로 다시 태어나게 된다. 이제 뱀의 정녕 죽음의 늪에서 빠져나와 천국을 향해 갈 수 있게 되었다. 천국에 가기 위해 사람의 기본인 부부는 성령의 은혜로 부부유별을 현실에서 이루어야 한다.

- 전통적 견해

우리 조상들은 현상의 삶에서 부부유별夫婦有別의 절대적 필요성을 눈치 챈 것 같다.

비록 뱀의 거짓에 잡혀 있는 남자일지라도 본능에는 하나님의 옳음으로서의 남성성이 존재한다. 정신적 요소는 타락의 거짓 인식이지만 생물학적 성기능과 사회학적 존재로서의 성에는 하나님을 설명하는 형상과 모양을 가지고 있어서 이성적 생각을 할 수 있다. 그러나 이미 뱀의 거짓 정신세계와 인식을 이루고 있기 때문에 끝없는 의심으로 분명한 진리의 확신을 갖지 못하고 마음 안에서 일어나는 대로 정의하고 알 뿐이다. 그 불확실함은 남편과 아내가 사는 일생동안 사람을 괴롭히고 때때로 잘못된 판단을 함으로 서로 죽이기도 하고 스스로 죽기도 하는 어처구니없는 일이 반복되고 있다. 남녀는 뱀의 극한 이기적 주장을 폄으로 지금도 수많은 사람을 죽음으로 몰고 있으며 인류의 전쟁을 유발하고 정녕 죽음을 향해 달리고 있다.

우리 조상들도 예외는 아니다. 조상들은 부부유별을 해야 한다는 사실을 뱀의 인식인 육체의 인식에서의 인간 이성으로 알아차리고 이것을 실천하고자 노력했다. 그것을 실천하는 과정에서, 타락의 인식으로 남편의 권위를 인정하지 않는 아내에 대해 남편은 육체의 인식에서 억압하며 폭력으로 다스리기도 했던 것을 우리는 알고 있다. 심지어 나라의 법으로 강제하여 여성의 인권이 압제당한 역사를 가지고 있다. 조상들이 이렇게까지 부부유별을 강조한 것은 가정이 존재하느냐 못하느냐의 문제이고 사람이 죽고 사는 절대적인 성질의 문제이기 때문이다. 임금까지 나서서 법으로 정하고 추진하려 한 것은 그만큼 중요한 문제인 것이다. 그러나 아무리 중요해도 타락의 인식으로 하면 성 차별과 인권 유린과 뱀의 정녕 죽음이 있을 뿐 진정한 부부유별이 아니다. 부부유별이 무엇인지, 남편과 아내의 구별을 어떻게 해야 하는지 몰라 타락의 인식에서 억지로 행한 것이다. 사람을 창조하신 하나님을 알지 못하므로 사람이 무엇인지, 남녀가 무엇인지 알 수 없었던 것이다. 타락의 인식에서 임의대로 정의한 남편다움과 아내다움은 또 다른 뱀의 거짓된 허상의 모습일 뿐이다. 그런 중에도 남편과 아내가 구별되어야 한다는 절대적 필요를 깨달은 것은 우리 민족에게 있어서 하나님이 주신 은혜라고 생각할 수밖에 없다.

문제는 타락의 인식에서라도 우리 조상들이 행하던 임의대로의 부부유별이 사라졌다는 것이다. 그나마 가정과 나라의 중심적 역할을 했던 한국의 혼과 같은 정신이 사라짐으로 현재 대한민국에는 혼이 빠진 가정과 사회와 나라가 되었다는 것이다.

부부유별을 하지 못하면 남편과 아내로서의 삶에서 하나님의 축복을 기대할 수 없다. 그 가정은 사람(남녀)을 타락시킨 거짓에 잡혀서 괴로움을 당할 수밖에 없으며 결혼해도 이혼할 가능성이 매우 높다. 하나님과 사람이 다르다는 사실을 부부유별을 통해서 자녀에게 가르쳐야 한다. 자녀가 부모의 부부유별을 보지 못하면 부모를 알아보지 못함으로 말을 듣지 않고 마음속에서 일어나는 임의성의 자유의지로 부모를 죽이는 패륜을 저지를 수 있다. 그러므로 부부유별은 가정의 평화적 질서의 시작이고 행복의 첫 번째 조건이다.

사람의 시작은 부부에서부터이다. 부부가 잘되면 자녀도 잘되고 사회와 나라가 잘될 수밖에 없는 것이다. 부부유별을 이루는 부모에게서 좋은 아들이 나오고 효도하는 자녀가 나오게 되어 있다.

- 현재 상황

부부유별夫婦有別은 현재 대한민국에서 실종되었다. 남편과 아내의 생물학적 생식기능과 사회학적 존재로서의 성이 다름을 인정하지 않는다. 그 결과 남편과 아내를 통해 이루길 소원하는 하나님의 자기실현이 방해되고 있다. 남편의 형상과 모양에 하나님의 상징성을 나타나게 하였는데 그것을 나타내지 못하게 하고 있다. 뱀이 여자를 속여서 21세기 지금도 악행을 계속하는 것이다. 사람들이 자신의 권위와 존재를 없이하는 줄도 모른 채 여자의 주장을 받아들여 법을 만들고 그 법으로 진리를 파괴하며 악행을 저지르는 것이다. 특별히 뱀의 거짓 인식에 잡힌 정치 세력이 생물학적 성기능의 구별을 부정하므로 창조적 성 정체성을 무너뜨리고 있다. 생물학적 성기능이 평등하다고 주장함으로 사회학적 존재로서의 성을 말살한다. 남자는 여자를, 여자는 남자를 잃게 만들고 있다. 남편은 아내를 잃고 자녀는 아버지와 어머니를 잃게 만들어 잘살지 못하게 하는 것이다. 부부유별이 남녀 차별이라 주장하는 자들은 스스로 진리에 대한 무지를 드러내고 있다. 자기 자신을 부정하는 자들이라 하겠다.

뱀, 마귀가 대한민국을 소멸시키려고 변형된 공산주의 이념에 잡힌 정권을 앞세워 타락의 인식의 현재화를 이룬 정치 세력을 조성함으로 정신적으로나 생물학적 생식기능으로나 사회학적 존재로서의 성에 있어서 사람의 윤리가 말살되고 있다. 부부유별은 별나라 이야기가 되었고 동성애, 성 평등, 포괄적 차별금지법, 국가인권정책기본법 같은 반인륜적인 악법이 추진되고 있는 실정에 있는 것이다. 이러한 정치 세력을 지지하는 국민이 상당수이고 사회와 가정을 공산주의의 변형으로서의 성 평등을 주장하는 사람들에 의해 부부유별은 관심조차 없는 실정이 되었다. 포괄적 차별금지법이나 성 평등을 주장하는 사람들의 영적이면서 정신적인 배후에는 뱀, 마귀가 있다. 마귀의 선동에 사로잡혀 무슨 선진적인 사상을 가지고 있는 것처럼 거짓으로 자신과 사회를 속이고 있다. 그것은 악한 영에 잡혀 하나님을 대적하는 영적 악행이다. 스스로 자신과 주변과 나라를 해치는 것이다. 국가가 이런 행위와 도전을 다스려야 할 책임이 있는데 도리어 국민을 선동하는 실정이 되었다. 성인 남녀에게 투표권을 줌으로 이루어지는 의회 민주주의 제도를 뱀, 마귀가 악용하고 있다. 대의 민주주의 형태는 뱀이 세상을 타락의 정신으로 훼손시키는 수단이 되었다.

민주주의는 본래 모든 사람이 동등한 권리로 평등하게 사는 이상적 인권을 지향하는 의미를 가지고 있다. 이 말을 오해해서는 안 된다. 남녀 성이 평등하다는 말이 아니다. 오히려 성의 다름을 철저하게 인정함으로 권위가 보존되는 것이다. 남녀의 성이 엄연히 다른데 평등하다고 주장하면 그 자체가 사람의 다름을 부정하는 말이 되어 차별하는 것이 된다. 평등은 생물학적 성기능과 사회학적 존재로서의 성에 대한 말이 아니다. 정신적인 요소에서 하나님 앞에 영이 평등하다는 말이다. 하나님 앞에 사람은 모두 한 영혼이고 신부이며 아들이다(요 17:20-23, 롬 8:15, 고전 11:3, 갈 4:6-7, 엡 5:32). 자유 민주주의라는 좋은 제도가 사람을 속여 거짓 인식을 실행하는 뱀의 정신적 도구가 되고 있다. 사람의 정신적인 요소가 타락의 거짓 정신으로 되어 있다는 사실을 모름에서 오는 총체적인 부작용이다.

이 일은 21세기 현재 갑자기 나타난 현상이 아니다. 여자가 뱀의 거짓말에 속아서 선악을 알게 하는 나무의 실과를 임의대로 먹고 남편에게도 먹인 이후부터 시작된 일이다. 남성의 다름을 인정하지 않는 것 역시 하나님을 부정하고 뱀의 뜻에 따라 임의대로 사람을 대하겠다는 뱀의 계획으로서 하나님을 없이하려는 뱀의 도전이다. 타락의 정신에 잡혀서 하나님을 없이하려는 도전은 정녕 죽음이다. 남편의 다름을 인정하지 않는 아내는 스스로를 부정하는 것이며 자신의 가정과 자녀를 인정하지 않는 것이 된다. 그것은 하나님이 창조하신 인류를 부정하고 하나님의 자기실현을 방해하는 죄악으로서 지옥의 형벌을 받을 수밖에 없다. 진정 창세기 3장 5절의 하나님처럼 된다는 뱀의 거짓말은 여자를 정녕 죽게 하는 것이다. 그 거짓말을 자신 안에서 몰아내야 한다. 뱀의 거짓 정신을 가지고 자신을 높이면 지옥의 맨 밑바닥으로 떨어지는 것이다. 타락의 인식에서 자신을 높이고 위할수록 뭇사람들에게 손가락질당하고 무시되며 존재감이 낮아지는 역설에 직면하게 될 것이다. 진정 자신을 높이고 싶다면 창조주 하나님의 말씀에 복종해야 한다. 현상의 남편이 하나님을 설명하는 상징임을 인정하고 그 권위를 세워 주어야 한다. 그러면 여자 아내 역시 자동으로 높아지고 존중 받게 되어 있다.

이제 남편들은 현재의 상황을 직시하고 자신을 바로 세워야 한다. 여자 아내의 머리로서 생명을 아내와 자녀에게 줌으로 가정과 나라를 다시 세워야 한다. 부부유별을 성경 말씀에서 다시 세움으로 평안하고 행복한 부부가 되길 소원한다.

- 성경적 견해

성경은 처음부터 부부유별夫婦有別을 말하고 있다. 남자와 여자가 또는 남편과 아내가 생물학적 생식기능과 사회학적 존재로서 다르다는 것이다. 사람은 하나님의 형상과 모양으로 창조되었다(창 1:26-27). 하나님은 남자 남편을 먼저 창조하여 에덴동산에 두고 만물을 다스리게 하셨다. 그리고 행위계약을 맺으셨다(창 2:16-17). 시험적 삶을 사는 에덴동산에서 각종 나무의 실과는 임의대로 먹되 선악을 알게 하는 나무의 실과는 먹지 말라는 것이다. 만일 먹으면 정녕 죽으리라고 확정적으로 선언하셨다. 계약을 맺은 후에 남자의 독처하는 것이 좋지 않음으로 남자를 위한 여자를 창조해 주셨다. 하나님이 남자와 계약을 맺으신 것은 남자가 사람의 대표이고 하나님을 우선적으로 설명하는 형상과 모양이기 때문이다. 남자는 정신적 요소와 생물학적인 성기능과 사회학적인 존재에서 하나님의 자기실현을 여자보다 더 직접적으로 나타낸다(창 2:7-8, 16-17, 20). 이것이 부부유별이 되어야 하는 이유이다.

창조주 하나님은 아담에게 각종 들짐승과 공중의 새의 이름을 짓게 하셨다(창 2:19-20). 아담이 동물에게 이름을 지어 주는 일과 독처하는 일이 연관되어 있다. 동물은 다 짝이 있는데 자신만 없다는 사실을 자각하고 배필이 있기를 소원하는 마음이 형성된 후에 여자를 만들어 주셨다. 창세기 2장 1-24절을 보면 남자의 독처하는 것이 좋지 않음을 하나님이 잘 알고 계신다. 그럼에도 바로 창조해 주시지 않은 것은 그만한 이유가 있다. 필요하지도 않은데 만들어 주시면 남녀를 통해서 자기실현을 이루는데 어려움이 발생한다. 남자의 간절하고 절대적인 필요 요구가 발생한 후에야 여자를 만들어 주셨다는 것에 주목해야 한다. 남자의 자유의지가 여자를 운명 공동체로 여기고 그 필요가 극에 달했을 때 만들어 주신 것이다. 그러므로 이 부분에서 알 수 있는 것은 여자는 남자에게 있어서 절대적으로 필요한 운명 공동체이며 일심동체 또는 한몸체계이다(창 2:23-24). 현상의 청년 남자가 성욕이 왕성하여 발산의 욕구가 극에 달했을 때 연애하고 결혼하는 것과 연결되어 있다. 이렇게 남편과 아내는 창조하신 순서와 필요 목적에 차이가 있다. 현상의 남편이 여자의 머리라고 구별함으로 하나님이 사람(남녀)의 머리임을 인정하는 것이다. 아내가 남편의 권위를 인정하면 그 혜택을 받게 되어 있다. 그래서 남녀는 시기가 되면 자신의 몸과 머리를 연합하는 의미의 결혼을 하게 되어 있는 것이다. 여자의 고향은 남편이고 남편의 처소는 아내이다. 아내는 남편의 필요를 도와주는 배필이다. 생물학적 성기능의 정자를 난자와 연합함으로 생명의 씨가 발현되어 하나님의 자기실현이 이루어지게 돕는 것이다. 이것은 영적인 창조주 하나님과 사람(남녀)의 관계를 설명하는 대표적인 모습이다. 하나님의 사람 창조를 현상의 남편과 아내가 재현함으로, 남편이 하나님을 상징하고 아내가 하나님을 돕는 사람을 상징하는 모양인 것이다. 하나님이 남녀를 창조하여 주신 본래 모습에서는, 현상의 아내가 남편을 이런 시각으로 바라보았고 남편 역시 아내를 볼 때 하나님이 자신을 위해 창조해 준 뼈 중의 뼈요 살 중의 살로 보았다.

그러나 뱀, 마귀가 여자를 속여 선악을 알게 하는 나무의 실과를 임의대로 먹게 하고 남편에게도 먹게 함으로 타락의 거짓 정신을 갖게 되었다. 생물학적 성기능과 사회학적 존재로서의 성 역시 타락의 정신의 영향을 받아 변화되었다. 타락으로 가장 큰 변화가 이루어진 부분은 생각, 곧 인식이다. 생물학적 성기능과 사회학적 존재로서의 성에서 자신이 누구인지 왜 남자인지 여자인지 잘 알지 못하고 뱀이 속인 인식에서의 앎을 갖게 되었다. 이후로 아내는 남편에게서 하나님을 설명하는 상징과 형상을 보지 못하게 되었고 남편은 아내에게서 하나님의 은혜를 보지 못하게 되었다. 생물학적 생식기능과 사회학적 존재로서의 겉모양으로는 남편이 사람의 머리이고 대표이지만 정신적으로는 아내가 사람의 대표이고 머리이며 남편을 주장하는 형태가 되어 있다. 아내는 남편을 존중하지 않고 남편에게 있는 하나님의 권위를 설명하는 상징을 무시한다. 심지어 남편의 자녀 출생권도 인정하지 않고 아내가 자녀를 낳았다고 선언하는 지경에 이르렀다(창 4:1). 그런 일은 최근에 일어나는 일 같지만 사실 인류 최초의 가정에서부터 시작된 일이다. 타락의 거짓 정신이 하나님의 형상과 모양을 하고 있는 남편과 아내를 이렇게까지 훼손한 것이다. 지금도 뱀은 여자를 앞세워 인류를 파괴하고 있다. 뱀의 정신적 공격에 어느 정도 저항은 해 보았지만 21세기 현재 전 세계는 타락의 인식으로 형성된 여자의 감성적 공격에 무너지고 있다.
여자는 정신을 차려야 한다. 자기 머리인 남편의 권위를 부정하면 할수록 그 피해는 여자 자신이 받는다. 뱀에게 철저히 속아 자기 머리를 해치면서 승리했다고 착각하는 것임을 알아야 한다. 여자가 뱀에게 사기당한 것이다.

하나님은 뱀에 의해 훼손당하는 남편과 아내를 위해 남편이 낳은 아들을 세상에 보냄으로 뱀의 거짓 세계를 정화하신다(창 7:1-12). 최초의 남편 아담은 비록 뱀의 인식을 한 아내의 도움에 속아서 선악과를 임의대로 먹고 정녕 죽음의 통로가 되었지만 하나님의 구원의 은혜가 들어올 수 있는 통로이기도 하다.
하나님은 아담에게 가인과 다른 씨를 주셨는데 구속사를 이루는 아들 '셋'이다. 셋이 태어난 이후부터 사람들이 여호와의 이름을 불렀다고 기록되어 있다(창 4:25-26). 하나님→아담→셋→노아→셈→아브라함→이삭→야곱→다윗→요셉→예수로 이어지는 구속사의 흐름을 통해 인류는 구원의 은혜를 받게 되었다.
하나님은 뱀이 장악한 현상 세계에서 예수를 통해 구원을 이루셨다. 누구든지 예수를 영접하면 하나님의 자녀가 되게 하셨다(요 1:12-13). 자신도 모르게 태어나면서부터 타락의 거짓 정신을 유전 받아 정녕 죽음의 고통에 잡힌 사람이 예수님을 마음으로 믿고 입으로 시인하면 그 고통에서 벗어나 구원의 은혜를 받게 되는 것이다(롬 10:9-10). 예수님을 구주로 믿는다고 시인하는 것은 단순한 일이 아니다. 예수님을 믿으면 그 마음에 성령 하나님이 들어오셔서 뱀의 정신을 다스림으로 입술을 통해 고백하게 되는 것이다(요 3:16).

21세기 현재 부부유별을 하지 못해서 정녕 죽음의 고통으로 가정 해체의 위기를 당하고 있는 부부가 있다면 당장 예수님을 믿고 하나님의 진리의 영을 받아들이시길 바란다. 그러면 뱀, 마귀의 영이 떠나고 정신이 치료되기 시작하여 남편을 존중하고 아내를 사랑하는 부부가 될 수 있다. 지금은 예수님을 믿고 구원받아야 할 마지막 기회이다. 예수님을 믿되 성령의 인식으로 믿어서 자신 안에 있는 뱀의 거짓 영을 몰아내야 한다. 예수님을 믿는다고 입으로 시인하는 순간부터 성령은 임하신다. 성령의 인식이 많아질수록 거짓의 영은 작아져서 성령의 다스림을 받는다. 예배와 성경 공부를 통하여 성령의 가르침으로 말씀을 깨달을수록 성령의 인식은 커지고 타락의 거짓 정신은 물러가게 되어 있다. 구원의 세계로 나아가는 것이다. 성령은 영으로 오신 하나님이기 때문에 성령이 임하면, 빛에 의해 어두움이 물러가듯이 타락의 거짓 정신은 물러가고 찬란한 하나님의 생명의 영이 비추어서 자신도 살고 가족도 살리는 놀라운 기적이 일어나게 된다. 뱀의 거짓에 속은 것은 정신이다. 정신이 온전해지면 생물학적 생식기능과 사회학적 존재로서의 사람은 변화한다. 하나님의 성령에 의해 하나님과 영적 연합이 이루어지는 새사람이 되는 것이다(롬 8:1-11).

사람은 정신적 요소가 변하여 어려움을 겪는 것이다. 영적으로 변한 정신적 요소는 끝없는 불안을 조성한다. 뱀의 거짓 영을 가지고 있어서 한시도 안심할 수 없는 영적 환경을 가지고 있다. 마음속에서 타락의 거짓 인식이 역사하면 그 생각이 자신의 생각인 줄로 알기 때문에 아무런 저항 없이 그 인식을 좇아 행동하게 되고 그 결과는 돌이킬 수 없는 일이 된다. 예수님을 믿어서 성령의 인식으로 타락의 거짓 인식을 순간마다 다스릴 수 있어야 정녕 죽음의 피해를 그나마 줄일 수 있다. 성령의 인식이 많아지면 자신 안에서 역사하는 타락의 인식의 불안을 다스릴 수 있다.

온 힘을 다해 성령 받기를 힘써야 한다(고전 2:10-16). 현상의 사람은 타락의 인식이 주된 인식이다. 예수님을 믿으면 타락의 정신과 성령의 정신을 알아볼 수 있다. 믿지 않으면 타락의 정신으로서의 자신을 알아볼 수 없다. 예수를 믿음으로 성령의 인식을 가지고 있지 않으면 눈앞에 있는 남편과 아내가 누구인지 알 수 없다는 것이다.

자신이 누구인지도 모르는 사람이 어떻게 부부유별을 할 수 있겠는가? 할 수 없다. 우리 조상들은 타락의 인식에서 억지로 부부유별을 실현시키려 했다. 이제는 예수님을 믿는 믿음 안에서 성령이 가르치시는 진리를 가지고 부부유별을 할 수 있게 되었다. 사람의 시작은 부부에서부터이다. 가정도 그렇다. 부부가 무너지면 모든 것이 무너지는 것이다. 반대로 부부가 살아나면 모든 것이 다시 살아나는 기적이 생긴다.

예수님을 믿음으로 무너지지 않는 새로운 부부가 세워질 수 있다. 이제 예수님을 믿고 성령의 깨달음의 인식을 갖기만 하면 새로운 부부유별을 이루게 된다(고후 5:16-17). 이런 부부는 하나님이 예수 안에서 다시 세웠기 때문에 무너지지 않는다.

장유유서
長幼有序

장유유서는 어른과 어린이의 단순한 차례나 순서를 말하는 것이 아니다. 효孝와 공경恭敬과 관련된 말이다. 겸손謙遜과 질서秩序와도 연결되어 있다. 한국은 효 사상이 발전된 나라이다. 효와 공경, 겸손과 질서는 사람이 사람답게 살아가기 위해 반드시 필요한 요소이다.

어른이라고 호칭해 주는 일반적 기준은 부모 연령대이다. 또는 한 분야를 개척하거나 일반인이 할 수 없는 일을 해낸 경우에 어른 또는 선배하고 부르기도 한다.

어린이는 대체적으로 태어나서부터 돌봄을 받는 상태에 있는 사람을 말한다. 인간으로서의 권리와 복지를 위한 어린이헌장(1157년 5월 5일 선포)이 있다. 만19세가 되지 않아 법적으로 권리 행사를 할 수 없는 나이를 미성년이라고 한다.

현상의 모양은 영적인 설명서와 같다. 사람의 겉모습은 하나님의 형상과 모양을 본뜬 것이다. 어른과 어린이의 구분을 통하여 하나님이 사람을 창조해 주셨다는 사실을 설명하는 것이 장유유서이다. 가정에서 아버지와 어머니가 자녀를 낳아 기르는 과정을 사회학적으로 확대 적용하여 사회적 부모, 사회적 자녀를 어른과 어린이로 표현하는 것이다.

가정에서 부모가 자녀를 돌보고 자녀가 부모에게 효도하듯이 사회에서도 어른을 공경하는 마음과 태도를 가져야 한다. 이와 같은 사회학적 질서는 영적으로 사람을 창조하신 하나님을 공경하는 겸손과 순종의 모습이다. 사회학적으로 하나님의 자기실현을 이루는 질서이기도 하다. 어른이라면 마땅히 마음과 행동에서 하나님을 올바르게 설명해야 한다. 나이로는 어른인데 마음의 생각과 행동은 어른 같지 않다면 정신적으로는 미성숙한 어린이인 것이다.

사람이 살아가는 일반은총의 세계에는 하나님을 설명하는 형상과 모양이 있다. 사람 역시 정신적 요소와 생물학적 성기능과 사회학적 존재로서 하나님의 옳음을 설명하는 모양을 가지고 있다. 그러나 뱀이 여자를 속임으로 사람의 정신적 요소가 잘못되어 하나님을 잊어버리고 생물학적 성기능과 사회학적 존재로서의 장유유서의 질서를 변질시켰다. 뱀의 거짓말에 속은 여자가 선악과를 임의대로 먹고 남편에게 먹임으로 타락의 정신을 갖게 된 것이다. 하나님이 남편과 아내를 창조해 주고 남편을 아내의 머리로 세우는 질서를 두셨다. 영적으로 하나님이 사람(남녀)의 어른이심을 설명하는 것이다. 그러나 하나님이 창조해 주신 질서를 무시하며 여자가 남자의 머리라고 주장함으로 장유유서의 질서를 멸시했다. 타락의 인식하에서의 장유유서는 하나님을 설명하고 가르치는 모양이 아니다. 겉모습은 어른과 어린이지만 속사람은 뱀의 거짓 정신을 가지고 있어서 정녕 죽음을 나타낸다.
타락 후에 부모가 보여 주는 모습은 하나님의 자기실현으로서의 어른됨을 설명하는 것이 아니다. 뱀의 거짓말에 속아서 타락의 임의성을 가지고 장유유서를 설명하는 모습이다. 하나님이 정하신 정녕 죽음의 자유의지로 자녀를 대하면서 결코 죽지 않는다고 말하는 타락한 어른 됨을 나타냈다. 그러나 예수님을 믿고 성령이 임하면 그 사람 안에 있는 타락의 거짓 정신이 물러가게 된다. 타락의 거짓 정신이 쫓겨나면 하나님이 창조해 주신 본래의 장유유서의 질서가 올바르게 나타남으로 개인과 가정과 나라가 평안해지고 복된 삶을 살게 될 것이다.

장유유서長幼有序의 한자를 분해하여 의미를 자세히 살펴본다. 어른 장長은 단독 글자이고 어릴 유幼는 작을 요幺와 힘 력力이 합해서 만들어진 글자이다. 차례 서序는 집 엄广과 나 여予가 합해서 만들어졌다. 가족 구성원에서 질서에 의한 공경의 효와 겸손이 잘 이루어지는 상태를 말하고 있다. 영적으로 사람을 창조해 주신 하나님의 뜻을 현상 세계의 가정에서 잘 이루고 있는 모양을 설명하는 것이다. 가정에서 하나님의 뜻이 이루어짐으로 구성원의 자유와 권리를 보장 받고 행복하게 살 수 있음을 말하는 것이다. 장유유서는 삶의 본질을 말하고 있다. 사회의 각 구성원이 어떻게 살아야 하는가에 대한 설명이기도 하다. 하나님의 자기실현이 사회와 나라에서도 실현되는 세상이 될 수 있도록 창조하신 것이다. 장유유서는 하나님의 뜻을 내포하고 있다. 사람은 이 말의 뜻을 헤아릴 수 없다. 뱀이 여자를 거짓으로 속여서 타락의 인식을 주 인식으로 하는 정신 상태를 가지고 있기 때문이다. 정신적 문제는 영적으로 하나님을 알 수 없게 하였다.

우리 조상들은 가정이나 사회에서 장유유서가 있어야 한다는 사실을 알았지만 영적으로 지킬 수 없는 어쩔 수 없는 정신 문제를 가진 것은 몰랐다. 그럼에도 불구하고 이 윤리를 가르치면 질서가 잡힐 것이라 생각한 것이다. 그 결과가 현재 대한민국의 장유유서의 모습이다. 그러한 노력은 하나님의 말씀을 받을 수 있는 한국인의 혼을 갖게 되었다. 영적이면서 정신적인 입장에서 보면 지금 세계 민족 위에 한국인의 위상이 높아지는 것은 이런 정신적 기반을 가지고 있기 때문이라고 생각한다. 이제 조상들이 물려준 정신 위에 성경 말씀으로 조명한 장유유서를 다시 세우면 하나님의 축복을 받는 민족이 될 것을 확신한다. 대한민국이 성경 말씀을 기반으로 하는 윤리를 갖게 될 때 세계를 선도하는 나라가 될 것이다.

- 전통적 견해

우리 조상들은 장유유서長幼有序가 가정과 사회와 나라를 이루는데 근간根幹인 것을 알아서 어렸을 때부터 가르쳐 왔다. 그러나 장유유서를 육안에 보이는 대로만 생각하고 가르침으로 본래의 뜻을 왜곡하였다. 사람을 타락시킨 뱀의 거짓 인식을 이루는 수단으로 오용하는 우愚를 범하기도 하였다. 조상들이 하나님을 모르고 예수님을 믿지 못해서 이 윤리를 뱀의 인식에서 사용할 수밖에 없는, 어쩔 수 없는 영적이고 정신적인 환경을 가지고 있다는 것을 이해한다.

하지만 오용으로 인해서 사람들이 겪어야 했던 헤아릴 수 없는 수많은 아픔들이 있었다. 뱀의 거짓에 속아 선악을 알게 하는 나무의 실과를 임의대로 먹은 사람은 그 아픔을 위로해 주지 않는다. 아무도 해결해 주지 않는다. 과거의 역사와 현재와 미래도 책임지지 않는다. 다만 하나님만이 그 아픔을 치료해 주기 위해서 독생자 예수를 십자가에 내주는 희생으로 사람의 죄 값을 대신 지불해 주셨다. 어른이라는 이름으로 힘없는 백성들과 가난한 자들을 괴롭히고 정녕 죽음의 고통을 준 일을 생각하면 거짓 어른의 허상을 용서하기란 쉽지 않다. 뱀의 거짓 정신으로 자신을 어른이라고 높이는 자들은 예수를 십자가에 못 박아 죽였다. 정신적으로는 타락의 인식을 하고 겉은 어른의 모양을 한 겉 다르고 속 다른 자들이다. 어른이라는 이름으로 행하여진 많은 아픔들 중에도 어린이가 겪었을 고통은 다 헤아릴 수 없을 것이다. 지금도 인권유린을 일삼는 일이 얼마나 많은지 모른다. 또 남자가 여자를 학대하였다. 그러나 지금은 여자가 남자를 괴롭히고 있다. 과거에는 남편이 아내를 고통스럽게 하였고 현재는 아내가 남편을 힘들게 하고 있다. 또한 부모는 자녀를 어렵게 하고 자녀는 부모의 말을 듣지 않아 힘겹다. 가족이라는 이름으로 형과 언니가 동생을 억압한다. 사회에서는, 선생이 학생을 들볶았고 이제는 학생이 선생을 성가시게 한다. 선배가 후배를 때리고 죽이는 일들이 반복적으로 행해진다. 군대에서는 선임이 후임에게 얼차려를 하고 직장에서는 상사가 부하 직원을 곤란하게 하는 일이 끝없이 이어지고 있다. 가진 자가 못 가진 자를 업신여기며 무시하는 일은 우리 사회에 흔한 일이다. 심지어 권한을 위임 받았지만 변형된 공산주의 이념을 가진 정권과 정치인들이 뱀의 거짓 인식에서 발의된 법으로 국민을 괴롭힌다. 이 모든 일이 장유유서가 오용된 결과이다.

21세기를 사는 우리가 이것을 바로잡지 않으면 다음 세대가 똑같은 고통을 당할 것이다. 아니 더 급속도로 나빠지고 있다. 그 대표적인 현상이 남녀의 성이 왜곡되어 여자가 남자의 권위를 부인하고 아내가 남편의 권위를 세워 주지 않으며 어머니가 아버지의 권위를 무시하고 자녀가 부모의 권위를 인정하지 않는 현상이 나타나고 있다.

그러므로 장유유서를 회복하는 것은 자신을 찾는 일이며 아내와 남편과 가족을 찾는 일이기도 한 것이다. 예수님을 믿음으로 자신을 찾으면 질서를 회복하고 가정과 나라가 안정될 것이다.

- 현재 상황

현재 대한민국 안에는 먼저와 나중의 질서가 없어졌다. 국민의 정신 속에 사람(남녀)의 원형인 하나님의 정신이 아니라 뱀의 거짓 정신을 이루고 있기 때문이다.

우리 조상들은 사람다움을 이루기 위해 장유유서長幼有序의 윤리를 만들어 질서 있는 나라가 되게 하려 노력했다. 국가도 표면적으로는 사람다움을 이루려고 하였다. 정치적으로 법을 만들고 행정적으로 제도를 만들어 사람들이 질서를 지키며 살 수 있도록 하였다. 학교에서는 공동체의 일원으로 어떻게 살아야 하는지 가르친다. 가정에서도 부모와 형제간에 질서를 가지고 살아야 함을 가르쳐 안정을 이루어 왔다.

그러나 현대인들은 장유유서를 따르지 않고 뱀이 사람을 타락시킨 거짓 정신을 더 적극적으로 행하여 그나마 남아 있는 하나님의 창조 질서가 파괴되었다. 변형된 공산주의 이념을 가진 정권에서 입법을 계속 시도했던 포괄적 차별금지법이나 국가인권정책기본법은 대한민국 국민이 사람답게 살 수 있는 윤리를 말살하는 것이다. 법으로 제정되지 않았을 뿐 국민들의 정신세계는 이미 타락의 인식으로서의 성 정체성이 자리 잡고 있어서 각 가정에서 남편이 무시되고 사회에서는 남자가 무시되는 현상이 일어나고 있다. 남녀는 결혼 시기를 계속 늦추거나 하지 않음으로 인구는 갈수록 적어져서 국가 소멸의 위기에 직면해 있다. 성性을 정치적 이념으로 이용하려 한 것은 도저히 그냥 지나칠 수 없는 일이다. 지금도 변형된 공산주의 이념을 가진 자들을 중심으로 계속 뱀의 거짓 인식의 입법을 시도하고 있다. 자유 민주주의 정신이 되는 성경 말씀과 삼강오륜의 인륜을 말살하겠다는 계획이다. 자유 민주주의를 받치고 있는 성경 말씀과 삼강오륜 정신의 자리에 공산주의 변형의 성 평등이라는 이념을 세움으로 정신세계를 바꾸어 정권을 잡고 정치적 이념 통일을 이루겠다는 도전인 것이다.

현재 대한민국에는 장유유서가 없다. 조상들이 힘들게 세워 놓은 정신세계가 공산주의에 물든 자들에 의해 다 훼손되었기 때문이다. 그렇다고 손 놓고 가만히 있을 수는 없다. 대한민국은 조상들이 세웠던 것보다 더 분명하고 확실한 정신세계를 이루어 이 땅에서 악행을 일삼는 자들의 정신을 바로잡아야 한다. 성경 말씀의 진리를 기반으로 하는 장유유서를 뱀의 정신이 흔들지 못하게 단단히 세워야 하는 것이다. 어쩌면 이미 늦었는지도 모르겠다. 그러나 이제라도 다시 시작해야 한다. 창조주 하나님 없이 사람이 있을 수 없으며, 남자 없이 여자가 있을 수 없고, 남편 없이 아내가 있을 수 없다. 아버지 없이 어머니가 있을 수 없으며, 부모 없이 자녀가 있을 수 없는 것이다. 이 사실을 모든 사람들이 인정할 수 있도록 다시 노력해야만 한다. 이것은 단순한 일이 아니며 대한민국에서 벌어지는 뱀, 마귀와 하나님을 믿는 성령의 정신과의 영적 전쟁이다. 공산주의의 변형으로서의 성 평등 이념에 잡히면 대한민국의 자유 민주주의는 정녕 죽음을 맞게 될 것이다.
현재 대한민국은 어른의 권위를 인정하지 않는 세상이 되었다. 남편의 권위는 아내에게 무시되고 부모의 권위는 자녀에게 업신여김을 당한다. 이러한 현상은 사회에서도 그대로 나타나며 어른이 학대를 당하고 있는 실정이다. 어른이라고 자처하면 꼰대라고 무시한다. 훈계하면 도리어 어린 사람에게 매를 맞는 현실이 되었다. 이것은 모든 사람에게 적용되는 사회문제이며 국가의 문제로 연결되어 있고 전인적 삶에서 뱀의 정녕 죽음을 이루고 있는 현상이다. 어느 특정인이나 특정 집단의 일이 아니며 국가적이고 전 세계적인 문제이다.

먼저 우리 대한민국이 장유유서를 다시 바로잡아야 한다. 이것은 단순히 어른과 아이의 질서만이 아니며 국가의 백년대계인 교육과 경제와 국방의 문제이고 나라의 존폐가 달린 일이며 국력과 직결되어 있다. 경제가 아무리 성장하고 국방력이 강화되어도 장유유서가 바르지 않으면 가정과 사회와 나라가 허무하게 무너질 수 있다. 지금 대한민국이 겉으로는 성장하고 발전할 것 같으나 정신적으로는 퇴보하고 있으며 무너지기 일보 직전이다. 이미 가정에서는 효가 없어졌고 사회에서는 어른이 존중 받지 못하고 있으며 정치적으로는 대통령의 통치가 인정되지 못하고 있다. 타락의 거짓 정신을 가진 정치인들이 거짓 인권을 앞세워 인륜을 파괴하였다. 이 나라에서는 불의를 행하는 것이 자랑이라도 되는 것처럼 관심을 받으며 정치적 지지를 받는 실정이다. 도적질하고 거짓말한 사람이 국가를 이끌게 되어 그 행위가 정당화되고 있는 것이다. 그저 일만 열심히 한다고 사람이 또는 가정과 사회와 나라가 잘되는 것이 아니다.

먼저는 영적으로 예수님을 믿어서 성령의 인식으로 진리를 가진 사람이 되어야 한다. 그리고 각 가정에서 남편이 존중 받고 아내가 사랑 받는 모범을 자녀에게 보이는 장유유서가 실천되는 모습이 있어야 한다. 그러면 그 나라와 사회가 어른을 공경하는 장유유서의 질서를 갖게 됨으로 나라가 안정될 수 있다. 안정되면 국가는 더욱더 발전하게 되고 대한민국은 세계 민족 위에 뛰어난 민족이 되어 세계를 선도하고 자신과 세상을 아름답게 함으로 하나님께 영광을 돌리게 될 것이다.

- 성경적 견해

성경 창세기 1장 1절에는 '태초에 하나님이 천지를 창조하시니라'고 기록되어 있다. 창조하심에는 남자 남편과 여자 아내가 포함되어 있다(창 1:26-28). 사람을 창조한 세부적 증거들은 2장에 기록되어 있다. 하나님은 남자를 먼저 만들고 사람의 대표로 세워서 하나님과 행위언약을 맺으셨다(창 2:16-17). 하나님은 남자에게 만물을 다스리며 에덴동산에서 예행으로 살게 하여, 자유의지에서 하나님의 말씀에 순종하는지 시험하셨다. 선악을 알게 하는 나무의 실과를 임의대로 먹지 않음으로 남자의 정신에서 하나님을 마음대로 죽이지 않는다는 보장으로 행위언약을 맺은 것이다. 선악과를 임의대로 먹으면 사람의 정신인 자유의지가 하나님도 죽이고 없애는 일이 벌어지며 남자와 여자도 서로 죽이는 정녕 죽음이 나오기 때문에 먹지 못하게 하신 것이다.

이 언약을 맺은 후에 여자 아내를 창조하셨다. 하나님이 만드신 모든 동식물에 암수가 있는 것을 아담으로 알게 한 후 남자에게 여자라는 존재가 반드시 필요함을 깨닫고 여자에 대한 간절한 소원을 갖게 하셨다. 그 후에 남자의 갈빗대로 여자를 만들어 주셨다(창 2:20-23). 여자는 남자를 돕기 위해 창조되었다. 남자는 여자의 머리이며 사람의 대표이다. 하나님과 목숨을 건 행위언약을 지켜야 하는 책임을 지고 있다. 이 언약은 하나님이 세우신 장유유서長幼有序의 계약이기도 하다. 하나님이 사람의 머리임을 남자와 여자의 관계에서 설명되게 하셨다. 장유유서를 세우시고 그 질서가 지켜짐으로 하나님의 정신이 사람의 삶에서 실현되게 한 것이다. 하나님은 남자의 머리가 되고 남자는 여자의 머리가 되는 질서를 세우신 것이다(고전 11:3, 8-9). 행위언약은 무엇이 어른이고 어린것이며 왜 장유유서가 있어야 하는지 알게 하는 것이기도 하다. 언약이 지켜지지 않으면 정신적으로나 생물학적 성기능으로나 사회학적 존재로서의 성에서 머리를 존중하지 않고 없이하는 정녕 죽음이 임하게 된다. 여자 아내는 남자 남편 안에 포함되어 있어서 자기뿐만 아니라 남자 남편이 언약을 잘 지키도록 도와야 한다. 남편이 언약을 지키지 않으면 여자 아내도 함께 정녕 죽음을 맞이할 수밖에 없는 한몸체계이며 운명 공동체이기 때문이다.

하나님은 남편을 창조하신 분이고 남편은 피조물이다. 하나님과 남편이 다르다는 사실을 현상의 부부가 설명하고 있다. 하나님이 남자에게 생기를 불어넣어 생령이 되게 한 것처럼 남편은 아내에게 생명의 씨인 정자를 불어넣어 생명이 태어나게 한다. 이러한 남편의 모습은 하나님의 창조하심을 알게 하는 설명서와 같다. 여자는 남편을 통해 하나님의 자기실현을 보고 순종하며 남편을 도와야 한다. 부부의 장유유서가 지켜져야만 사람의 질서가 지켜지는 것이다. 아내가 남편을 머리로 인정해야 부부 사이에 장유유서가 성립된다. 아버지가 어머니의 머리임을 자녀 앞에서 설명하는 본보기를 통해 어른과 아이의 질서가 세워진다는 말이다. 그러므로 장유유서는 남편과 아내로부터 시작된다. 또는 아버지와 어머니로부터 시작되는 것이다. 남편이 하나님을 설명하는 형상과 모양이며 하나님의 모형임을 아내가 자녀 앞에서 인정해야 한다. 이것을 설명하기 위해 여자는 남자의 갈빗대로 창조되었고 남자에게서 태어났다. 여자의 시작과 고향은 남자이다. 그래서 여자는 때가 되면 남자를 만나 결혼하여 둘이 한 몸을 이루는 것이다(창 2:24).

남편이 아내의 어른이라는 사실을 인정할 때 아내도 어른의 대우를 받는다. 하나님이 사람의 어른이심을 인정할 때 남편과 아내도 어른으로 인정받는다는 말이기도 하다. 하나님이 사람의 어른으로 인정되지 않으면 세상에서 장유유서의 정당성이 세워질 수 없다. 하나님은 어른이고 사람은 어린이와 같으며, 하나님은 아버지가 되시고 사람은 아들과 같은 것이다. 육신의 아버지가 아들에게 효를 받듯이 영적으로 하나님도 사람에게 영적 효를 받으셔야 한다. 그런데 하나님은 현상 세계에서 보이지 않는 영체이기 때문에 하나님께 직접 효를 행할 수 없다. 장유유서와 효를 사람에게 행함으로 하나님께 간접적 효를 드리는 것이다.

현상 세계에서 하나님께 드리는 일반은총의 첫 번째 행위는 남편과 아내가 장유유서를 지키는 것이다. 이것은 영적으로 하나님께 예배를 드리는 삶과 같다. 가정에서 남편이 아내의 머리임을 인정하고 존중하는 것이 영적으로 하나님께 예배를 드리는 행위와 직결되어 있다. 하나님께 드리는 예배도, 장유유서도 시작은 남편과 아내이다. 남편이 아내의 머리로 인정되지 않으면 사실 진정한 예배가 드려지는 것이 아니며 바른 질서가 아니다.

남편이 먼저이고 아내가 나중이라는 질서가 있을 때 아내는 진정한 사랑과 존귀함을 얻게 된다. 선후를 인지하고 그 질서를 존중하여 대접하는 것이 장유유서의 시작이다. 영적이고 정신적으로 하나님이 최우선이고 그 다음이 사람이라는 것을 자신의 삶에서 나타내는 것이 장유유서의 근본이다. 이를 증명하는 것이 현상 세계에서의 남편과 아내의 질서이다. 육신의 부모가 자녀에게 이러한 본보기를 보여야 자녀가 부모에게 효를 행하는 질서가 나타난다. 하나님의 자기실현이 사람에게서 이루어지는 모습이다. 현상 세계에서 사람이 사는 목적은 하나님의 자기실현을 이루는 것이다. 이것이 가장 사람답고 행복하며 정녕 죽지 않는 삶이다.

만일 하나님이 창조하신 질서를 무시하고 임의대로 어른과 어린이를 정의한다면 세상은 순식간에 질서가 무너지고 망하게 될 것이다. 지금 한국을 비롯한 전 세계가 하나님의 창조 질서를 왜곡하여 장유유서의 순서를 바꿈으로 삶을 파괴하고 있다.

문제는 최초의 남편과 아내가 이 질서를 무너뜨렸다는 것이다(창 3:1-6). 뱀이 여자를 속이기 전에는 에덴동산의 삶에서 하나님의 자기실현을 이루는 남편을 머리로 인정하여 질서를 잘 지키며 살았다. 뱀이 여자를 거짓말로 속임으로 하나님이 사람에게 창조해 주신 장유유서가 허물어졌다. 본래는 생명을 하나님이 남편에게 주시고 남편은 아내에게 주는 질서를 가지고 있었다. 그런데 여자 아내가 뱀의 정신을 받아, 선악을 알게 하는 나무의 실과를 먹고 남편에게 먹임으로 하나님의 자기실현의 질서를 파괴하였다. 이후로 남편과 아내의 정신세계에는 하나님을 아는 인식이 없어져서 자유의지가 하나님을 마음대로 죽이는 지경에 이르렀다. 하나님을 임의대로 한다는 것은 정신이 하나님을 벗어나 하나님처럼 되었다고 착각하는 상태가 된 것을 말한다. 자유의지가 하나님처럼 임의대로 행하는 정신을 갖게 된 것이다. 하나님이 남편에게 생명을 주시고 남편은 아내에게 주는 창조 질서가 사라지고 뱀이 여자에게 거짓 인식을 주고 여자가 남편에게 뱀의 인식으로 돕는 배필이 됨으로 정녕 죽음의 장유유서가 나타난 것이다. 이후로 생물학적 성기능과 사회학적 존재로서는 하나님의 형상이지만 정신적으로는 타락의 정신을 갖게 되었다. 속과 겉이 다르게 변질된 것이다. 하나님의 형상과 모양은 뱀의 거짓 인식과 혼재되어 정신적으로 충돌하면서 타락의 거짓 인식이 사람을 옭아매고 있다. 특히 타락의 인식에서 하는 여자의 주장은 남자를 흔들고 남자는 여자의 도전에 잡혀 버렸다. 여자는 남자의 뼈 중의 뼈요 살 중의 살이기 때문에 남자를 사로잡는데 특화되어 있기 때문이다. 이제 자신이 누구인지 알지 못하고 남자와 여자는 자기중심적으로 변하여 각각의 개체로 독립되며 서로 공격하는 성性이 되었다. 그러므로 뱀이 주도하는 장유유서는 거짓 질서이다. 겉모습은 하나님을 설명하면서 정신은 사람을 죽이려는 뱀의 목적을 이루는 것이다.
타락의 정신을 한 아내와 남편은 각각 자신을 위하는 성을 갖게 되었다. 본래 남편의 성과 몸은, 영적으로는 하나님을 위하고 육체로는 아내를 위한 것이다. 그러나 변한 후에는, 정신은 뱀의 뜻을 이루고 생물학적 성기능과 사회학적 존재로서의 성은 그 뜻을 실현하는 성질이다. 아내는 더욱더 타락의 정신을 위하는 생물학적 성기능과 사회학적 존재가 되었다(고전 7:4).

남편의 생물학적 성기능은 아내를 위한 것이요 아내의 몸도 남편을 위한 것이다. 사회학적 존재로서의 성은 단순히 아내만을 위한 존재가 아니고 하나님의 창조하심을 알게 하는 설명서와 같다. 그러므로 남편의 사회학적 존재를 아내가 주장하지 못한다. 사회학적 존재로서의 남자는 여자의 머리이기 때문이다(고전 11:3). 영적으로 사람의 몸 또는 성性은 하나님의 지체이다(고전 6:15, 12:27). 사람이 현상에서 사는 모양은 영적으로 하나님을 머리로 하는 지체의 역할이다. 하나님이 생기를 코에 불어넣으심으로 생령이 되었다(창 2:7)는 말씀과 연결되어 있는 것이다. 하나님이 넣어 주신 정신적인 요소가 생물학적 성기능과 사회학적 존재를 이끈다는 말이기도 하다. 필자는 하나님의 자기실현이라고 한다. 정신적 요소와 생물학적 요소와 사회학적 요소에서 사람이 궁극적으로 이루어야 하는 것이다. 이것을 예수님이 이루었다. 홀로 자신 안에서 실현하셨다. 사람이 뱀의 인식에 잡혀 이루지 못하는 것을 예수님이 대신 이루고 믿음으로 성령을 통해 각 사람에게 적용하여 가져가게 하셨다. 구원의 원리가 이렇게 되어 있기 때문에 예수 믿으면 구원받는다고 하는 것이다.

타락의 인식의 특징은 자기 몸이 자기 것이라고 생각한다. 남편과 아내의 몸이 각각 자신의 것으로 독립되어 있다는 것이다. 결혼한 후에도 자신의 몸과 마음은 자신의 것이다. 연합되어 하나님을 설명하는 몸이 아니라 타락의 정신으로 서로의 절대적 필요를 무기 삼아 상대를 죽이는 수단으로 이용한다. 그러므로 부부가 연합되어 남편을 머리로 하는 장유유서가 잡히려면 예수님을 믿고 성령의 정신으로 고쳐져야 한다.
타락 이후 여자의 정신은 자신을 하나님의 위치에 올려놓고 남편을 무시한다. 뱀이 속인 거짓 인식을 철저히 이루고 있는 것이다. 여자는 정말로 자신이 하나님처럼 되었다고 착각한다. 뱀이 창조주 하나님의 자녀와 같은 남편과 아내의 손을 빌려 하나님의 정신을 사람의 정신세계에서 죽인 것이다. 남편과 아내가 하나님의 상징인 선악과를 임의대로 먹었다는 것은 자기 자신과 상대를 마음대로 하는 것을 의미한다. 이러한 남녀의 관계는 뱀의 거짓 정신에서의 이기적 감성과 이성의 필요가 불충분하면 상대에게 정녕 죽음을 요구한다. 너는 죽고 나는 살자는 것이다. 기분 나쁘면 숨통을 조이고, 불리하면 상대를 희생시킴으로 자신의 필요를 이룬다. 심심해서 목숨을 빼앗고, 자신의 욕망을 채우기 위해 생명의 불을 끄고, 아버지가 딸을 성폭행하는 무질서가 세상에 가득하게 된 것이다. 타락의 인식에서의 장유유서는 어른의 권위를 앞세워 어린아이에 해당하는 사람을 괴롭히고 해하는 수단이 되었다. 하나님의 생명이 흐르는 장유유서를 정녕 죽음이 되게 한 것이다.

뱀의 거짓말에 속은 아내는 남편과 동침하여 출산을 한다. 그리고 '내가 여호와로 말미암아 득남하였다'(창 4:1)고 선언한다. 여자 아내는 생물학적 성기능과 사회학적 존재로서 남자 남편과 성관계를 하여 남편의 아들을 낳고선 하나님과 연합하여 자신이 낳았다고 거짓말하는 것이다. 아내는 타락의 거짓 인식이 주 인식이 되어 자신을 하나님의 자리까지 높이기 위해 육신적 남편을 자신의 머리로 존중하지 않는다. 자신을 높이기 위한 수단으로만 생각한다. 정신적으로 뱀과 불륜을 저지르며 생물학적 성기능은 자신을 높이기 위해 이용하는 상태에서 사회학적 존재로서 어머니가 되었다. 하나님은 여자와 생물학적 성관계를 하지 않는다. 여자 아내가 그런 말을 하는 정신 속에 남편은 정신적으로나 생물학적으로나 사회학적으로도 존재하지 않는다. 오직 자신을 높이기 위한 타락의 정신인 임의대로의 이기적 자유의지가 있을 뿐이다. 아내에게 있어서 남편은 그저 자신을 높이기 위한 수단일 뿐 자신의 머리이고 대표이며 주인인 것을 인정하지 않는다. 부부간에 장유유서가 지켜지지 않는다는 것이다. 여자가 뱀과 정신적 불륜을 저지르면서부터 시작된 일이다. 여자 아내는 뱀의 거짓에 속아 선악을 알게 하는 나무의 실과를 자신이 먼저 먹고 남편에게도 먹였다. 하나님의 창조 질서에 따라 남편을 도와 하나님의 자기실현을 이루라고 창조된 여자 아내가 뱀의 거짓말을 도와서 남편과 자신에게 있는 하나님의 정신을 해친 것이다. 남자 남편은 사람의 대표로서 목숨 걸고 하나님과 행위계약을 맺은 당사자이면서도 여자 아내가 주는 것을 저항 없이 받아먹었다.

남자 남편은 여자 아내가 어떻게 돕느냐에 따라 바보가 되기도 하고 영웅이 되기도 한다. 남자 남편은 여자 아내가 준 선악과를 임의대로 먹고 하나님과의 행위계약을 파기하였다. 이후 남편과 아내의 정신세계에서 하나님은 어른도 아니고 우선순위에 있지 않다. 그래서 하나님의 자기실현을 설명하는 남편의 권위도 사라졌다. 현재 타락의 정신을 한 부부 사이에는 남편이 우선되는 장유유서가 없다. 하나님의 절대성이 없어짐으로 장유유서의 목적과 이유가 없어진 것이다. 타락의 인식에서 임의대로 행동해도 결코 죽지 않는다는 뱀의 거짓말을 그대로 믿고 행동하는 상태인 것이다. 단순히 나이가 많기 때문에 존중해 주어야 한다는 장유유서는 무의미하다. 절대적이 아닌 상대적이고 임의적인 이유이기에 무시해도 그 결정을 막을 수 없다. 자유 민주주의 국가에서 각각의 자유의지에 의해 행하는 것을 막을 근거가 없다. 하나님이 최우선임을 인정하지 않고 무시함으로 현상 세계에서 남자 남편이 사람의 대표이며 머리임을 스스로 부정한 것이 되었기 때문이다. 영적인 하나님과 현상의 자신이 정신적 요소와 생물학적 성기능과 사회학적 존재로서의 성에서 연결되어 있는데 이것을 남자 남편이 뱀의 거짓에 속아 자진하여 끊은 것이다. 자신 안에 하나님의 정신이 없으면 진정한 자기다운 자신도 없는 것이다.

남편과 아내는 자신의 권위와 존귀를 스스로 무시하며 부정하고 있다는 사실을 모른다. 남자 남편의 정신 속에 하나님이 사라지고 그 대신 타락의 거짓 정신이 임의대로의 권위를 높이려 한다. 남자 남편의 이러한 행위는 여자 아내의 강력한 비판을 받게 된다. 남편이 머리와 대표가 되어 여자를 다스리려 하기 때문이다. 아이도 하나님과 연합하여 낳았다고 주장하는(창 4:1) 정신 상태에서 남편의 높아짐을 용납할 수 없다. 남편은 아내에게 비판을 받아도 할 말이 없다. 여자가 주는 선악과를 먹어서 남편 권위의 근거인 하나님의 말씀을 스스로 없이하였기 때문에 비판을 피할 명분이 없는 것이다. 타락의 인식으로 권위를 높이려는 행위는 정당성을 인정받을 수 없다. 뱀의 질서에 대한 남편의 도전이기 때문에 아내는 남편을 다스리려고 한다. 남자 남편은 타락의 인식에서 완력으로 억압하고 다스린다. 남편의 다스림은 많은 희생과 정녕 죽음의 대가를 지불하게 되었고 지금도 그 값을 치루고 있다. 그러한 남자 남편의 현재적 모습은 여자가 뱀의 거짓말에 속아 선악과를 임의대로 먹고 남편에게도 먹임으로 나타나는 현상이다. 뼈 중의 뼈요 살 중의 살인 아내의 잘못된 도움에 의해 하나님이 주신 정신이 망가져 나타나는 증상이다.

아내를 존귀하게 여기는 남편을 얻고 싶다면 남편에게 다시 하나님의 정신을 갖게 해야 한다. 그래야 아내가 사랑 받고 가장 귀한 사람으로 존중을 받게 되는 것이다. 장유유서를 다시 세워야 한다는 말이기도 하다. 곧 아내가 남편을 자신의 머리요 주인이라고 인정해야 한다는 것이다. 부부 사이의 질서를 회복하려면 먼저 하나님과 맺은 행위계약을 본래의 상태로 되돌려야 한다. 남자 남편이 사람의 대표가 되어 행위계약을 맺은 후 뱀에게 속아 선악과를 먹음으로 계약이 파기된 잘못을 인정하며 하나님이 사람을 창조하셨다고 다시 시인해야 한다. 타락의 거짓 인식을 가진 정신적 상태로는 하나님과 관계를 회복할 수 없다. 타락의 정신과 하나님의 정신은 서로 상극이어서 연합할 수 없기 때문이다(갈 5:16-17). 빛과 어두움처럼 하나가 발휘되면 하나는 없어지는 관계이다. 그러므로 현상에서 남편과 아내의 장유유서를 다시 회복하려면 예수님을 믿음으로 하나님의 성령을 받아서 성령의 인식을 이루어야만 하는 것이다(고전 2:10-16).

남편과 아내가 서로에게 진정한 생명의 사람이 되려면 예수님을 영접하고 성령을 받아야 한다. 문제는 뱀의 정신에 잡혀 자신을 하나님의 자리까지 높이려는 마음으로 생각이 높아져 있어서 예수님을 믿지 않는다는 것이다.

예수님을 믿지 않아서 부부간의 장유유서의 질서를 회복하지 못한 채 아버지와 어머니가 되면 아들과 딸이 타락의 정신을 이어받아 생명의 질서 없이 마음대로 살아서 부모의 마음을 아프게 하고 고통을 주는 정녕 죽음의 대물림이 끝없이 계속된다.

현대 사회에서 타락의 인식이 자녀들에게 이어지고 있는 동영상을 보았다. 중년 부인이 자녀 또래의 남자 아이들에게 훈계를 하니 한 아이가 부인의 가슴에 발길질하는 영상이다. 그 행동은 아이의 정신에 이미 부모가 없다는 것을 의미한다. 뱀의 거짓말에 의해 여자가 선악과를 먹고 남편에게도 먹이고 아들 가인에게도 먹인 결과를 그 어머니가 발길질로 받고 있는 것이다.

현대 가정과 사회에서 여자 아내 어머니들은 시간이 흐를수록 그 존귀함의 정당성을 인정받지 못한다. 여자들이 타락의 인식에서 우월함을 주장하지만 그 주장을 계속하면 할수록 피해는 여성이 다 받게 되어 있다. 여성은, 하나님이 남자의 갈빗대로 창조하고 생물학적 성기능에서 생명을 받는 모양으로 지으셨기 때문이다(벧전 3:7).
여성은 남성이 하나님의 자기실현을 이루도록 강력하게 도와야 할 책임이 있다. 영적 시각으로 보면 타락의 인식을 한 여성은 자신의 머리를 스스로 파괴하는 행동을 하고 있는 것이다. 그러면서 하는 말은 '너를 위해서'이다. 거짓말이다. 뱀을 위해서이고 자신을 높이기 위한 육체의 인식에서 하는 잔소리이고 거짓 주장이다. 남편이 자신의 머리라는 사실을 시인하지 않으면 않을수록 아내는 자신의 존귀함을 스스로 계속 훼손하는 것이다. 남편과 아내는 서로 한몸체계로 연결되어 있기 때문에 남편을 인정하지 않으면 아내 자신도 부정되는 것이다. 남편 역시 마찬가지이다. 남편이 아내를 업신여기면 사람들도 하찮게 보고 그 아내의 머리인 남편도 같이 보잘것없게 생각한다. 사정이 이러한데도 타락의 정신에 사로잡힌 남편과 아내는 하나님이 창조하신 장유유서를 무시하고 지키지 않는다. 타락의 정신이 주 정신으로 자리 잡고 있기 때문이다. 사람들은 그런 상태를 타락했다고 한다.

정신적 문제에서 빠져나오려면 정신이 하나님의 성령으로 바뀌어야 한다(요 1:12-13). 혈통과 육정과 사람의 뜻은 남편과 아내가 타락하면서 이미 뱀의 정신으로 오염되었다. 누구든지 타락의 정신에서 벗어날 수 없는 영적 상태가 된 것이다(시 14:1-3). 다윗의 시를 로마서 저자가 인용하여 다음과 같이 말한다. '기록한바 의인은 없나니 하나도 없으며 깨닫는 자도 없고 하나님을 찾는 자도 없고 다 치우쳐 한가지로 무익하게 되고 선을 행하는 자는 없나니 하나도 없도다.'(롬 3:10-13) 이 말씀은 타락의 거짓 정신으로 무장된 여자 하와가 낳은 가인의 후예들에게서 나타나는 정녕 죽음의 극한 생활상을 하나님이 보고 한탄하신 것과 연결되어 있다(창 6:5-6). 마음과 생각이 항상 악할 뿐인 상태가 타락의 거짓 인식을 이루고 있는 모습이다. 사정이 이러한데도 남편과 아내는 타락의 정신에 사로잡혀서 서로가 서로에게 정녕 죽음의 고통을 주고 있는 것이다.

장유유서는 어른과 아이의 질서를 말하고 있다. 그것을 해결하기 위해 깊이 들어가 보면 가정의 문제가 나오고 그 가정의 중심에 남편과 아내가 나타난다. 결국 장유유서는 부부와 연결되어 있는 것이다. 부부의 문제는 '아내가 남편을 머리로 인정하느냐'인데 그 여부에 따라 장유유서의 문제가 해결되기도 하고 안 되기도 한다. 하나님이 창조해 주신 대로 남편과 아내가 하나님의 뜻을 이루고 살면 문제는 해결된다. 그러려면 현상 세계에서 하나님을 설명하는 남편의 권위를 인정해 주어야 한다(엡 5:22-33). 남편이 머리임을 아내가 부정하면 하나님의 자기실현이 이루어지지 않는다. 결국 장유유서는 무너지고 사회와 나라는 망하게 되어 있는 것이다.

이것은 단순한 문제가 아니다. 인류 최초의 남편과 아내가 뱀에게 속아서 거짓 인식과 정신을 갖게 되어 현대 사회에까지 그 영향력이 계속 커지고 발전되고 있다. 삶에서 정녕 죽음의 고통이 가중되고 있는 것이다. 뱀의 거짓말에 속아서 선악을 알게 하는 나무의 실과를 임의대로 먹은 후부터 지금까지 남편은 아내에게서 하나님의 존귀하신 은혜를 볼 수 없고 아내는 남편에게서 하나님이 생명 주심을 못 보는 안타까운 현실이다. 그런데 생물학적 성기능과 사회학적 존재로서의 성은 하나님의 형상과 모양을 하고 있어 혼란스러움이 계속되고 있다.
타락의 인식에 잡혀서 정녕 죽음을 이루는 사람의 정신 상태는 인위적 노력으로 바꿀 수 없다. 반드시 예수님을 믿고 성령의 인식을 이루어야만 하나님이 기뻐하시는 정신으로 돌아선다.

여자의 주장은 남편으로 선악과를 임의대로 먹게 하고 그로 인해 남편은 남편의 책임과 의무를 다하지 못하는 정신적 문제를 갖게 되었다. 문제는 최초의 여자가 최초의 남자를 타락의 인식으로 주장함이 갈수록 강화되어 남편이 자녀를 낳는 권리까지 빼앗고(창 4:1) 지금까지 그 주장을 멈추지 않고 있다는 것이다(딤전 2:11-15).
본래 남녀의 성의 차이는 생물학적 생식기능과 사회학적 존재로서의 성에서는 남성 또는 남자가 여자의 머리 됨의 질서가 분명히 구별되어 있지만 영적으로는 남녀 성의 차이가 없으며 하나님 앞에 아들과 같아서 각각 한 영혼이다(갈 4:4-7). 현상 세계에서는 남자와 여자의 성이 철저히 구별되는 장유유서를 지키는 것이 여자다운 모습이다. 아내가 예수를 믿음으로 현상에서 장유유서를 지키면 영적으로 하나님의 아들이 되는 것이다(롬 8:13-15). 현상에서 부부유별을 분명히 할수록 영적인 하나님과의 관계에서 아들의 신분이 된다는 것이다. 이 차이를 알아야 한다. 남자의 머리 됨의 권위를 철저히 존중하는 여성이 되는 것은 영적으로 가장 아들다운 아들이 되는 것이다. 그러므로 남녀는 현상에 살면서 반드시 예수님을 믿고 성령을 받아야 한다. 성령이 임하시면 하나님의 생명의 정신이 들어옴으로 자신 안에 있은 뱀의 거짓 영과 정신이 쫓겨나고 드디어 남편과 아내의 장유유서의 질서가 세워지게 되는 것이다(롬 10:9-10).

예수님을 믿지 않고 장유유서의 문제를 해결할 수 있는가?
예수님을 믿음으로 성령이 임하지 않고는 어떤 시대가 와도 해결할 수 없고 더욱더 어려워지며 여자의 감성적 주장은 극에 달할 것이어서, 노아 시대에 물 심판이 있었던 것처럼 불 심판이 있을 것이다(계 20:9-10). 과학이 발달하면 발달할수록 뱀의 인식에서 나타나는 임의대로의 자유의지는 과학을 이용하여 서로 더욱더 괴롭히는 결과를 나타낼 것이다. 만일 끝까지 하나님께로 돌아가지 않고 뱀의 인식의 거짓 정신으로 자신을 높이면 결국은 불 심판을 받게 될 것이다. 자신을 높이는 것은 영적으로 하나님을 더 철저히 죽이는 죄악이기 때문에 죄 값을 지불하게 되어 있다(계 16:8-9). 지구 종말의 때에 영적으로 하나님께 돌아가는 일반은총은 현상의 남편과 아내의 장유유서의 문제를 해결하지 못할 것이다. 현상 세계를 사는 남편과 아내가 예수님을 믿고 성령의 인식을 이루어야 불 심판에서 구출되는 특혜를 받아 장유유서의 문제를 해결 받는다.
하나님은 아담의 세 번째 아들 셋으로부터 구속사의 은혜가 흐르게 함으로 사람을 구원해 주셨다. 뱀이 사람을 정신적으로 장악하고 있어도 하나님의 구원의 역사를 막을 수는 없다. 창조주 하나님은 하나님→아담→셋→노아→셈→아브라함→이삭→야곱→다윗→예수님으로 이어지는 구속사의 은혜를 주셨기에 예수님을 믿음으로 새 창조의 남편과 아내가 되게 하고 성경 진리를 기반으로 하는 장유유서의 질서를 바로 세우게 되었다.
생명의 장유유서를 이루려면 예수님을 영접함으로 믿어서 하나님의 자녀가 되어야 한다(요 3:16). 남편과 아내가 믿음 안에서 자녀를 낳고 양육하면 아내가 남편을 머리로 인정하는 장유유서의 모범을 보이게 된다. 아내가 남편의 권위를 존중하는 모습을 봄으로 부모의 말을 잘 듣고 효도하는 자녀로 자라게 된다. 자녀가 하나님의 진리를 아는 것보다 현상 세계에서 더 중요한 일은 없다.

예수님을 믿으면 자신과 자녀가 잘되고 사회와 나라가 살지만(행 16:31) 믿지 않으면 자녀는 부모가 무엇인지 알지 못하므로 죽이게 된다. 남편과 아내가 예수를 믿으면 머리인 남편의 권위를 회복하는 장유유서를 이루게 된다(고전 11:3). 장유유서를 자녀에게 보이지 못하면 임의대로 부모를 대하기 때문에 정녕 죽음을 이루게 되는 것이다. 최초의 남자와 여자가 하나님의 말씀인 선악을 알게 하는 나무의 실과를 임의대로 먹어서 하나님을 정신에서 죽인 것처럼 부모를 죽이는 자녀가 나타난다. 독사의 새끼처럼 어미를 물어 죽이는 일이 부모와 자녀 간에도 벌어지는 것이다. 예수를 믿고 성령의 인식으로 장유유서를 이루어야 하는 이유이다.

붕우유신
朋友有信

친구를 말할 때 친하다는 말은 창조주 하나님이 사람을 창조하신 일과 연결되어 있다. 하나님은 사람을 하나님의 형상과 모양대로 창조하셨다. 하나님의 친함을 사람 안에 넣어 주셨음을 의미한다. 최초의 사람(남녀)은 처음부터 하나님의 친함을 불어넣음 받아 창조되었다(창 2:7). 사람은 정신적 요소와 생물학적 생식기능과 사회학적 존재에서 하나님의 친함을 가지고 있다.

친할 친親을 살펴봄으로 친하다는 의미가 무엇인지 더 자세히 알아본다. 친할 친親은 설 립立과 나무 목木과 볼 견見이 합쳐진 글자이다. 하나님이 천지 만물을 창조하여 사람에게 맡겨 주시며 다스리고 생육하여 번성하게 하였다(창 1:28). 하나님은 자신의 형상과 모양을 따라 흙으로 생물학적 생식기능을 만들고 코에 생기를 불어넣어 생령의 정신을 갖게 하신 후 사회학적 존재로서 남자를 나타내었다(창 2:7). 하나님은 정신세계를 만들면서 하나님의 친함을 불어넣으셨다. 그렇게 창조된 남자를 에덴동산에 두고 그와 목숨을 건 행위계약을 맺으셨다(창 2:16-17).

계약을 맺은 후 여자를 창조해 주셨다. 여자를 나중에 만들어 주신 것은 남자에게 여자가 반드시 필요하다는 사실을 알게 하려는 것이다. 여자는 남자에게 선택적 존재가 아니라 절대적 존재이다. 남자의 갈빗대로 지음 받았으므로 남자가 여자의 고향이다(창 2:20-24). 하나님은 친함을 남자에게 주셨다. 남자 남편은 이 친함을 받아 뼈 중의 뼈요 살 중의 살인 아내에게 주었다. 남자 남편과 여자 아내는 자녀를 낳고 양육함으로 하나님의 친함을 전해 준다. 그러므로 이성 간의 친함의 시작은 남편과 아내이다. 하나님과 남자의 친함이 현상의 남편과 아내의 관계에서 나타나는 것이다. 남편과 아내는 자녀를 낳아 동성과 이성의 친함을 형성하게 된다. 그것은 부모와 자녀 관계에서 시작된다. 아들은, 동성의 친함은 아버지가 설명하고 이성의 친함은 아버지에게 어머니가 받아 설명해 준다. 딸은, 동성의 친함은 아버지에게 어머니가 받아 설명해 주고 이성적 친함은 아버지가 어머니에게 설명한 것을 어머니를 통해 받는다. 남성의 친함의 특성은 남자 남편이 가정의 대표이며 여자 아내의 주인 됨을 인식하게 하는 인성 교육을 이룬다. 이성으로서의 아버지와 딸은, 결혼 전에는 아버지의 권위 아래 딸의 권리를 두고 있으며 결혼 후에는 딸의 남편에게 권위를 넘겨주어야 한다(민 30:1-16). 이것이 가정 안에서의 친함이고 가정 질서이다.

가정 밖에서의 사회학적 존재로서의 남자와 남자의 친구 관계는 하나님의 형상과 모양의 친함을 서로 존중해 줌으로 형성된다. 여자와 여자의 경우 여자의 배후에 있는 사회학적 존재로서의 권위와 연합된 존재로 알아서 서로를 존중해 주는 관계이다. 누군가의 딸이고 아내이며 어머니로 알아서 형성되는 관계여야 한다. 여자 단독으로 친구 관계가 형성되지 않는다는 것이다. 일반적으로 나이와 생각이 비슷한 사람 관계를 친구라고 하지만 깊이 따져 보면 복잡하다. 동성 친구는 하나님이 주신 친함의 동질성을 서로 존중하며 우애를 나누는 관계이고 이성 친구라면 하나님과 사람의 연합 관계를 설명하는 남녀가 사랑을 나누는 관계이다. 현상 세계에서의 이성적 사랑은 결혼하기 위한 단계로서 남녀의 결혼은 하나님의 자기실현이 이루어지는 모양이다. 친구 관계는 동성이든 이성이든 하나님의 친함을 서로 존중하고 나타내기 위한 것이다. 만일 친구 관계에서 하나님의 친함이 나타나지 않는다면 친구가 아니라 원수가 된다. 그러므로 붕우유신에는 반드시 하나님의 친함이 있어야 한다. 하나님이 사람에게 주신 친함이 있다는 믿음(信)이 전제되어야 친구라는 이름을 붙여 줄 수 있는 것이다. 가까이 있거나 나이가 같다고 친구일 수는 없는 것이다.

믿을 수 있는지 알아보는 안목도 중요하다. 한쪽에서는 하나님의 친함을 나타내 보이는데 다른 한쪽에서는 그것을 인지하지 못할 수도 있다. 서로 통하지 않을 수 있다는 말이다. 그러면 진정한 친구가 될 수 없다. 친구에게서 믿을 수 있는 친함은 하나님을 설명하는 말과 행동이다. 동성 친구의 경우 하나님이 좋아하시는 말과 행동을 하면 믿어도 되지만, 아니라면 믿을 수 없고 붕우유신이 되지 못하는 것이다. 이성 친구도, 남자에게 하나님을 설명하는 언행이 있다면 믿을 수 있지만 하나님을 설명하는 정신이 없다면 믿을 수 없다. 만일 여자 친구가 하나님의 친함을 받아들이지 않는다면 사귀는 것을 조심해야 한다. 하나님의 친함을 설명하고 받아들이는 것이 본래 하나님이 창조하신 남자와 여자의 모습이기 때문이다. 이성 친구는 결혼으로 연결되어 부부가 될 수 있는데 하나님의 친함이 아닌 다른 것을 남자가 설명하거나 여자가 요구한다면 친구 관계는 원수가 되기 때문이다.

하나님이 주신 친함을 주고받는 남녀는 뱀의 유혹에 의해서 변했다(창 3:1-6). 뱀의 거짓말에 속아서 선악을 알게 하는 나무의 실과를 임의대로 먹은 여자는, 남자가 주는 하나님의 친절한 사랑을 부정하고 도리어 뱀이 준 거짓 친함을 남자에게 먹였다. 이후 남자는 뱀의 거짓 친함을 아내에게 되돌려 주고 자녀에게도 주는 남편 아버지가 되었다. 영적으로 남편과 아내는 하나님의 친함을 주지도 못하고 받지도 못하는 상태가 되었다. 서로 정녕 죽음을 주게 되었다. 선악과를 임의대로 먹은 것은 하나님의 친함을 사람의 정신세계에서 죽이고 없이한 것과 같다. 하나님의 친함을 죽이고 타락의 인식에서 임의대로 친함을 정의한 정신 상태가 된 것이다. 이러한 정신 상태에서는 하나님이 주신 본래의 친함을 이룰 수 없다. 남편과 아내가 하나님의 친함을 주고받지 못하므로, 자녀도 나타내지 못하는 상태가 된 것이다. 그 대신 뱀이 준 거짓 인식의 친함을 나누는 친구 관계를 형성함으로 서로 자신을 먼저 위해 달라는 뱀의 이기적 요구를 하여 서로 배신하고 원수가 되는 것이다.
본래 친구는 동성이든 이성이든 상대에게서 하나님의 친함을 발견하고 그 친함을 주고받는 상생의 관계이므로 믿고 의지하며 도왔지만 이제는 서로 이용하여 자신을 위하는 사이가 된 것이다. 이렇게 변한 친구 관계는, 최초의 남녀가 타락함으로 온 인류가 하나님을 떠나서 가져온 결과이며 지금까지 계속되고 있다. 서로에게 속는 것은 하나님이 창조해 주신 친함의 본능이 남아 있음으로 생물학적 생식기능과 사회학적 존재로서의 동질성에서 서로 믿고 의지하게 되어 있기 때문이다. 정신적으로는 하나님이 불어넣은 친함의 정신이 아니며 뱀이 여자를 속여서 남녀를 타락시킨 타락의 정신을 하고 있는 상태이다. 자신이 뱀의 거짓 정신을 하고 있다는 사실을 인정하지 않아서 자신과 타인에게 속고 속이는 일을 반복하고 있다. 그러므로 뱀의 인식에서의 붕우유신의 친구는 믿을 수 없는 관계이다.

앞에서 말하였듯이 나이가 같거나 가까이 있다는 이유로 친구가 될 수 없는 것이다. 그러나 현상의 사람은 하나님의 친함의 겉모습인 생물학적인 성기능과 사회학적인 존재로서의 성을 가지고 자신을 믿을 수 있는 하나님인 양 자신을 위장하고 있다. 여자 아내 하와가 아들 가인을 낳고 자신이 낳았다고 선언한 사실에서 알 수 있다(창 4:1). 남편이 낳은 아이를 자신이 낳았다고 주장하는 것이다. 남편이 하나님의 친함의 정자를 그 형상과 모양에 따라 아내에게 주어 아들이 태어났는데 여호와 하나님과 성관계를 하여 여자 혼자 낳았다고 거짓말하는 것이다. 현상 세계에서 여자 하와는 타락의 거짓 정신을 주 정신으로 하고 있다. 그러므로 정말 자신이 낳았다고 믿는 것이다. 이런 정신적 인식 상태에 있는 이상 남편과 아내는 하나님이 주신 친함을 주고받는 친구가 될 수 없다. 그리고 타락의 정신으로 낳은 아들과 아들은 하나님의 친함을 나누는 친구가 될 수 없다.
여자는 아들을 또 낳는다. 그런데 둘째 아들에 대해서 어머니 하와는 아무런 관심을 보이지 않는다. 오직 첫아들 가인에게만 관심을 집중하여 둘째 아들 아벨은 모성의 사랑을 받지 못하고 목동생활을 한다(창 4:2). 가인과 아벨은 성장하여 하나님께 제사를 드리는데 아벨의 제사는 받으시고 가인의 제사는 받지 않는다. 그 결과 가인은 동생 아벨을 죽인다(창 4:8). 타락의 정신을 주 정신으로 하고 있는 어머니의 사랑을 독차지한 형과 사랑을 받지 못한 동생은 정신적으로 하나님의 친함을 나누는 친구가 아니다. 타락의 정신이 어머니를 통해 가인에게 강화되어 있기 때문이다. 어머니에게 관심을 받지 못한 아벨은 상대적으로 뱀의 정신적 영향을 덜 받았다. 그래서 하나님이 창조하신 본능의 친함을 가지고 있었으므로 그의 제사가 하나님께 드려질 수 있었다.

타락의 정신에서 자녀에게 사랑을 많이 주면 줄수록 그 자녀는 영적으로 부모를 알지 못하고 무시하며 공경하지 않는다. 심지어 부모를 죽이기도 한다. 뱀의 인식을 한 어머니의 사랑을 독차지한 형은 동생에게서 나타나는 하나님의 친함을 죽였다. 하나님이 먹지 말라고 명령한 선악을 알게 한 나무의 실과를 뱀이 여자 하와를 속여서 임의대로 먹게 하며 남편에게도 먹인 결과로서의 정녕 죽음이 가인에게 유전되어 있는 것이다. 동생을 죽인 것은, 영적으로는 하나님을 죽인 것이고 현상적으로는 아버지와 어머니를 죽인 것이다. 가인 안에 있는 뱀의 정신은 현상 세계에서 하나님의 친함이 없어져야 세워질 수 있기 때문이다.

현재에도 타락의 정신을 가지고 있는 자들은 하나님의 생명의 친함이 나타나는 것을 방해하고 예수님을 믿지 않으려 한다. 예수를 믿는 사람들 중에도 대부분은 타락의 인식에서 이기적이고 기복적인 믿음을 가지고 있다. 그러므로 진정한 붕우유신의 친함을 가졌다고 보기는 어렵다. 우리 조상들은 영적으로 이렇게 어려운 정신세계에서 붕우유신의 친구 관계를 이루려고 노력하였다.

- 전통적 견해

사람은 혼자 사는 것이 아니다. 붕우유신朋友有信을 이루어야 하는 것은 친구 간의 믿음이 가정과 사회와 나라의 힘의 원천이기 때문이다. 믿음이 있는 사회는 그 나라를 튼튼하게 지탱하는 기둥과 같고 주춧돌과도 같은 것이다. 친구 간에 믿음이 있다는 것은 또 다른 자신이 있다는 말이다.

약할 때 친구가 곁에서 도와준다면 얼마나 든든하겠는가?

그래서 진정한 친구가 세 명만 있어도 천하를 논할 수 있다고 하는 것이다. 현상 세계에서의 좋은 친구는 그 무엇과도 비교할 수 없는 존재이다. 이성 관계에서 가장 좋은 친구는 남편에게는 아내이고 아내에게는 남편이다. 이보다 더 좋은 친구는 없다. 동성 관계의 친구는 서로에게서 하나님의 친함을 나누는 믿음(信)의 친구이다. 조상들은 하나님의 친함을 가진 친구 관계를 오상(인의예지신仁義禮智信)을 통해 이루려 했다.

【오상五常】

★ 인仁

어질 인仁을 이해하기 위해서 덕德이라는 글자를 이해해야 한다. 덕은 도道를 행하여 체득한 품성으로 도리道理를 행하려는 마음에서 노력한 결과이다. 어짊은 본래 남녀가 사람의 3요소에서 하나님의 뜻을 이루며 사는 모습이다. 이것을 뱀에게 속아 잃어버린 까닭에 자신 안에서 본능적으로 일어나는 뱀의 정신의 기운을 극복하여 하나님의 친함을 회복하려는 노력이다. 그러나 타락의 거짓 정신 바탕 위에서 하나님의 친함을 인위적으로 이루려는 조상들의 노력은 또 다른 정신적 거짓말이 되었다. 인위적으로 만들어 내려는 거짓 덕행에 많은 사람의 권리가 무시되고 훼손된 역사를 동시에 가지고 있다. 창세기 3장 1-6절의 기록처럼 사람은 뱀에게 속아서 거짓 정신을 갖게 되었다. 타락에서 발의되는 자유의지는 오직 자신을 하나님의 자리까지 높이고 위하는 극한 이기심이다. 이기적인 자유의지는 하나님도 죽이고 부모도 죽이고 형제도 죽이고 자신과 이웃을 죽이는 정녕 죽음을 만들어 낸다. 우리 조상들도 타락의 거짓 정신으로 이루어진 정녕 죽음의 공격을 피할 수는 없었다.

살기 위해서 상대를 죽이려는 이기심을 다스려야만 했다. 변한 인간 이성에서 사람의 마음을 다스릴 필요가 있었던 것이다. 타락의 인식에서의 자유의지는 하나님의 말씀을 버릴 수도 있지만 또한 유일하게 다시 받아들일 수 있는 통로이기도 하다. 그런 이유로 어질 인仁이 생긴 것이다. 서로 잘 살자고 만든 어짊은 뱀의 정신으로 만들어 낸 인위적인 것이기 때문에 또 사람을 괴롭히는 도구가 되었다. '어질다'의 의미는 뱀의 인식이 정의하기 때문에 영적으로 옳지 않은 해석을 갖게 된다. 옳지 않음이 옳음의 옷을 입고 사람을 판단함으로 조상들이 겪었던 많은 부당함과 권리침해는 말로 다 표현할 수 없을 것이다. 예수님을 알지 못해 하나님의 진리를 몰라서 그랬을 수도 있다. 그러나 핑계할 수 없다(롬 1:20). 만물에는 하나님이 창조하셨다는 증거들로 가득하다. 사람이 뱀의 거짓에 속아서 임의대로의 자유의지를 가지고 자기 마음대로 해석하기 때문에 하나님을 알지 못하는 것이다.

사람이 사람을 알지 못하는 것도 타락의 거짓의 정신에 잡혀 있기 때문이다. 하나님은 사람과 만물 속에 하나님을 알 만한 진리를 다 담아 놓으셨다. 하나님을 사람의 이성이 알 수 있도록 하신 것이다. 그럼에도 불구하고 만물이 설명하는 진리를 타락의 인식에서 임의대로 해석하기 때문에 하나님의 진리를 바로 알지 못한다. 뱀의 거짓에 잡혔지만 잃어버린 하나님의 친함을 회복하고자 노력한 조상들의 노력은 육체의 인식의 많은 문제를 안고 있음에도 불구하고 훌륭한 그릇이 되었다.

★ 의義

옳다는 것은 '하나님이 사람을 창조하여 주신 친함과 맞다'는 뜻이다. 곧 '창조주 하나님이 사람 가운데서 자기실현을 이루고자 하신 뜻과 맞다'는 말이다. 현상의 삶에서 친구 간에 하나님의 옳음을 이루고자 하는 하나님의 의를 말하는 것이다. 하나님의 의를 벗어나서 타락의 거짓 정신세계로 나아갈 때, 하나님의 옳음으로 잡아 줄 수 있는 친구가 있다면 복을 받은 사람이다. 친구가 잘못된 길을 갈 때 바르고 의로운 길로 인도하는 일은 진정한 친구의 태도이다. 동질의 정신세계일 때 친구 관계가 형성된다. 두 사람이 같은 성질의 정신세계를 갖고 있지 않다면 친구 관계로 발전되기는 어렵다. 만일 육체의 인식을 하고 있는 사람에게 성령의 인식을 가진 친구가 있다면 생명의 동아줄 같은 친구이다. 자신에게 없는 생명의 성질인 하나님의 정신적인 은혜로 잡아 주는 기회를 가질 수 있기 때문이다. 그러나 타락의 인식과 성령의 인식은 서로 상극이기 때문에 상대의 소원이 이루어지지 못하게 방해하므로(갈 5:17) 친구 관계가 지속되기는 참으로 어려운 일이다. 하나님이 창조하여 주신 본래의 정신이 의로운 정신세계이다. 하나님의 의로운 정신을 가지고 있는 친구가 있다면 이 친구의 말을 들어야 한다. 친구의 말을 듣고 예수를 믿게 된다면 그 사람은 정녕 죽음을 피하고 영생의 복을 받게 될 것이다.

★ 예禮

예란 영적으로 창조주 하나님께 자신의 마음과 행위를 보이는 것을 말한다. 현상의 사람(남녀)이 보일 예는 사람의 세 가지 모습에서 살펴볼 수 있다. 사람이라고 할 수 있는 세 가지 요소는 정신적 요소와 생물학적인 성기능과 사회학적인 존재로서의 성을 말한다.

첫째, 정신적 요소로는 하나님이 최초의 사람에게 불어넣으신 생기에 의한 생령으로서의 정신을 하나님께 보여야 한다. 사람이 하나님께 보여야 할 정신적 예이다. 그러나 뱀에게 속아(창 3:1-6) 거짓 정신을 갖게 되어서 정신적으로 하나님께 예를 보이지 못하고 예의 없는 상태가 되었다. 하나님이 주신 예가 없는 자리에 뱀이 사람을 속인 거짓 예의가 자리 잡게 되었다. 이것은 정신적으로 정녕 죽은 상태와 같다. 하나님은 그것을 고쳐 주기 위해서 독생자 예수를 보내셨다. 사람이 잃어버린 예의를 회복하기 위해 예수님은 사람의 몸을 입고 세상에 오셨다. 뱀의 예를 가진 사람을 대신해 십자가에서 죽고 다시 살아나 모든 사람의 예의를 다시 살려 내셨다. 예의는 예수님 안에서 새롭게 이루어진 것이다. 예수님을 믿으면 예수님 안에서 회복된 예의를 되찾게 성령이 역사하여 돕는다. 예의 없는 사람이 예수님을 믿으면 성령이 임하셔서 정신적으로 하나님의 예의가 회복된다. 믿지 않으면 거짓 예의를 가지고 살게 됨으로 정녕 죽음의 예를 갖게 되어 있다. 거짓된 뱀의 정신이 나타내는 예는 하나님이 받지 못한다. 가인의 제사를 받지 못한 이유이기도 하다.

둘째, 이성 간에 생물학적인 성기능의 예를 보여야 한다. 대표적으로 남녀의 결혼이다. 결혼함으로 부부가 정상적인 성관계를 하여 자녀를 출산하는 것이다. 남녀가 서로 사랑함으로 결혼하여 자녀를 낳고 양육하며 번성하는 것이 하나님께 보여야 하는 사람의 예의이다. 동성 간에는 상대의 생물학적 성기능을 서로 존중하고 지키며 보존하는 예의이다. 남성은 상대의 남성성을 존중해 주고 귀히 여겨야 한다. 여성 역시 어린 여성의 성을 보존하고 여성다움을 가르치고 지켜 주어야 한다.

셋째, 사회학적 존재로서 예를 보여야 한다. 남자는 한 여자의 남편이 되고 여자는 한 남자의 아내가 됨으로부터 시작된다. 남편은 아내의 머리가 되고 아내는 남편의 몸으로서 뼈 중의 뼈요 살 중의 살이 되는 관계를 이루는 것이 하나님께 보여야 하는 사람(남녀)의 예의이다. 이 예의가 발전되어 자녀를 낳고 자녀에게 하나님이 주신 예의를 알게 하는 설명서로서의 아버지가 되고 어머니가 되는 것이 하나님께 보여야 하는 사람의 예의이다. 또한 동성의 사회학적 관계에서의 성을 상호 존중하고 지키며 보존해야 한다. 어린 남자 아이일지라도 어른 남자가 남성성을 가르쳐 주고 보존해야 할 사명이 있는 것이다. 여자 아이 역시 어른 여자가 여자 됨의 품위를 가르치고 지키게 해야 하는 것이다.

생물학적인 요소와 사회학적인 요소는 현상의 육안에 보이지만 정신적인 요소는 눈에 보이지 않으므로 그 성질을 잘 확인하기가 어렵다. 뱀은 이런 약점을 이용하였다. 현재 사람이 가진 예는 하나님께 보여야 할 것이 아니다. 하나님께 보이는 예를 사람에게 보여야 한다. 하나님께 보이는 예를 사람에게 보이지 않으면 신행일치信行一致가 되지 않아서 예의 없는 행동이 된다. 속과 겉이 다른 사람이 되는 것과 같다. 사람이 예를 가져야 하는 것은 본래 하나님이 사람을 창조하실 때 하나님의 형상과 모양을 따라 사람을 정신적 요소와 생물학적 성기능과 사회학적 존재로서의 성에서 하나님을 나타내게 만들었기 때문이다. 그러나 다시 말하지만 사람의 예는 변질되었다. 뱀이 여자를 속이고 여자는 남자를 속임으로 선악과를 임의대로 먹고 정녕 죽음을 이루는 예를 갖게 되었다. 이후로 사람은 속 다르고 겉 다른 예를 갖게 되어서 서로가 서로를 속이게 되었다. 사람에게 예가 없으면 사람의 근본이 없는 것과 같다. 근본 없는 삶이란 뿌리 없는 나무처럼 말라죽게 되어 있는 것이다. 그러므로 하나님이 본래 주신 정신적 요소와 생물학적 성기능과 사회학적 존재로서의 성을 정상적으로 회복해야 한다. 이런 회복의 시작은 예수님을 믿고 성령을 받음으로 시작된다.

★ 지智

슬기 지智는 살아가는 능력이라고 할 수 있다. 사물의 도리나 시비와 선악을 잘 판단하고 처리하는 능력이고 지혜이며 슬기를 말한다. 알 지知는 어떤 것을 지식으로 깨달은 것이라면 슬기 지智는 그 앎을 운용하는 능력이라고 할 수 있다. 첫 사람 아담은 하나님이 주신 생기에 의한 생령의 정신으로 하나님의 지혜를 가지고 있었다(창 2:19). 그러나 뱀의 거짓에 속아 타락한 사람에게 있는 슬기는 거짓을 기반으로 세워진 운영 능력이다. 뱀의 거짓으로 갖게 된 임의대로의 슬기이다. 타락한 자유의지는 하나님이 정하신 정녕 죽음의 삶을 결코 죽지 않는다고 잘못 아는 인식이다. 자신을 창조한 하나님의 정신을 죽이고 그 자리에 타락의 정신을 세워서 가진 슬기이다. 조상들의 노력은 훌륭한 그릇이나 그 내용은 타락의 인식에서 하나님의 친함을 이루려는 것이다. 타락의 인식에서 슬기를 발휘하면 할수록 그 가정과 사회와 나라는 거짓되고 서로 불신하게 되어 소멸된다. 겉은 슬기라고 포장되어 있지만 속에 있는 타락의 정신은 상대를 사기치고 죽이며 이기심을 이루려는 거짓이다. 속사람인 정신이 성령으로 다스림을 받아 성령의 정신으로서의 슬기가 있어야 한다. 이런 슬기는 예수를 믿음으로 성령이 임하여야만 가능하다.

★ 신信

믿을 신信은 하나님이 사람을 창조하신 사실과 연결되어 있다. 사람은 사람을 곧잘 믿는다. 사람을 믿는 것은 자신의 부모 같고 형제자매 같다고 생각하는 동질성 때문이다. 현상 세계에서의 믿음의 근거는, 부부가 그 시작이고 부모 자녀가 두 번째이며 형제자매가 세 번째이고 이성과 동성의 친구가 이것을 기반으로 붕우유신을 이루는 것이다. 그러나 사람의 믿음은 속 다르고 겉 다른 믿음이 되었다. 겉모습은 아버지이고 어머니인데 속사람인 정신은 자신의 유익을 꾀하려고 속인다. 심지어 현상에서 믿음의 근거가 되는 남편과 아내가, 부모와 자녀가 서로 기만하는 것이 현실이다. 남편이니까 또는 아내니까 믿으면 속은 것이다. 아버지나 어머니이기 때문에 믿는다면 정녕 죽음을 맞을 수 있다.
그런데 친구라서 믿을 수 있다고 할 수 있겠는가?
현상 세계에서 믿음의 근원이 되는 하나님의 친함을 잃어버렸는데 무엇을 근거로 상대를 믿을 수 있다는 말인가?
그래도 사람들은 서로를 믿는다. 겉모습이 창조주 하나님을 설명하고 있기 때문이다. 생물학적 생식기능을 기반으로 하는 모양과 사회학적 존재로서의 모습에서 하나님의 형상이 있기 때문에 서로를 믿는다. 하지만 사람은 영적이고 정신적인 요소가 변했기 때문에 속고 속이는 일을 반복하면서 정녕 죽음을 이루고 있다. 창세기 3장 1-6절은 인류사에서 가장 슬픈 일을 기록하고 있다. 하나님의 친함을 서로 나눌 수 있는 믿음을 잃어버린 모습이기 때문이다. 그럼에도 불구하고 생물학적 생식기능으로서의 성과 사회학적 존재로서의 성이 사람의 변한 자유의지의 인식에서 서로 간의 믿음을 위태롭게 유지한다. 이렇게 유지된 믿음은 시간이 지날수록 무너지며 변질되고 있다. 가족이니까 믿을 수 있다는 믿음이 시간이 지날수록 의심과 불신으로 채워진다. 사람의 이런 상태는 세상의 종말이 올 때까지 계속될 것이며 더욱더 불신이 만연될 것이다.

그러나 현상 세계에서 사람이 살 수 있도록 창조주 하나님이 생명의 길을 열어 놓았으니 예수를 믿음으로 성령이 임하고 새로운 영 또는 정신을 갖게 하신 것이다. 누구든지 예수를 믿으면 새로운 영이 마음속으로 임하여 믿을 수 있는 사람이 된다. 이렇게 성령이 각 사람에게 있어야 믿을 수 있고 붕우유신을 이룰 수 있는 것이다.

이상으로 오상의 인의예지신을 간단하게 살펴보았다. 조상들이 타락한 인식 속에서 인위적으로 하나님의 친함을 이루려고 얼마나 노력했는지 알 수 있는 부분이다. 그러나 현재 대한민국에는 이렇게 노력한 흔적마저도 다 지워지고 없는 것이 현실이다. 오상의 다른 덕목들도 있는데 그것은 아버지는 의리義理가 있어야 하고, 어머니는 자애慈愛가 있어야 하고, 형은 우애友愛가 있어야 하고, 아우는 공경恭敬이 있어야 하고, 자식은 효도孝道로써 부모를 대해야 한다는 것이다.

우리 조상들이 오상과 더불어 오덕(온화, 양순, 공손, 검소, 겸양)을 가르침으로 사람에게 좋은 품성을 갖도록 노력하였다. 이런 노력의 이면에는 조상들이 사는 시대에도 사람을 타락시킨 뱀의 인식의 품성이 서로에게 얼마나 많은 정녕 죽음의 고통을 주고 있었는지 짐작하게 한다.

【오덕五德】

★ 온화溫和

온화는 차가운 것과 대비되는 생명의 순환을 의미한다. 따뜻하고 순수하게 서로 응대하며 원만히 화합함을 의미한다고 하겠다. 이것은 뱀의 인식에서의 이기적 성질에 반대되는 이타적 성질을 띠고 있다. 하나님이 사람을 창조하실 때 하나님의 속성을 근본으로 삼아 만들었다. 하나님이 자신의 정신을 불어넣어 생물학적인 생식기능과 사회학적 존재로 만드신 사람의 모습은 하나님의 이타적인 속성을 띠고 있다. 하나님은 남자를 창조하고 천하 만물을 그에게 다 주며 다스리게 하셨다. 그 후 여자를 만들어 남자에게 주셨다. 이러한 하나님의 이타적 성질은 현상의 남편과 아내에게서 나타나고 부모에게서 자녀에게로 나타난다. 그러므로 온화는 하나님의 속성이 사람 가운데서 이루어지는 모습이라고 하겠다. 그러나 이 성품 역시 타락함으로 잃어 버렸고 모양만 흉내내고 있다.

★ 양순良順

양순함은 상대를 순수하게 좋아하고 친절하게 따르는 순종의 모습이다. 영적으로는 하나님을 좋아하고 하나님의 말씀을 기쁨으로 순종하는 사람의 모습이다. 최초의 사람은 양순한 성품으로 창조되었지만 뱀의 거짓에 속아서 거역하는 불순종의 성품을 갖게 되었다. 먹으면 정녕 죽으니 하나님이 먹지 말라 명령한 것을 어기고 임의대로 먹어 정녕 죽음을 갖게 된 것이다. 사람의 자유의지가 하나님의 말씀을 양순히 받지 않고 거역함으로 인해서 사람 안에는 뱀의 거짓 정신이 자리 잡게 되었다. 영적으로 하나님과 사람의 관계가 정신적인 틈이 생겼기 때문에 현상의 사람과 사람의 관계도 어긋나 버렸다. 정신적 요소에서 남편은 본래 여자의 머리이고 주인이지만 아내는 남편을 머리로 인정하지도 않고 순종하지도 않고 연합하지도 않는다. 부모는 자신을 낳은 존재로서 하나님을 대하듯이 해야 하는데 자녀가 부모의 말을 거역하고 임의대로 행동한다. 현상 세계의 사람이 이렇게 양순함이 이루어지지 않는 것은 뱀에게 속아서 거짓 정신을 가지고 있기 때문이다. 그러므로 친구 관계에서도 서로 양순함으로 하나님의 뜻을 이루어야 하지만 그렇지 못한 것은 뱀의 속성으로서의 이기적 성질 때문이다.

★ 공손恭遜

공손함은 창조주 하나님에 대한 사람의 태도를 말하고 있다. 하나님을 공손히 섬기는 정신으로서의 마음가짐과 태도를 설명하는 말이다. 그러나 과연 하나님을 공손히 섬기는 태도가 있는지 의문이다. 타락하기 전에는 이런 모습이 있었다고 추정할 수 있다. 타락한 후에는 뱀의 정신을 가지고 있기 때문에 하나님을 공손히 대하는 마음과 태도는 없어졌다. 그럼에도 현상 세계에서 사람을 공손히 대해야 한다는 모양이 강조되는 것은 뱀이 하나님의 자리에 자신을 세우기 위한 거짓 정신이다. 현상 세계에서는 뱀의 정신을 한 사람이 그 권위를 갖기 위한 속임수이고 도적질한 성질로서의 공손함이다. 하나님이 받으셔야 할 공손함을, 뱀의 거짓 정신을 가진 사람이 받으려고 강조하는 공손함이라는 것이다. 하나님께 공손해야 한다는 진리를 뱀이 악용하여 사람을 압제하는 수단으로 강조된 부분이 있는 것이다. 공손함은 본래 하나님께 드려야 할 사람의 마음과 행위의 태도이나 뱀의 정신을 가진 타락한 인간이 임의대로 가로채서 받은 것이다. 하나님의 형상과 모양을 자신에게 적용하였다.

뱀의 거짓 인식의 자유의지로서 자신에게 적용된 사람의 모양은 본래 설명의 목적대로 하나님께 공손함을 드려야 한다. 하나님의 뜻이 사람 가운데서 실현될 수 있도록 하나님께 영광을 돌리는 수단이 되어야 하는 것이다. 사람은 공손함을 강요해서는 안 된다. 뱀의 인식하에 있는 사람은 사람에게 공손함을 받을 자격이 없다. 오직 하나님 은혜 안에서 하나님이 설명되기 위해 어른임을 인정받을 뿐이다. 어른 노릇을 바로 한다면 자신이 죄인이고 공손함을 받을 자가 아니라는 것을 알 것이다. 공손함은 하나님이 받으셔야 마땅하다. 예수를 믿으면 그 안에 성령이 임하므로 하나님의 품성을 갖게 된다. 그 품성은 공경 받을 만하지만 그것도 하나님의 은혜이기 때문에 하나님께 영광 돌려야 한다. 이것이 사람이 하나님께 영광을 돌리는 공손함의 자세이다.

★ 검소儉素

속사람인 마음과 생각이 하나님의 창조하신 본래 영혼의 상태임을 나타내려고 조상들은 검소함을 강조하였다. 하나님이 불어넣어 주신 정신과 생물학적 생식기능으로서의 육신과 사회학적 존재로서의 성에서 본래 사람은 다른 색으로 꾸밈이 없었다. 다시 말해 부끄러움이 없었다. 다른 것으로 꾸밀 필요가 없었다는 것이다(창 2:25). 창세기 3장 1-6절의 기록처럼 뱀의 거짓말에 속아서 선악을 알게 하는 나무의 실과를 임의대로 먹은 후에는 몸이 각각 자신의 것이 되어 자주적이고 독립적으로 꾸미기 시작한다. 뱀의 정신이 들어옴으로 정신적으로나 생물학적으로나 사회학적으로 거짓된 다른 색을 입게 되었다. 이후 타락하여 하나님이 주신 순수성을 잃어버렸다. 우리 조상들은 순백의 정신과 삶을 되찾고자 검소를 강조하였다. 옷도 색의 기본인 흰색을 입어서 세상 사람들은 우리 민족을 백의민족이라고 칭하였다. 그러나 뱀의 정신 위에서 검소를 세우려고 노력한 것이다. 영적으로 우리 민족을 보면 예수님을 믿지 않고 육체의 인식에서 뱀의 정신을 극복하기 위해 노력했던 정신세계를 가지고 있었던 것이다. 영적인 시각에서 조상들의 이런 노력을 보면 뱀의 인식으로 하나님의 위치까지 다다라서 정신세계를 정복하려 했다. 하나님이 주신 본래의 순수성을 되찾으려는 조상들의 노력은 한국인에게 매우 소중한 정신적 유산을 남겨 주었다. 비록 타락했지만 자유의지로 예수님을 믿기만 하면 조상들이 이루고자 했던 이상적 검소함의 세계를 이룰 수 있다. 예수를 믿음으로 정신이 성령으로 거듭나면 조상들이 꿈꾸던 백의민족이 다시 일어날 것이다.

★ 겸양謙讓

겸손할 겸謙은 말씀 언言과 겸할 겸兼이 합쳐진 글자이다. 사람은 말함으로 행동한다. 말과 행동이 겸하여 나타나는 것이다. 말은 행동을 이끌고 행동은 대부분 말을 따라간다. 말을 조심함으로 행동을 조심할 수 있다. 사양할 양讓은 말씀 언言과 도울 양襄이 합쳐졌다. 도울 양襄이 겸양의 의미를 많이 포함하고 있다.

겸양의 의미는 자신이 양보함으로 상대를 잘되게 하려는 정신적 태도이다. 자신이 양보하고 사양함으로 상대가 돋보이게 하여 높이는 행위이다. 이러한 겸양의 정신은 하나님이 사람을 창조하면서부터 불어넣으신 생기에 의한 생령으로서 사람 안에 있는 하나님의 정신적 속성이다. 하나님은 자신의 정신과 형상과 모양을 사람에게 주어 현상 세계에서 사람이 돋보이게 하는 양보와 사양을 하셨다. 현상 세계에서 사람 남편과 아내가 돋보임을 바라보면서 심히 좋아하셨다(창 1:31). 이러한 모습은 현상 세계에서 남녀의 생물학적 성관계로 나타나고 사회학적 존재로서 부부의 삶으로 드러나게 하셨다. 남편과 아내가 자녀를 출산하면 부모로서 자녀에게 좋은 것을 먹이고 입히고 잘되게 하려는 겸양의 본능으로 나타나게 하신 것이다. 겸양은 단순히 자신의 가족에게만 나타나는 것은 아니다. 가정 안에서 나타나는 겸양의 정신이 사회로 이어져서 서로가 서로를 잘되게 돕는 상생의 사회를 지향하고 있는 정신이다. 이렇게 겸양의 정신이 세워진 사회와 나라는 정신적으로 단단하고 튼튼해서 구성원들이 연합하여 강한 국력을 이루게 되는 것이다. 대한민국 국민이 외세의 침략에 대응할 때 잘 뭉치는 특성은 조상들이 세워 놓은 겸양의 정신이 있었기 때문이다. 지금은 겸양의 정신이 무너져 가고 있다. 본래 하나님의 정신이었던 겸양의 정신을 예수님을 믿음으로 성령의 정신에서 다시 세워야 한다. 그러면 서로 돕는 아름답고 강력한 대한민국이 나타날 것이다.

붕우유신에 겸양의 정신을 적용해 보면 겸양이 있는 친구는 믿을 수 있다고 하겠다. 진정한 친구라고 할 수 있을 것이다. 그러나 사람은 창세기 3장 1-6절의 기록처럼 하나님이 주신 겸양을 가지고 있는 것이 아니라 뱀의 거짓 정신의 이기적 교만으로 가득한 상태다. 현상의 남편도 자신을 위해 아내에게 겸양을 강요한다. 아내 역시 자신을 하나님의 위치까지 오르도록 도우라고 남편을 주장한다. 겸양의 모양을 가지고 있을 뿐 정신적 목적은 자신을 위한 것이다. 현상의 부모도 자신을 위해 자녀를 사랑한다. 친구 관계도 이 원리와 동일하다. 하나님이 주신 겸양의 정신으로 친구를 대하는 것이 진정한 붕우유신을 이루는 것이다.

유교의 오덕 중에 병가 오덕도 있다. 우리나라는 남자들이 만 18세가 되면 군대에 가서 군 복무를 의무적으로 하고 있다. 군대의 생활이라는 것이 친구 간의 생활이라고 해도 과언이 아니다. 병가의 오덕은 군병들이 가져야 하는 다섯 가지 덕목인 지智, 신信, 인仁, 엄嚴, 용勇의 정신을 말한다. 지, 신, 인은 오상에서 다루었으므로 참고하면 될 것이다. 여기서는 엄, 용에 대해서만 살펴보겠다.

【병가 오덕兵家五德】

★ 엄嚴

엄할 엄嚴은 군대의 특수성을 대변하는 정신이라고 할 수 있다. 사람들은 이 정신을 군기라고 말한다. 만일 군대에서 엄함이 약해진다면 군대라고 할 수 없다. 엄함은 군대라는 특수한 조직의 기둥인 것이다. 군대는 그 조직이 움직이는 것이 아니라 엄함의 정당성이 움직인다. 엄함의 정당성의 근거는 지智와 신信과 인仁이다. 각 병들이 가지고 있어야 할 내면의 정신적 속성이다. 이 정신이 군 생활의 외형적으로 드러나야 하는데 반드시 엄함으로 나타나야 한다. 그렇지 않으면 군 조직이 흔들린다. 영적인 시각에서 엄함을 보면 하나님이 최초의 사람에게 하신 명령과 연결되어 있다. 반드시 하나님이 사람(남녀)에게 주신 자유의지가 지켜야 하는 절대적 엄함이다(창 2:16-17).

그러나 인류 최초의 여자는 뱀의 거짓말에 속아서 선악을 알게 하는 나무의 실과를 임의대로 먹고 그것을 남편에게도 먹여서 남녀는 정녕 죽음의 자유의지를 갖게 되었다. 이후로 모든 사람은 하나님의 엄함을 없이하는 자유를 가지고 행동하게 되었다. 정녕 죽을 짓을 하면서도 결코 죽지 않는다고 생각하는 자유의지를 가졌다는 것이다. 군대라고 해서 예외일 수는 없다. 기본적으로 군대에 간 젊은 청년들의 영적 정신 상태는 뱀의 거짓 인식이 들어가 있어서 하나님의 절대적인 엄함의 명령을 어기고 임의대로 행동하는 정신을 가지고 있다고 할 것이다. 그렇기 때문에 군대의 기강과 질서와 명령을 어기고 임의대로 행동하는 성질을 가지고 있다고 할 것이다.

군대는 사람을 타락시킨 뱀의 정신을 다스릴 수 있어야 한다. 이것을 다스리는 엄함이 없는 군대는 일반 조직과 아무런 차이가 없는 것이다. 일반 사회의 조직에도 엄함이 있는데 군대는 더 철저한 엄함이 요구되는 조직이다. 조직을 운영하는 정신적 기반으로서의 내용은 지와 신과 인이다. 군대는 어떤 조직보다도 슬기로움이 있어야 한다. 슬기는 앎을 운영하는 능력이다. 군 동료 간에 믿음도 있어야 한다. 믿음의 정신적이고 형상적인 내용은 하나님의 진리에 대한 앎으로서의 옳음이다. 그리고 자신과 상대에게서 어짊을 보아야 한다. 인은 덕을 상대에게 베푸는 모습이다. 덕이라는 것은 진리를 깨달아서 갖게 된 품성을 말한다. 덕을 성경적 시각에서 보면 하나님의 의를 깨달은 것이다. 이러한 품성은 인류의 조상이 뱀에게 속아서 갖게 된 거짓의 인식에서는 그 진의를 가질 수 없다. 그러나 그 좋음의 모양은 가지고 있다. 겉으로 흉내 내고 있을 뿐 정신세계에서는 자신의 이익을 위하여 상대를 이용하려 할 뿐이다.

그러므로 군대가 엄함을 바로 세우려면 하나님이 예수님을 세상에 보내심으로 예수 안에서 구원을 이루고 예수가 이룬 구원을 성령이 각 사람에게 적용하는 은혜를 받아야 한다. 이렇게 세워진 군대의 군병들은 불의의 침범이나 국가를 위해하는 상대에 대해 엄격하게 대처하고 적을 물리치는 용사로 나타나게 된다. 군병 한 사람, 한 사람이 진리로서 자신을 엄하게 다스릴 때 적군에 대해서도 단호하게 대응한다. 하나님이 주신 은혜로서의 지와 신과 인으로 엄함을 세우면 그 엄함은 옳음의 정당성을 가지게 됨으로 힘을 발휘하여 강력한 군대가 되고 용맹함을 떨치게 되는 것이다.

★ 용勇

군대의 조직은 국가를 지킴에 있어서 빠른 결정이 필요하다. 군사 행동을 결정할 때 빠르면 빠를수록 적을 먼저 물리칠 수 있을 것이다. 빠른 결정과 행동을 나타낼 수 있는 요소가 바로 하나님의 진리를 기반으로 하는 지와 신과 인의 정신에서 나타나는 엄함으로서의 결정이다. 이러한 원리는 꼭 군대에서만 필요한 것은 아니다. 일반 사회에서도 필요하지만 국가의 국방을 책임지고 있는 군 조직에서는 더욱더 필요한 내용이라는 것이다. 군대의 생활 속에서 친구 간에 붕우유신은 두 사람만의 문제가 아니고 국가와 연결되어 있는 문제이며 나라를 지키느냐 못 지키느냐 하는 중차대한 일이기도 하다. 큰 저수지의 둑이 작은 구멍에서부터 시작되어 터지듯이 한 사람이 엄함을 벗어나는 개인행동은 조직이 무너지는 원인이 되는 것이다. 인류는 하나님의 창조하신 은혜를 입었지만 한 사람의 불순종으로 정녕 죽음의 거짓 정신을 갖게 되었다. 그러나 한 사람 예수님의 순종함으로 새롭게 다시 태어나는 새사람을 입을 수 있게 되었다(엡 4:22-24).

예수님을 믿으면 그에게 성령이 들어가서 뱀의 거짓 정신이 물러가고 성령으로 새로운 정신이 자리 잡게 된다. 이렇게 성령으로 지와 신과 인으로서의 정신을 가지면 그 사람은 믿을 수 있는 대한민국의 군인인 것이다. 그러므로 군대의 엄함을 진리 안에서 다시 단단히 세워야 할 것이다. 진리 안에서 엄함이 세워진 군인은 그 어떠한 적군일지라도 두려워하지 않고 물리치는 용사가 될 것이다. 용맹은 진리의 정당성을 가짐으로 발휘되는 것이다. 진리의 정당함의 옳음은 옳지 않음을 주저 없이 물리치게 된다.

- 현재 상황

현재 대한민국 국민들 안에는 붕우유신朋友有信의 믿음이 있는가? 친구라고 할 수 있는 친함이 있는가?

조상들이 물려준 정신적 유산으로서의 친구에 대한 믿음까지도 다 잃어버렸다고 필자는 생각한다. 현재 한국인의 정신세계는 조상들이 물려준 한국인의 혼 또는 정신이라고 할 수 있는 삼강오륜三綱五倫, 오상五常, 오덕五德, 병가 오덕兵家五德 같은 것들이 사라지고 있다. 특별히 변형된 공산주의 이념을 가진 정권하에서 벌어졌던 인륜 파괴 현상으로 인해서 그나마 한국인에게 있었던 삼강오륜의 정신세계인 인륜이 파괴됨으로 믿음까지도 괴멸되었다고 생각한다. 대한민국 안에서 전통적인 한국인의 혼과 같은 정신을 파괴한 목적은 정치적 이념을 세우려는 공작이었다고 생각한다. 그 이념의 정체는 변형된 공산주의로서 사람의 성을 정치적 수단 삼아 권력을 장악하려는 것이다. 성 평등이라고 말할 뿐 실상은 이념적 정치권력을 가지려는 정책이라는 것이다. 그와 같은 목적을 이루기 위해 포괄적 차별금지법이나 국가인권정책기본법, 생활동반자법 등의 입법을 추진한 것이다. 그 이념적 의식을 가지고 사람의 인권을 법으로 정의함으로써 국가를 장악하려고 했던 것이다.

인권의 권리를 정의하는 주체가 공산주의 변형의 이념을 가진 자들이면 그 나라는 그 이념에 의해 움직이게 된다. 사람을 창조한 하나님의 말씀도 아니고 전통적으로 사람이 무엇인지 가르쳐 준 조상들의 인륜으로서의 가르침도 아닌 공산주의 이념의 변형으로서의 성 개념이다. 그런 일은 지금도 계속되고 있다고 하겠다. 그 이념에 동조하는 국민들이 상당수가 있음으로 해서 한국 안에 있는 한국인의 전통적 정신과 하나님의 말씀을 믿는 기독교의 정신이 큰 타격을 입고 있는 것이 현실이다. 이러한 사람들은 영적으로 사람을 타락시킨 뱀의 인식을 가지고 있다. 자신들이 공산주의 변형으로서의 정치 이념을 이루기 위해 국가가 망해도 개의치 않는 정녕 죽음의 정신 상태가 되었다.
그런 국민이 많으면 많을수록 대한민국은 신속하게 망한다. 자유 민주주의를 가진 대한민국은 하나님의 말씀을 죽이고 임의대로의 자유의지를 가진 타락한 자유에 의해 신속하게 망하는 것이다. 공산주의 이념으로서의 임의적 자유는 오직 자신 안에 있는 거짓의 이념만 있을 뿐 그 무엇도 용납되지 않는 극한 이기적 성질을 띠고 있다. 그러한 이념에 사로잡힌 자들은 자신의 목적을 위해 수단과 방법을 가리지 않고 정치적 목적을 이루려 한다.

사정이 이러한데 그들에게 인륜을 적용할 수 있겠는가?
그런 이념에 잡힌 자들에게 진정한 가족이나 붕우유신이 있겠는가?
평상시에는 임의대로 마음대로 자유의지대로 있다. 그러나 열 받으면 없다. 믿음이 없다고 단정하는 것은 명백한 증거에 의한 것이다. 하나님이 사람을 창조하시고 남자와 생명을 걸고 언약을 맺었다. 그러나 여자가 뱀의 거짓말에 속아서 선악을 알게 하는 나무의 실과를 임의대로 먹고 남편에게도 먹여서 하나님과의 언약을 저버렸다. 뱀의 인식을 가진 여자는 정신적으로 하나님도 죽이고 남편도 죽이고 자신도 죽이고 인류를 죽음으로 끌어갔다(창 3:1-6, 4:1). 뱀의 거짓 정신을 가지고 있는 형은 동생을 죽였다(창 4:8). 그러한 뱀의 정신인 변형된 공산주의가 새로운 옷을 입었으니 생물학적인 남녀의 성기능이 평등하다는 것이며 그 이념을 기반으로 하는 인권이다. 그 인권을 이끄는 정치 집단이 하나님이 사람에게 주셨던 본래의 자유를 도둑질하려 하고 있는 것이다. 사정이 이러함으로 현재 붕우유신은 없다. 속지 말아야 한다.

진정 믿음이 있는 친구를 얻고 싶다면 자신이 먼저 예수를 믿고 성령을 받아 성령의 인식, 성령의 정신을 이루어야 한다. 성령의 정신에서 친구가 어떤 영적 정신을 가지고 있는지 분별할 수 있기 때문이다. 만일 성령이 없이 이상적 친구를 얻었다고 생각한다면 자신에게도, 상대에게도 속은 것이다. 정신이 새롭게 거듭나지 않고는 진정한 친구란 없다. 진정한 정치 지도자도 없고 국가도 없는 것이다. 현재 대한민국 국민의 상당수가 뱀의 정신을 이어 받은 공산주의 변형의 정신을 가진 자들을 지지하고 있다. 자신의 가정과 나라를 정녕 죽음으로 끌어가는데도 결코 죽지 않고 자신의 이상을 실현한다고 믿는 것이다. 그러나 성경이 증거 하듯이 결코 죽지 않는다는 거짓말은 정녕 죽음을 피하지 못한다. 그러므로 현재 진행되고 있는 공산주의의 변형으로서의 정치 이념을 다스리지 않으면 대한민국은 망한다.
이제 나라가 살기 위해서 이들을 다스려야 한다. 그리고 대한민국 안에 다시 하나님의 진리로서의 삼강오륜, 오상, 오덕, 병가 오덕 등을 성경 말씀으로 조명하여 다시 가르쳐야 한다. 이렇게 되면 성경 말씀 위에 세워진 튼튼한 자유 대한민국이 될 것이다.

진정한 친구가 있다는 것은 또 다른 자신의 생명이 있는 것과 같다고 하겠다. 그러나 이러한 친구는 오직 예수님을 믿음으로 성령의 인식을 이루어야만 가능하다. 현재 친구 관계를 이루고 있는 사람들에게 물어보고 싶다. 만일 나이가 같고 같은 학교를 다니고 꿈을 실현하려는 좋은 뜻을 함께하고 있기 때문에 친구라고 한다면 스스로 속은 것이다. 이런 것들은 친구를 이루는 부분적 요소이기는 하지만 본질적인 친구 관계의 요소는 아니다.

진정한 친구는 하나님께 들은 것을 다 알게 해 주는 사람이다(요 15:13-15). 예수님이 하나님 아버지께 들은 것을 다 알게 하려고 자신이 십자가에 못 박혀 죽음으로 성령을 보내 주셨다(요 16:7-8). 하나님 아버지의 뜻을 바로 알려면 성령 하나님의 가르치심을 받아야 한다. 현상의 친구가 창조주 하나님의 뜻을 알려 주지 않는다면 진정한 친구가 아닌 것이다.

현상의 친구가 예수를 믿음으로 성령을 받아 성령의 인식을 이루어야 한다. 정신적 요소가 하나님이 주신 생령으로 회복되고 생물학적 성기능과 사회학적 존재로서의 성이 바르게 될 때 본래의 붕우유신의 친구 관계를 이룬다. 만일 현상적 친구가 정신적으로 뱀의 거짓 정신을 하고 있고 생물학적 모양과 사회학적 존재에서 자기를 위하는 이기적 특징을 가지고 있다면 진정한 친구가 아니다. 뱀의 거짓말에 속은 사람들은 이성이든 동성이든 친구에게 하나님 아버지가 주신 것을 알려 주지 않고 자신을 위해서 상대를 이용만 한다. 이런 사람은 친구가 아니라 친구의 탈을 쓴 원수이다.

- 성경적 견해

하나님이 창조하신 천지 만물은 하나님에 대한 설명을 가지고 있다. 상품에 제조자나 제조사의 표기가 있는 것처럼 하나님이 만드신 모든 창조물에도 표시가 있다. 하나님이 사람을 만들고 사람이 하나님을 알도록 사람 안에 많은 설명을 두셨다. 신체에도 하나님을 알게 하는 설명이 있지만 사람과 사람의 관계에서 보다 더 분명한 설명을 나타내고 있다. 많은 사람의 관계 중에서 붕우유신朋友有信의 친구도 그 중 하나이다. 하나님이 만드신 천지 만물은 친구를 위한 것이다. 하나님이 영원히 기억되고 찬양되게 하려고 천지를 창조해서 친구에게 주셨다. 친구란 하나님의 정신과 하나님의 형상과 모양을 닮고 있는 존재이다. 하나님의 친구의 모습은 현상 세계의 남자와 여자이다. 보통 친구라고 하면 다른 집에서 태어난 동년배를 말한다. 친구는 현상 세계에서 하나님이 사람(남녀)을 창조하신 진리를 재현하는 모양을 가지고 있다. 곧 현상 세계의 남편과 아내가 하나님의 친구라는 말이다. 현상 세계에서 육신의 부모에게서 자녀가 태어나 자라는 모습은 하나님에게 창조된 최초의 남녀의 모습과 유사하다. 천지 만물 중에 사람만이 정신적 요소와 생물학적 성기능과 사회학적 존재에 있어서 하나님을 닮고 설명하며 대신하고 있다. 그래서 하나님과 친구인 것을 현상 세계에서 설명하고 있다.

동성 친구는 창조주 하나님과 피조물인 남자와의 관계에서 설명된다. 이러한 사실은 현상 세계에서 아버지와 아들 관계로 이어지고 형제와 형제 관계로 연결되며 동년배의 동성 친구와 관계를 맺는 것이다.

그러므로 남성 간의 친구일 때는 상대가 하나님의 권위를 가진 자임을 서로 존중해 주어야 한다.
이성 친구는 남자에게는 여자이고 여자에게는 남자이다. 하나님은 어린아이를 만든 것이 아니라 처음부터 성인인 남편과 아내를 창조하셨다. 이 둘은 분리되어 있는 것이 아니라 창조되는 과정에서부터 연합되어 있는 관계이다(창 2:21-22). 여자는 창조되는 과정에서부터 남자의 몸이다. 남자의 갈빗대로 만드셨기 때문이다. 남자와 여자가 처음부터 한몸체계임을 말하는 것이다. 영적으로는 하나님과 사람(남녀)과의 관계에서 시작되고 현상 세계에서는 남편과 아내에서 시작된다. 아내는 남편의 권위 아래 두셨다. 남편은 아내의 머리이며 대표이고 남편의 머리는 예수님이며 예수님의 머리는 창조주 하나님이심을 설명하는 모양이다(고전 11:3). 아내가 남편의 권위 아래 있음으로 인해, 사람의 대표인 남편이 하나님의 권위 아래 있다는 것을 알게 하는 모양인 것이다(민 30:1-16 서원 규례). 사람이 타락하기 전 하나님과 사람의 관계는 현상 세계의 남편과 아내, 부모와 자녀, 친구 같은 모습을 가지고 있었다. 그러나 타락한 후에는 하나님이 창조하신 질서로서의 남편과 아내가 아니다(엡 5:22-33).

하나님은 사람(남녀)과의 관계가 지속되기 위하여 남자를 사람의 대표로 세우고 그와 목숨을 걸고 행위언약을 맺으셨다(창 2:16-17). 하나님께서는 사람과 영원히 친구 되기를 원하셔서 계약을 맺은 것이다. 그러나 뱀이 여자를 속이고 남자를 주장하게 하여 그 언약을 어기게 하였다(창 3:1-6). 여자는 선악을 알게 하는 나무의 실과를 남편의 동의도 없이 먹고 남편도 먹게 함으로 부부는 정녕 죽게 되었다. 임의대로 선악과를 먹은 것은, 표면적으로는 하나님과의 약속을 저버린 행위이며 정신적으로는 하나님을 죽이고 뱀을 선택한 것과 같다. 친구를 죽이고 원수를 친구로 삼은 것과 같다. 돌이킬 수 없는 배신행위이다. 그 후 사람은 타락의 정신을 하고 있어서 하나님과는 친구가 아니라 원수 관계이다(갈 5:17). 사람은 자신 안에서 하나님의 자기실현이 이루어지지 못하게 하고 하나님은 사람 가운데서 타락의 정신이 이루어지는 것을 한탄하신다(창 6:5-6). 또한 사람(남녀)과 사람의 관계 역시 원수가 되었다. 남편에게 자신의 뼈 중의 뼈요 살 중의 살인 아내가(창 2:23) 원수가 되었다. 본래는 남자가 주고 여자가 받는 것인데 여자가 주고 남자가 받게 되었다. 타락의 정신으로 여자가 남편을 주장하고 가르치며 삶을 이끄는 모양이다. 뱀의 거짓 인식을 가진 여자는 현재까지 정신적으로 남자를 주관하고 있다(딤전 2:11-15). 지금도 선악과를 임의대로 먹고 남편에게도 계속 먹이고 있기 때문이다.

그러나 여자에게서 벌어지는 모든 일들의 책임은 남자에게 있다. 하나님이 남자를 여자의 머리로 세우시고 대표로 세웠기 때문이다(고전 11:3). 하나님과 사람이 원수 관계가 된 것은 정신적인 문제이다. 사람이 타락의 정신을 가지고 있기 때문이다. 겉모습은 하나님의 형상과 모양을 하고 있지만 속사람은 뱀의 거짓 정신의 인식을 가지고 있다. 하나님에게 사람은 자녀와 같은 존재이다. 현상의 활동에서 하나님을 대신하는 하나님의 분신과 같은 자녀의 모습이다. 뱀의 거짓 정신은 자녀를 유괴한 것과 같다. 자녀 같은 사람의 마음속에서 하나님을 부정하게 하여 영적으로 살인한 것과 같으며 자녀 간에 서로 정녕 죽음을 이루게 하는 만행을 저지른 것이다. 타락의 인식은 남녀노소를 가리지 않고 정녕 죽음을 갖도록 계속 유혹한다. 그래서 남편과 아내가 원수 관계를 이루고 그것이 부모와 자녀 간으로, 형제 관계로 이어지게 되는 것이다.

아내는 남편의 아버지 됨의 권한을 박탈하였다. 남편의 아이를 낳고는 여호와 하나님과 성관계를 하여 낳았다고 거짓말한다(창 4:1). 남편이 애기 씨인 정자를 아내에게 줌으로 아이가 태어났다. 이것은 자연현상에서도 흔히 볼 수 있는 진리이다. 씨가 땅에 떨어져야 싹이 나는 것과 같은 이치이다. 하나님이 흙으로 지은 사람에게 생기를 불어넣어 생령이 되게 하신 것을 자연과 현상의 사람이 재현하는 모습이다. 남편은 하나님이 생기를 불어넣는 모양을 닮아 정자를 아내에게 불어넣으며 아내는 그것을 받아 생명을 잉태하고 출산한다. 아내는 영적으로 하나님과의 관계에서 현상적 사람(남녀)의 모습이다. 하나님의 생명을 받아 생육하고 번성하는 모습을 현상 세계에서 여자 아내 어머니가 보여 준다. 창조 질서가 이러한데 하나님과 동침하여 아이를 낳았다고 선언한 것이다. 아내는 정말로 자신이 하나님과 같은 존재인 줄 알고 남편을 아예 자신의 인식에서 없이하였다. 이러한 여자는 뱀의 거짓말에 속아 자신이 정말로 하나님이라고 생각한다(창 3:5). 21세기 현대의 여성들 역시 이와 같은 타락의 인식을 가지고 있다고 생각된다.

뱀의 정신을 가지고 있는 상태에서 자녀 교육을 하면 할수록 그 자녀는 부모의 말을 듣지 않고 부모를 정녕 죽이는 원수가 된다(창 4:8). 타락의 인식에서 여자 아내 어머니가 낳은 첫아들 가인은 부모의 뼈와 살을 나눈 동생을 죽였다. 동생을 죽인 사람이 부모니까 죽이지 않을 것이라 믿는다면 큰 착각이다. 타락의 정신은 임의대로 마음대로 자유의지를 가지고 상대를 죽일 수 있다. 그에게는 부모나 형제나 하나님까지도 자신보다 우선될 수 없는 것이다. 가인의 일은 가인 한 사람의 문제가 아니다. 선악과를 임의대로 먹은 여자 하와, 남편 아담과 이어져 있다. 가족 구성원 모두의 일이고 사회와 나라와 전 인류의 문제로 연결되어 있는 것이다.

하나님은 가인이 죽인 아벨 대신 '셋'이라는 아들을 남편 아버지 아담에게 주셨다. 셋의 자손을 통해 하나님이 인식된다고 성경에 기록되어 있다(창 4: 25-26). 뱀의 정신에서 낳은 아들과 하나님의 은혜로 남자 남편 아버지가 낳은 아들은 붕우유신의 친구 관계를 이루지 못한다. 물론 아내가 준 선악과를 아담이 임의로 먹어서 구속사의 인물들 역시 타락의 정신에 잡혀 있다. 노아가 살던 시대의 사람들은 대홍수로 물 심판을 받는다(창 6:7). 당세에 완전한 사람이라고 평가를 받은 노아는(창 6:9) 가족과 방주에 들어가 살아남고 인류는 멸망하게 된다. 구속사의 흐름은 노아와 그의 아들에게로 흐르고 인류는 보존된다.

그러나 의인이라는 평가를 받았던 노아 안에도 타락의 정신이 있었다. 방주에서 나온 후 포도주에 취하여 벌거벗은 채 잠이 들었다. 그것을 본 둘째 아들 함이 형과 동생에게 알린다. 셈과 야벳은 뒷걸음쳐서 아비의 하체를 보지 않고 옷으로 덮으며 덮은 후에도 뒤돌아보지 않는다(창 9:20-23). 노아가 술이 깨어 함을 저주하고 셈과 야벳을 축복한다(창 9:24-27).
첫째 아들과 셋째 아들은 아버지와 친함을 나누는 친구와 같지만 둘째 아들 함은 원수가 된 것이다. 이 일은 단순한 사건이 아니다. 영적인 시각에서 보면 하나님의 구속사의 은혜가 셈과 야벳에게 흐르고 뱀의 정녕 죽음의 타락사가 함에게로 흐르는 것을 볼 수 있다. 뱀의 정신이 인류를 정녕 죽음으로 오염시켜서 하나님이 대대적인 정화 사역으로 홍수 심판을 하셨으나 뱀의 거짓 정신은 노아의 마음속에서도 여전히 활동하고 있으며 함에게서 두드러지게 나타난 것이다. 홍수 심판 후 인류에게 뱀의 거짓 정신은 이렇게 흘러들어 왔다. 현상 세계에서 타락의 정신은 구속사를 이루는 인물들 속에서도 정녕 죽음을 이루려고 계속 활동한다. 그 대표적인 인물들이 노아의 첫째 아들 셈의 후예인 아브라함, 이삭, 야곱, 다윗으로 이어진다. 다윗의 후예 역시 뱀의 거짓 정신을 피하지 못했고 오직 예수님에 이르러서야 완전히 다스릴 수 있었다.

영적인 시각에서 보면 창조주 하나님은 독생자 예수를 통해 뱀의 정신을 십자가에 못 박아 죽이고 하나님의 성령을 주심으로 예수님을 믿는 믿음 안에서 새 창조를 이루었다(요 1:12-13). 예수님은 사람 안에 있는, 뱀의 거짓 정신에서 나타나는 정녕 죽음을 짊어지고 죄 없이 십자가에 못 박혀 죽으셨다. 이 사실을 믿기만 하면 예수님이 죄 값을 대신 지불했기 때문에 뱀의 거짓으로 이루어진 정녕 죽음에서 벗어나게 된다(요 3:16). 누구든지 예수님을 믿으면 정녕 죽음의 함정에서 빠져나와 자유롭고 행복하게 살 수 있는 새로운 세계가 열려 있다.

진정으로 붕우유신의 친구를 원한다면 예수님을 믿어야 한다. 모든 사람이 뱀의 거짓 인식에 잡혀 있는 상태이기 때문에 예수님을 믿음으로 새로운 관계를 이루어야 한다. 부부, 부모와 자녀, 형제, 스승과 제자, 직장 상사와 부하 직원, 동성 친구, 이성 친구, 이웃……. 모든 사람이 예수를 믿음으로 새로운 관계를 이루어야 생명이 넘치는 상태가 되는 것이다. 그래서 하나님은 가나안 입성을 앞에 두고 있는 이스라엘 백성에게 모세를 통해 축복과 저주를 말씀하셨다(신 28장). 하나님의 말씀을 순종하면 친구이고 하지 않으면 친구가 될 수 없다. 만일 하나님의 말씀을 순종하지 않는데 나이가 같아서 친구를 하면 원수가 된다. 그러나 하나님의 말씀에 순종하면 뱀의 거짓말에 속은 정신이 생명의 정신이 된다. 이러한 원리는 모든 사람의 관계에서 동일하게 적용된다고 하겠다. 그러므로 사람에게 있어서 가장 중요한 문제는 하나님의 말씀을 순종하는 정신적 요소가 되어 있느냐는 것이다. 뱀의 거짓 정신을 가지고 있는 상태에서는 아무리 노력해도 하나님과 친구 관계를 이룰 수 없다.

현상의 삶에서 하나님과 친구 관계를 이루려면 예수를 믿음으로 새로운 정신인 성령을 받아야 한다. 입으로 '예수님이 나의 구주'라고 시인하는 것은 쉬운 일이 아니다(롬 10:9-10). 말은 영의 고백이다. 거짓이라고 해도 타락의 정신에서는 이런 말을 싫어한다. 예수를 구주로 영접한다고 말하면 영적으로 뱀의 인식의 자신을 부정하는 것이 되기 때문이다. 다시 말해 예수를 믿는다고 말하는 것은 타락의 인식의 자신을 부정해야만 할 수 있다.

자신을 부정하는 말을 할 수 있겠는가?

예수를 구주로 인정하는 말을 하는 것은 자유의지에서 예수를 인정하는 인식이 있어야만 가능하다. 입으로 예수님을 영접한다고 말하는 사람은 마음으로도 영접하는 결과를 낳게 된다. 예수님을 구주로 시인하는 친구가 있다면 좋은 친구가 될 가능성이 많다.

문제는 뱀의 정신으로 예수님을 믿는 사람들이 있다는 것이다. 그러므로 주의가 필요하다. 구속사에 속한 아브라함, 이삭, 야곱, 다윗도 타락의 정신에 사로잡혀 큰 죄를 지었음을 잊어서는 안 된다. 최초의 사람인 아담과 하와가 선악과를 임의대로 먹음으로 사람은 정녕 죽음의 정신이 유전되어 있다(롬 7:23-24).

죽음의 구렁텅이 속에서 예수를 믿으면 하나님이 꺼내 주고 그 은혜를 성령을 통해 각 개인에게 적용해 주시는 것이다. 사람이 뱀의 인식에서 무엇을 함으로 구원받는 것이 아니다. 뱀의 거짓 정신에 잡힌 자신을 건져 줄 사람은 아무도 없다. 타락의 인식에서는 자기 자신도 아니고 부모나 형제도 아니다. 오직 예수님만이 사망의 몸에서 건져 주셨다(요 15:13-15).

예수님이 사람의 친구가 된 것은 하나님의 성령으로 잉태되어 하나님의 정신을 가지고 있기 때문이다. 만일 뱀의 거짓 정신을 가지고 있다면 사람의 친구가 될 수 없고 사람을 위하여 자신의 목숨을 주지도 않았을 것이다. 뱀의 거짓 정신은 자신을 위하는 이기적 속성을 가지고 있기 때문이다. 혹 그런 경우가 있을지라도 자신이 좋아하고 타락의 인식으로서의 자기를 나타내기 위한 것이기에 뱀의 정신을 벗어나지 못한다. 예수님이 목숨을 버린 행위는 자신을 위한 것이 아니고 하나님과 사람을 위한 것이다.

타락의 인식에서 목숨을 버리는 행위는 뱀과 자신을 위한 것이기에 거짓에 속은 헛된 죽음이 되는 것이다. 타락이란 사람의 정신과 생물학적 생식기능과 사회학적 존재에서 철저하게 하나님을 부정하고 없이하는 행위이다. 뱀의 인식에서 목숨을 버리는 행위가 큰 희생의 모양을 가지고 있지만 영적이고 정신적인 시각에서 보면 거짓에 속아 놀아나는 꼭두각시에 지나지 않는다. 타락의 정신에 잡혀 아내 노릇하고 남편 노릇하여 자녀를 낳으면 부모를 정녕 죽이는 원수가 되는 것이다. 타락한 인식에서는 친구라는 겉모양만 있을 뿐 정신적 요소는 원수이다.

예수를 믿으면 성령이 임하시는데 성령은 사람의 마음을 하나님의 친함과 연합시킨다(고전 2:10-16). 뱀의 거짓 정신을 주 정신으로 가지고 있는 사람이 성령을 받지 아니하면 자신과 하나님을 알지 못한다. 정신적으로 이미 정녕 죽음을 이루고 있는 상태이다. 다만 예수님을 믿을 수 있도록 기회로서의 삶을 살아가는 것이다. 사람들은 거짓된 현상의 삶에서 잘났다고 자존심을 세우며 위세를 부리면서 자랑을 일삼는데 열심이다. 전무후무한 지혜를 가진 솔로몬이 뱀의 인식에서 삶은 헛된 것이라고 외쳤다(전 1:1-11). 타락한 정신에서는 자신이 참되다고 믿는다. 거짓말로 꾸며진 정체를 알지 못하고 속는 것이다. 예수를 믿고 성령을 받아서 창조주 하나님의 친함을 이루지 못하면 하나님이 독생자 예수를 십자가에 내주면서까지 주신 구원의 기회를 놓치는 것이다. 21세기 지금 현상의 세계를 살고 있는 사람은 성령이 각 사람에게 임하시는 구원의 기회로서의 시대를 살고 있다. 이 기회를 놓치지 말아야 한다.

하나님 아버지는 지금도 자녀 된 우리를 기다리신다(롬 8:14-17). 하나님이 주시는 성령으로 인도함을 받는 사람은 자녀의 복을 받지만 타락의 거짓 정신을 가지고 살면 고난을 자처하는 삶이 된다. 거짓 정신을 버려야만 고난의 문제가 해결된다. 그러나 버리고 싶어도 자력으로 버릴 수 없는 한계를 가지고 있다. 뱀의 인식에서 자신을 하나님처럼 높이고 위하는 상태이므로 자신을 버릴 수 없다. 그러므로 뱀의 정신을 버리는 결단은 자신을 죽이는 고난인 것이다. 세워진 자신을 다 허물어야 하는 고난이 따르게 되어 있다.

이미 예수님이 각 사람을 위하여 십자가를 대신 지고 죽음으로 사람이 받아야 할 고난을 다 받으셨다. 그러나 이 구원은 예수님 안에만 있다. 예수님 안에 있는 구원을 자신의 것으로 가져오기 위해 성령의 적용하시는 은혜가 있어야 한다. 예수를 믿는다고 고백함과 동시에 성령이 믿는 사람 안에서 역사하신다. 이 사실을 믿기만 하면 새로운 사람이 태어나는 것이다. 이렇게 예수를 믿고 성령의 인식을 가진 사람이 진정한 붕우유신의 친구이다.

사람이 친구를 위하여 자기 목숨을 버리면
이에서 더 큰 사랑이 없나니
너희가 나의 명하는 대로 행하면 곧 나의 친구라
이제부터는 너희를 종이라 하지 아니하리니
종은 주인의 하는 것을 알지 못함이라
너희를 친구라 하였노니
내가 내 아버지께 들은 것을 다 너희에게 알게 하였음이니라
(요 15:13-15)

글을 마치며

이 글은 필자가 혼자 쓴 글이라고 할 수 없다. '내 어린 양을 먹이라! 내 양을 치라!! 내 양을 먹이라!!!'는 부름에 순종함으로 시작했지만 성부, 성자, 성령 하나님이 함께하시지 않았다면 쓸 수 없었을 것이다. 하나님께 감사의 마음을 올려 드린다.

글을 편집한 아내에게 고맙다. 아내가 도와주지 않았다면 이 글을 마치지 못했을 것이다.

성경 말씀으로 유교의 삼강오륜을 조명하여 진의를 밝히는 일은 필자에게 너무 힘든 일이었다. 그러나 성삼위 하나님이 도와주심으로 할 수 있었다. 다시 한 번 하나님께 감사를 드린다.

부디 행복하시기를 예수님의 이름으로 소원한다.